A CURA DO
BURNOUT

EMILY BALLESTEROS

A CURA DO BURNOUT

Como encontrar equilíbrio e recuperar sua vida após o esgotamento

Tradução de Isabela Sampaio

Rocco

Título original
THE CURE FOR BURNOUT
How to Find Balance and Reclaim your Life

Copyright © 2024 *by* Emily Ballesteros
Todos os direitos reservados.

Imagens das páginas 111, 160 e 282: FreePik

Direitos desta edição reservados à
EDITORA ROCCO LTDA.
Rua Evaristo da Veiga, 65 – 11º andar
Passeio Corporate – Torre 1
20031-040 – Rio de Janeiro – RJ
Tel.: (21) 3525-2000 – Fax: (21) 3525-2001
rocco@rocco.com.br
www.rocco.com.br

Printed in Brazil/Impresso no Brasil

Preparação de originais
ANNA BEATRIZ SEILHE

CIP-BRASIL. CATALOGAÇÃO NA PUBLICAÇÃO
SINDICATO NACIONAL DOS EDITORES DE LIVROS, RJ

B155c

    Ballesteros, Emily
    A cura do burnout : como encontrar equilíbrio e recuperar sua vida após o esgotamento / Emily Ballesteros ; tradução Isabela Sampaio. - 1. ed. - Rio de Janeiro : Rocco, 2024.

    Tradução de: The cure for burnout : how to find balance and reclaim your life
    ISBN 978-65-5532-465-5
    ISBN 978-65-5595-287-2 (recurso eletrônico)

    1. Saúde mental. 2. Administração do stress. 3. Burnout (Psicologia). 4. Trabalho - Aspectos psicológicos. I. Sampaio, Isabela. II. Título.

24-92591   CDD: 158.723
                               CDU: 159.944.4

Gabriela Faray Ferreira Lopes - Bibliotecária - CRB-7/6643

Para meus pais,

que me apoiaram e acolheram cada reviravolta inusitada da minha carreira de um jeito inabalável.

SUMÁRIO

Introdução: O colapso antes do avanço 9

PARTE I: O BURNOUT MODERNO

Capítulo 1: Identificando o burnout em um mundo em chamas 27
Capítulo 2: Os três tipos de burnout 42
Burnout por volume 44
Burnout social 52
Burnout por tédio 62

PARTE II: OS CINCO PILARES DO GERENCIAMENTO DE BURNOUT

Capítulo 3: Mindset 71
Capítulo 4: Cuidados pessoais 113
Capítulo 5: Gerenciamento de tempo 154
Capítulo 6: Limites 193
Capítulo 7: Gerenciamento de estresse 248

PARTE III: VOLTAR A APROVEITAR A VIDA

Capítulo 8: Quando se afastar 287
Capítulo 9: Plano de ação para criar uma vida equilibrada (*imediatamente!*) 300

Agradecimentos 310
Notas 312

INTRODUÇÃO

O colapso antes do avanço

Em um dia congelante, com quase trinta graus abaixo de zero, eu estava no corredor dos macarrões instantâneos de uma loja Walgreens no centro de Chicago, quando finalmente engoli o orgulho e liguei para meus pais. Entre lágrimas que rolavam pelas minhas bochechas e o nariz escorrendo, que limpei no cachecol, contei a eles que não aguentava mais. Já fazia dois anos que minha vida parecia uma interminável lista de afazeres. Do amanhecer ao anoitecer, eu corria de uma responsabilidade para a outra, sem ter a impressão de estar fazendo o bastante. (Você sabe que as coisas vão mal quando começa a *ansiar* por crises de enxaqueca debilitantes. Acordar enxergando pontos cintilantes e com a sensação de alguém esfaqueando meu olho me trazia um alívio alarmante — enquanto eu ficava deitada no chão frio do banheiro, tentando não vomitar de tanta dor, pelo menos conseguia uma breve pausa naquela rotina sufocante.) Chorar de soluçar em uma loja — enquanto outros moradores de Chicago que só queriam comprar lanches em paz me olhavam torto — foi um ponto baixo da minha vida. Eu estava no fundo do poço. Queria pedir demissão, largar a pós-graduação, abandonar aquele inferno congelante e simplesmente… "sumir". "Só por um tempinho", eu disse a eles.

SINAIS DE ALERTA.
SINAIS DE ALERTA POR TODA PARTE.

Caso você não saiba, dizer que quer "sumir" é um grande sinal de alerta.

Já fazia dois anos que eu estava no limite. Como era possível estar tão esgotada ainda no início da carreira? Meus vinte e poucos anos não tinham nada a ver com a fase de diversão e liberdade tão exaltada por todos. Toda manhã, quando meu despertador tocava, às seis, a primeira coisa que eu sentia era um forte pavor, seguido por pensamentos acelerados sobre tudo que eu precisava fazer no dia. Então, eu me arrastava da cama, vestia uma das minhas roupas de trabalho amarrotadas e fazia o trajeto muitas vezes congelante de um quilômetro e meio até o trem. Com o olhar vazio, cara de zumbi e faminta, eu seguia em frente, um pé congelado após o outro.

Enquanto fazia o percurso diário de uma hora e meia até o trabalho, atualizava as leituras da pós-graduação e disfarçava as olheiras com maquiagem. Profissionalmente, eu tentava agradar a todos: desconsiderando por completo qualquer limite meu. Eu acreditava que não tinha autoridade para estabelecer limites, então dizia sim para todos os pedidos que surgiam, independentemente de quem me pedia ou o que era pedido. Participava de reuniões a qualquer hora do dia e de comitês que nem sabia que a empresa tinha, além de assumir tarefas que mais ninguém queria, só para demonstrar que eu era confiável a qualquer custo. Queria provar meu valor, avançar na carreira o mais rápido possível e talvez o mais importante: queria que todo mundo *gostasse* de mim. Como resultado, eu priorizava o desempenho em detrimento de tudo — minha saúde, meus relacionamentos, minha vida pessoal e meus interesses. Eu era uma baita profissional, mas isso teve um preço.

Depois de fazer o percurso no sentido contrário no final do dia, eu *corria* (de botas de neve; não recomendo) para assistir à aula das 18h. Com dores nas canelas, exaustão profunda e sem acreditar que o dia ainda não tinha acabado, usava meus dois últimos neurônios para anotar coisas. Depois da aula, caminhava um quilômetro e meio até chegar em casa, comia um macarrão instantâneo, fazia a lição de casa e perdia tempo no celular até dormir um sono agitado, já ansiosa pelo que me esperava no dia seguinte.

Em um mundo ideal, sábado e domingo seriam meus dias de descanso. Mas, em vez de recuperar as energias, todo fim de semana eu deixava minha culpa (e as demandas dos outros) assumir o controle. Amigos com boas intenções e péssimo timing me convidavam para encontros por toda a cidade. Eu não sabia como recusar sem sentir que os estava decepcionando, então eu respondia que sim e torcia para arrumar um tempinho para descansar. (Spoiler: eu não arrumava.) Por mais que eu valorizasse minhas amizades, *qualquer* convite parecia um peso, porque eu estava desesperada para ficar em casa e pôr o sono em dia. Ir à academia, curtir minha juventude ou ler por prazer estavam fora de cogitação; conseguir sobreviver à semana já era o suficiente. Durante anos, independentemente de ter sido um dia bom ou ruim, era um dia *atarefado*.

Ao contrário do pavor que sentia na minha vida cotidiana, quem olhasse de fora diria que eu estava me saindo muito bem. Eu tinha um emprego na minha área de interesse (treinamento e desenvolvimento corporativo) e estava concluindo o mestrado em psicologia organizacional e industrial. Em nome das conquistas, tinha comprometido todas as horas do meu dia, e isso me rendeu uma vida que, na teoria, parecia ótima. Eu me sentia um pato: calma na superfície e batendo as pernas feito louca debaixo d'água para não afundar. O que acabei compreendendo é: **não importa como sua vida é por fora, o que importa é como você se *sente* em relação a ela.** E eu me sentia um lixo.

COMO O BURNOUT VIROU O CENTRO DA MINHA VIDA

Naquele dia de inverno em Chicago, meus pais (que acreditam na ideia de que o amor também se mostra na firmeza) me falaram que eu era forte, que aquilo era temporário e que eu precisava seguir em frente. Claro, eu adoraria ter ouvido os dois dizerem "Não esquente a cabeça, jogue tudo para o alto que sustentaremos você para sempre", mas eles me deram o choque de realidade de que eu precisava para reconhecer que eu — e somente eu — tinha que parar aquela queda livre. Ninguém faria isso por mim. Acreditei neles quando disseram que eu era capaz... ao mesmo tempo que estava lutando para não afundar de vez. Estava disposta a seguir em frente, mas sabia que não dava mais para continuar daquele jeito. Não dava mais para ser uma espectadora do meu próprio burnout. Ler matérias ocasionais sobre estresse no trabalho ou sobre fadiga não melhorava a situação. Eu precisava de uma solução, então resolvi criá-la sozinha. Enxuguei as lágrimas, disse a meus pais que os amava e, com passos decididos, voltei para casa com meu ramen. Sabia que era o início de algo novo, mas, naquela noite, eu só precisava comer meu macarrão, me cobrir com o cobertor e dormir.

Depois de pesquisar meus sintomas (desde "ter pesadelos com o trabalho" até "chorar em salas de reunião"), descobri que essa exaustão mental e física prolongada era, de fato, burnout. Eu preenchia todos os requisitos: estava letárgica, estressada 24 horas por dia e desconectada das coisas que me traziam alegria. Já tinha me sentido cansada antes (durante as épocas de provas finais, em fases mais conturbadas no trabalho ou ao lidar com tragédias pessoais), mas nada como aquele esgotamento irremediável e sem fim. Mais adiante, vou me aprofundar no contexto cultural e científico do burnout — bem como na constelação de fatores que contribuem para ele —, mas basta dizer que no meu caso, na época, parecia só um dia difícil depois do outro.

No começo, foi difícil levar a situação a sério porque parecia que todo mundo ao meu redor também estava passando por isso. Não só era um tema prevalente, mas também parecia estar... *na moda*. Basta sentar em qualquer bar e, em questão de dez minutos, você vai ouvir as pessoas competindo para ver quem está mais sobrecarregada e exausta: "Faz anos que não tiro um horário de almoço"; "Se eu conseguisse sair do escritório às 19h, já estaria no lucro"; "Se eu saísse de férias, o departamento desmoronaria". Tem gente demais normalizando o próprio sofrimento.

Nas semanas seguintes àquela ligação desesperada para meus pais, comecei a perguntar às pessoas, em especial às que eu admirava, como elas lidavam com a vida ocupada e evitavam o esgotamento a longo prazo. Em resposta, recebi olhares vazios, risadas desconfortáveis ou clichês nem um pouco convincentes. Como eu trabalhava com desenvolvimento profissional, sabia que *alguém, em algum lugar*, tinha que ter criado uma solução simples e fácil para aquele problema. Fiz buscas on-line e só encontrei sites desatualizados. Vasculhei redes sociais, encontrei resultados péssimos e desenvolvi um ressentimento doentio em relação a recomendações para meditar ou tentar fazer ioga. (Não vou ser estraga-prazeres e desdenhar do gosto alheio, mas essas duas práticas não funcionam para mim. Essa é minha forma educada de dizer que são práticas que me fazem passar raiva.) O pouco que encontrei não condizia com as demandas modernas da força de trabalho virtual (como, por exemplo, a sugestão de "deixar o trabalho no trabalho", sem um plano claro de como separar o trabalho da vida em uma época em que o trabalho está literalmente na nossa casa e no telefone que vive grudado na nossa mão). Além disso, me deparei com um monte de conselhos óbvios ("tenha uma boa noite de sono") ou recomendações que eu abrisse mão de algo. Pedir demissão. Dar uma pausa nos estudos. Dizer não para novas oportunidades sem dó nem piedade. A questão era: eu *queria* continuar fazendo tudo aquilo. Eu *gostava* dos meus colegas e do meu emprego; eu queria o diploma e me interessava pelo conteúdo. Separadamente, cada elemento era satisfatório o suficiente para não desistir. Mas, juntando tudo, era coisa demais para qualquer pessoa. A verdade era que **eu não desejava uma vida diferente, com objetivos diferentes; eu só desejava que *não fosse tão difícil*. Queria continuar fazendo tudo o que estava fazendo sem me sentir *consumida* por cada tarefa.**

Quando me vejo diante de um problema, meu primeiro passo quase sempre envolve perguntas. Então, para começar, conversei com dezenas de pessoas com burnout para saber sobre suas dificuldades e que tipo de soluções estavam procurando. Depois de realizar amplas entrevistas e me aprofundar em pesquisas sobre gerenciamento de burnout, padrões e soluções começaram a surgir. Os mesmos assuntos vinham à tona várias vezes — mindset, cuidados pessoais, gerenciamento de tempo, limites, gerenciamento de estresse — como áreas que ajudavam na prevenção ou deixavam as pessoas mais vulneráveis a ele. Com esses tópicos em mente, me tornei minha própria cobaia.

Eu continuava fazendo todas as minhas tarefas quando comecei a criar recursos para o gerenciamento de burnout, então, fiquei ainda mais ocupada. Não haveria momento melhor para ver se a implementação de soluções em torno desses tópicos poderia mesmo fazer diferença.

Em resumo: fez. Ao aplicar o conjunto de soluções que você encontrará neste livro, percebi uma mudança drástica na qualidade de vida e de trabalho, *apesar de*, tecnicamente, ter adicionado mais itens à minha rotina. (E meus pais também perceberam, já que, para grande alívio deles, pararam de receber ligações chorosas feitas no corredor dos macarrões instantâneos.) Comecei fazendo uma avaliação sincera da minha capacidade e cortei o que não era essencial onde pude. Estabeleci limites pessoais e profissionais necessários. Aperfeiçoei meu gerenciamento de estresse — e, com isso, quero dizer que comecei a fazer um gerenciamento consistente do estresse pela primeira vez na vida. Criei uma estrutura de cuidados pessoais que era, de fato, realista. Todo mundo sabe que esses tópicos são valiosos de forma independente, mas eu nunca os vi agrupados em um método holístico antes. Também nunca os pratiquei juntos. Com o passar dos meses, fiquei menos exausta e mais concentrada. Comecei a sentir menos culpa pelas coisas que recusei e curtir as que topei fazer. Senti que havia retomado as rédeas da minha vida. Minhas crises de enxaqueca diminuíram. Não aconteceu da noite para o dia — e exigiu muito esforço e certas tomadas de decisão implacáveis —, mas cada mudança e conversa difícil valeu a pena. Então, veio a pergunta que não queria calar: será que outras pessoas também poderiam ver resultados positivos a partir daquelas orientações?

Meu instinto dizia que sim. Para testar minha teoria, desenvolvi um programa de coaching individual. Uma abordagem individual tende a ser a maneira mais confiável de testar uma metodologia, garantir resultados e conseguir feedback direto. Por experiência própria, o que utilizei para combater meu burnout serviu de base. Ninguém sabe o que *realmente* funciona a menos que tenha experimentado por si mesmo. Depois que alguns clientes que passaram pelo meu programa obtiveram resultados consistentes, era, portanto, o momento de espalhar a boa notícia por meio das minhas mídias sociais.

E, caramba, como foi oportuno. Logo depois que comecei a compartilhar conteúdo sobre o assunto na internet, a covid-19 varreu o mundo. Um dos vários efeitos adversos da pandemia foi o nível recorde de estresse enfrentado pelos funcionários em 2020, chegando a 38% em nível global. Em 2021 e 2022, a situação piorou ainda mais. Com 44% dos trabalhadores reportando estresse *diário* no local de trabalho, não é de surpreender que o interesse em curar o burnout tenha disparado durante os anos — e continue a crescer.

Minha lista de espera cheia, a caixa de entrada abarrotada de mensagens e o aumento de seguidores nas redes sociais eram evidências desse problema crescente. No auge da pandemia, meu perfil no TikTok passou de alguns milhares de seguidores para 100 mil no espaço de um mês. Havia tanta procura pelo serviço que eu constatei que o atendimento individual não daria mais conta. Para alcançar o maior número possível de pessoas, criei uma sessão de treinamento em gerenciamento de burnout para oferecer a grupos maiores. Já tive o privilégio de promover esse treinamento em organizações como Pepsi, Nickelodeon, Thermo Fisher, PayPal e muitas outras. Nessas sessões, pessoas talentosas e poderosas ainda fazem perguntas do tipo: "Como eu digo a alguém que não estou disponível depois das 19h?" Porque a questão é a seguinte: o burnout não faz distinção.

Pode pegar qualquer um, em qualquer mercado e em qualquer posição, e forçá-lo a comprometer a qualidade de vida em prol do desempenho.

BURNOUT? NO MUNDO DE HOJE? REVOLUCIONÁRIO

A pandemia de covid-19 transformou o burnout numa epidemia. Pessoas do mundo inteiro tiveram que lidar com imprevisibilidade global, condições de trabalho impraticáveis, isolamento social e notícias desanimadoras em todas as mídias. Funcionários começaram a questionar o estresse que sentiam em relação a e-mails que não paravam de chegar enquanto pessoas morriam. Começaram a se ressentir das responsabilidades profissionais banais diante de uma tragédia mundial. Essa combinação de estressores resultou em uma saúde mental extremamente precária em todos os Estados Unidos. A Organização Mundial da Saúde (OMS) relatou um aumento de 25% em casos de ansiedade e depressão no mundo inteiro em 2020, como resultado da covid-19.

Todos, ao mesmo tempo, tiveram que iniciar uma vida nova sem data para acabar. Pais lutaram para equilibrar seus empregos sem o auxílio de creches ou escolas. Dividir a casa com pessoas cujos horários de home office conflitavam com os seus dificultava um pouco mais o dia a dia. Alunos foram retirados da escola e seus sonhos de ir para a faculdade foram esmagados pouco a pouco, um atraso de cada vez. De um milhão de maneiras únicas, o sofrimento das pessoas passou de gerenciamento de estresse de curto prazo para burnout de longo prazo. No fim de 2021, quase dois terços dos profissionais relataram ter sofrido com ele.

O termo *burnout* não se aplica mais apenas a profissionais da saúde que fazem plantões de 24 horas, consultores que trabalham cem horas por semana e contadores em época de declaração do imposto de renda. Agora, mais do que nunca, é um problema que ronda a vida de quase todo mundo. Em todas as fontes que consultei — desde um livro sobre o assunto ou a Organização Mundial da Saúde* —, as definições de burnout não parecem descrever a situação real do mundo pós-pandêmico de hoje, em que é mais difícil do que nunca separar a vida profissional da vida pessoal. Vivemos em um mundo em que muitas pessoas descrevem a própria situação como "morar no trabalho" em vez de "trabalhar de casa".

É por isso que eu defino burnout como *um estado de exaustão, estresse e desalinhamento (com os rumos que sua vida está levando) durante um período prolongado*. A parte do desalinhamento é significativa, porque você pode viver uma vida tradicionalmente muito bem-sucedida que não o satisfaz em *nada* e, como resultado, apresentar sinais de burnout.

É muito raro o burnout resultar de *um* problema que pode ser apontado e corrigido. **O burnout é uma forma de morte causada por mil cortes de papel. Está nas pequenas**

---

* A definição da OMS, na 11ª revisão da Classificação Internacional de Doenças (CID-11), é que se trata de uma síndrome resultante de estresse crônico no trabalho que não foi gerenciado com sucesso. É caracterizado por três sintomas principais: 1) sensação de esgotamento de energia ou de exaustão; 2) aumento do estresse, ou sentimentos de negativismo ou ceticismo relacionados ao trabalho; 3) redução da eficácia profissional. A OMS também afirma que o burnout se aplica apenas a um contexto ocupacional, e não a outras áreas da vida. A definição da organização, embora importante, não leva em conta a sobreposição entre trabalho e vida pessoal, não considera fatores como cuidados não remunerados e não aborda a falta de senso de propósito, ou o desalinhamento, que pode ocupar um lugar de destaque na experiência de algumas pessoas que sofrem dessa síndrome.

maneiras de comprometer a qualidade de vida ao longo do tempo, resultando em exaustão e infelicidade.** É passar todas as manhãs em um turbilhão de estresse, "pôr o trabalho em dia" até tarde da noite e nos fins de semana, sentir culpa por estar cansado demais depois do trabalho para iniciar um projeto que não sai do papel, isolar-se socialmente porque está sempre exausto. Esses pequenos hábitos podem resultar em grandes problemas.

O burnout tem sido associado a muitas condições de saúde, incluindo distúrbios do sono, depressão, dor musculoesquelética (dor no pulso, no pescoço e nas costas), doenças cardiovasculares, alterações prejudiciais no cérebro, diabetes e um sistema imunológico enfraquecido. Tudo isso acontece porque o burnout submete o corpo e a mente ao estresse constante, que os expõe diariamente a hormônios como o cortisol, que é saudável em doses curtas, mas eleva a pressão arterial e o açúcar no sangue *e* provoca inflamação quando em doses gigantescas. Nós *sabemos* que ignorar o burnout traz repercussões físicas, mas, mesmo assim, persistimos.

No curto prazo, priorizar o trabalho parece vantajoso. A fim de progredir, sentimos ser necessário sacrificar o equilíbrio até conseguirmos "mostrar a que viemos", apesar de haver fortes evidências de que manter o equilíbrio entre trabalho e vida pessoal resulta em maior produtividade, envolvimento, absorção e satisfação do trabalhador. Uma carreira é uma maratona, não um sprint. O burnout não é apenas um subproduto moderno das exigências profissionais de hoje ou uma forma irreverente de dizer "Estou exausto". É uma condição significativa que nos priva de muitas das nossas necessidades humanas fundamentais.

Pesquisas mostram que relacionamentos saudáveis causam um impacto positivo na nossa qualidade de vida. A ciência já descobriu que ter apoio social — de um amigo inseparável cujo número de telefone você já decorou, de um colega de trabalho que considera próximo, ou de sua mãe, para quem liga todos os dias, como eu faço — alivia os sintomas do burnout e aumenta a satisfação pessoal. Mas eis a ironia: tudo que comprovadamente nos imuniza contra o burnout — como tempo de qualidade com amigos ou assistir a seu time enquanto toma uma gelada com os camaradas — é exatamente o tipo de coisa que o burnout nos rouba. É uma situação mais que traiçoeira. Infelizmente, a correlação entre exaustão e isolamento significa que aqueles que sofrem de exaustão e burnout têm muita chance de se isolar ainda mais, em vez de buscar apoio social.

O burnout se resolve com tempo livre e energia para fazer as coisas que ajudarão a aliviá-lo, mas, é claro, tempo e energia são exatamente o que o indivíduo com esse problema não tem. À medida que o problema cresce, o lazer pessoal diminui. Não podemos nos dedicar por completo a responsabilidades e depois ficar em choque ao perceber que perdemos todas as coisas boas da vida. Gastar tempo e energia em objetivos que resultam na negligência da saúde, dos relacionamentos e do lazer *vai* nos trazer consequências — em forma de vingança.

PRIMEIRO, SEJA SINCERO CONSIGO MESMO

Você acha que "o dia não tem horas suficientes"? Negligencia as coisas que antes lhe traziam alegria para ter tempo para obrigações? Talvez você ande trabalhando no horário de almoço e à noite, ou fique acordado até tarde porque é o único momento em que ninguém espera nada de você. Se você agir como eu fazia, seu padrão é sempre dizer sim para tudo — e depois se afogar com um sorriso no rosto para que ninguém ache que você é incapaz.

Talvez você tenha se dissociado (entrado no piloto automático mental e começado a fazer as coisas de qualquer jeito) meses atrás para sobreviver a essa realidade, mas percebeu que se afundou mais ainda no burnout. Talvez descubra que sente ansiedade em relação ao trabalho toda manhã, nos fins de semana e nas férias. Quando alguém lhe pede algo, você tem vontade de gritar: "Não está vendo que estou ocupado?!" Que "quiet quitting" [demitir-se em silêncio, em tradução livre] que nada — você sente o tempo inteiro que a qualquer momento vai pedir demissão de forma bem raivosa e nada silenciosa. Às vezes, talvez já tenha sonhado em largar tudo para trás. (Já ouvi dizer que o Alasca é uma beleza nesta época do ano.) Se estiver atravessando um momento ruim, pode até se imaginar desaparecendo... só por um tempinho.

Talvez seja difícil para você deixar oportunidades passarem, afinal tudo parece importante, "em uma fase conturbada" que não acaba nunca. É possível que aceite tarefas por culpa, mesmo quando não tem condições. Talvez o seu pior pesadelo seja o confronto. Ou talvez você se sinta "encalhado", esteja lutando para cumprir compromissos e não se sinta motivado com o que tem para fazer.

Não importa como o burnout se manifeste, saiba que vamos combatê-lo. Porque — e não estou sendo dramática — *a qualidade da sua vida inteira depende disso*. Ele consome os dias, sabota relacionamentos e prejudica a saúde física. Além disso, rouba os melhores anos da vida da pessoa, que passa os dias de cabeça baixa no modo sobrevivência. Destrói a saúde mental e provoca uma sensação de exaustão e desamparo semelhante à depressão.

Imagine *não* se sentir pressionado para fazer tudo e agradar a todos; ter tempo livre e energia para fazer as coisas que ama; e não se sentir culpado por descansar um pouco ou curtir um momento de lazer. A vida não seria muito mais agradável, confortável e gratificante se não houvesse tanta exaustão, estresse e desconexão?

Romper hábitos é *difícil*, eu sei. (*Sério mesmo*, eu sei.) No entanto, passar anos sofrendo é mais difícil ainda. Dedicar-se ao trabalho à exaustão e não ter limites o exauriu — o mundo em que vivemos ama um trabalhador esforçado, não importa o quanto isso custe à pessoa. **Nosso mundo é um poço de exigências sem fim, então cabe a nós estabelecermos um limite para o que vamos oferecer.**

O QUE VOCÊ NÃO MUDA É UMA ESCOLHA

Tudo o que fazemos, desde que acordamos até o instante em que dormimos, é uma escolha: se a primeira coisa que você faz pela manhã é pegar o celular, se pensa no trabalho depois de sair do escritório, como você se permite ser tratado — *tudo!* Algumas dessas escolhas são triviais, outras são úteis e há as que estão matando você.

Escrevi este livro como uma forma (muito carinhosa) de te chacoalhar e perguntar: "Quando repensar as suas escolhas, o que desejaria ter feito de diferente?" A resposta não vai ser trabalhar mais, participar de uma dezena de comitês ou perder tempo com relacionamentos que te deixam desconfortável e sem apoio. Vou apresentar um guia para você conquistar uma vida mais calma, gratificante e administrável possível. Muitos dos passos deste guia serão abordados por meio de histórias impactantes de clientes.*

Para mitigar o burnout atual ou se prevenir, além de reforçar o equilíbrio na sua vida, você aprenderá a identificar os sinais que indicam um processo de estafa. Vamos abordar as complexidades do burnout moderno e aprender, dependendo de como ele se manifesta, quais mudanças se deve fazer. Além disso, você vai se familiarizar com minha proposta de cinco pilares — mindset, cuidados pessoais, gerenciamento de tempo, limites e gerenciamento de estresse — que vão ajudar no gerenciamento de burnout. Diferentes estressores exigirão diferentes combinações desses pilares, mas dominá-los vai permitir que, daqui para a frente, você proteja a si mesmo e a sua qualidade de vida diante de vários estressores.

As minhas sugestões podem ser adaptadas a estressores específicos. Se volta e meia o pensamento "Meu volume de trabalho é absurdo" vem à sua mente, desejo que você aprenda sobre limites e gerenciamento de tempo. Se diz a todo mundo "Trabalho com pessoas dificílimas", vamos falar sobre mindset e gerenciamento de estresse. Se você começa cada semana pensando "Parece que eu não descansei nada", permita-me apresentá-lo aos cuidados pessoais e ao gerenciamento de tempo.

O programa que desenvolvi vai ajudá-lo a construir a vida que deseja *agora* e combater as inúmeras ameaças de burnout que vão surgir pelo caminho. Como se trata de um problema contínuo, você vai ter uma relação contínua com este material. Diferentes fases da vida vão levá-lo a diferentes áreas do gerenciamento proposto. Faça anotações conforme for avançando, dobre as páginas que apresentem sugestões que lhe pareçam eficazes — por

---

* Alterei os nomes dos clientes, mas mantive o espírito das histórias.

favor, não fique cheio de dedos com este livro. Sinta-se em casa nestas páginas para que os conselhos que mais fazem sentido fiquem o mais acessíveis possível.

A situação em que você se encontra e sua disposição são únicas. Todo mundo terá pontos de partida e experiências ligeiramente diferentes. O importante é experimentar tudo. Caso não goste de algo, não precisa repetir. Prometo.

Talvez você sinta algum incômodo ao ler este livro — sei que é possível porque já estive no seu lugar. Sei como é sentir a vida tão fora de controle que não sabemos nem por onde começar a consertá-la — ainda mais quando só ouvimos elogios de pessoas que não sabem o quanto aquilo está nos custando ou como estamos cansados a ponto de não conseguirmos mudar por dentro.

Ser do jeito que você é lhe proporcionou a vida que tem no momento. **Se deseja uma vida diferente, vai ter que ser uma versão diferente de si mesmo**, fazer tudo de um jeito diferente. Você já sabe como serão as coisas se continuar fazendo o que tem feito e, considerando que está lendo este livro, presumo que deseje mudar. **Você pode fazer algumas mudanças difíceis, ou pode viver uma vida difícil.** Estou aqui para apoiá-lo na primeira opção. Se eu consegui, você também consegue.

Todo mundo merece uma vida pela qual vale a pena acordar. No mínimo, todo mundo merece acordar e não sentir *medo* do que vai enfrentar.

PARTE I

O BURNOUT MODERNO

CAPÍTULO 1

Identificando o burnout em um mundo em chamas

Quando o estresse vira burnout

Você já teve a sensação de que dirigir até o parque mais próximo e gritar a plenos pulmões seria terapêutico? Já estacionou o carro na entrada da sua garagem e ficou olhando fixamente para o nada, sem querer entrar e enfrentar as responsabilidades que o esperam? Já teve um dia tão ruim que até fez os cálculos para saber se podia se dar ao luxo de pedir demissão? Não importa se as responsabilidades são profissionais, sociais ou pessoais, a verdade é que você está por um fio. Está se arrastando com o pouco ou nenhum combustível que sobrou no seu tanque de energia. **Ter burnout é levar a vida nesse estado de exaustão** *por um período prolongado.*

Essa "falta de energia" é o resultado de um estresse mal gerenciado e prolongado. Sabemos que um pouco de estresse faz bem, porque nos mantém alertas e envolvidos. Já o estresse por um longo ou indefinido período não é adequado para a nossa fisiologia. Suportá-lo por muito tempo acaba se transformando em algo muito mais sinistro: burnout. Combater sem parar os hormônios do estresse é submeter o seu corpo a horas irregulares de sono e fadiga diariamente. Com isso, não temos chance de reabastecer as nossas reservas de energia. Não se trata só de um esgotamento físico; é também psicológico — começamos a encarar as circunstâncias e o futuro com um olhar mais negativo. Enquanto o estresse de curto prazo é visto como um desafio que podemos superar com um esforço a mais, o burnout parece infinito e insuperável: ficamos resignados e perdemos a esperança, temendo que as coisas nunca mudarão.

SOMOS PRODUTOS DO NOSSO AMBIENTE

Não preciso nem dizer que as causas globais do estresse — os impactos da covid-19, a inflação, a instabilidade política e a "cultura da agitação", só para citar algumas — estão em ascensão. Embora a maioria de nós já estivesse acostumada com algum estresse, o número de pessoas que relatam altas quantidades de estresse nunca esteve tão elevado como nos últimos anos. O aumento do estresse prolongado leva a mais relatos de burnout.

Conforme a pandemia não dava sinais de recuar, o burnout não parava de aumentar, e a barragem se rompeu. As pessoas chegaram a um ponto de ruptura e se viram forçadas a reavaliar *pelo que* estavam trabalhando — e se esgotando. Era quase como se passássemos por uma experiência de quase morte coletiva, e todo mundo reavaliou no que estava gastando seu precioso tempo. O lembrete de que o nosso tempo é limitado trouxe consigo uma indignação renovada e a motivação para *não* o desperdiçar fazendo coisas que não nos serviam ou não nos satisfaziam.

Esse esgotamento generalizado se manifestou em movimentos como a Grande Demissão (o êxodo em massa de trabalhadores do mercado de trabalho), a Grande Reorganização (pessoas que pediram demissão e "se realocaram" em empregos diferentes, em vez de deixar o mercado de trabalho por completo) e o quiet quitting, ou demissão silenciosa (a decisão consciente de não ir "além" do básico nas obrigações do trabalho). Essas tendências globais, motivadas pela insatisfação dos empregados, ilustram o desejo de mudança de milhões de profissionais. Queremos trabalhar para viver, não viver para trabalhar.

Caso você não soubesse: a Grande Demissão de 2021 foi um período durante o qual um número recorde de funcionários norte-americanos pediu demissão, alcançando o pico dos últimos vinte anos com 4,5 milhões de desligamentos em novembro de 2022. Não foi o caso de pessoas se aposentando mais cedo. As principais razões para as demissões incluíam baixa remuneração, longas cargas horárias, poucas chances de promoções e a sensação de ser desrespeitado pelo gestor ou pela empresa. Aqueles que mudaram de emprego tinham maior probabilidade de assumir posições que ofereciam salário mais alto, mais espaço para crescer e um melhor equilíbrio entre trabalho e vida pessoal. Além disso, o trabalho remoto passou a ser uma possibilidade real e fez com que muita gente questionasse a necessidade de trabalhar como antes, de forma tão rígida. Muitos deixaram suas funções em prol de cargos remotos que ofereciam mais liberdade do que a oferecida no escritório.

Pela primeira vez na história moderna, a estrutura de trabalho das nove às cinco foi questionada por funcionários que conseguiram realizar o mesmo trabalho em horários e ambientes diferentes dos anteriores. Ao trabalhar fora do escritório, sem a cultura corporativa e os burburinhos distrativos, muitos sentiram que suas funções deixavam algo a desejar.

> **"LEVANTE A BUNDA DAÍ E TRABALHE. PARECE ATÉ QUE NINGUÉM ESTÁ A FIM DE TRABALHAR ULTIMAMENTE." — KIM KARDASHIAN**

A tendência do quiet quitting — popularizado nas redes sociais ao longo de 2022 e 2023 — é mais uma prova da desilusão profissional na sociedade moderna. Embora "ir além" ou "superar expectativas" seja virtuoso, muitos funcionários sentiram fazer isso havia anos e perceberam que só foram "recompensados" com muito esgotamento e sacrifício pessoal (e, em muitos casos, sendo solicitados a assumir o trabalho de um colega que não estava desempenhando tão bem a própria função). Uma "promoção" em deveres, mas não em título ou em salário, tornou-se uma ocorrência perturbadoramente comum. Não é de admirar que os trabalhadores tenham entrado em greve, culminando numa recusa em massa de "dar conta do recado" e "saber trabalhar em equipe" em detrimento deles mesmos. A indignação com expectativas injustas e insustentáveis e a noção de que muita gente também compartilhava do mesmo ressentimento deram à campanha do quiet quitting o combustível necessário para incendiar tudo.

Claro, nem todo mundo está comemorando esses movimentos. Muitas vezes, a resposta a essas tendências de "fazer menos" é a suposição de que "mais ninguém quer se dedicar ao trabalho". Mesmo quando a recomendação de reduzir o ritmo visa melhorar a saúde mental dos funcionários, muita gente ainda hesita em reconhecer que está sofrendo do problema por medo de parecer que "não dá conta". Para quem já internalizou essa crença: é fundamental dissociar a ética de trabalho do burnout agora mesmo. Não se trata de falta de esforço, determinação ou garra. **Encarar o burnout como uma falha pessoal e não como resultado de estresse persistente é um erro.**

"Esgotado"
"Resiliente"
"Dedicado"
"Ambicioso"

Existem fatores universais que levam ao burnout (como, por exemplo, sentir-se sobrecarregado, estar em relacionamentos estressantes ou sentir fadiga prolongada), e é útil estar ciente deles. Contudo, para gerenciar o burnout, também é importante saber como *você* tende a reagir a esses fatores. Para ajudá-lo, vou ensinar a você o que procurar em si mesmo.

PEGUEI NO FLAGRA ALGUÉM REVENDO SUA SÉRIE DE CONFORTO

Como reconhecer um processo de burnout? Com o tempo, o estresse contínuo causa sintomas que chamam a atenção. Confusão mental, falta de paciência, sensação de desesperança, fadiga física — essa é a maneira do corpo humano sinalizar que algo não vai bem. Algumas pessoas se confundem e pensam estar com ansiedade ou depressão, já que há sintomas em comum com o burnout: sentir-se exausto, sufocado, desinteressado e desesperançoso. Embora essas doenças possam parecer semelhantes, uma das principais diferenças é que o burnout é, em grande parte, circunstancial — tem ligação direta com suas condições e, na maioria das vezes, com seu trabalho. Quando as condições mudam, o burnout pode se amenizar. Isso não acontece com a ansiedade ou a depressão. Uma pessoa que sofre de depressão continuará se sentindo deprimida por mais que reduza a carga de trabalho, descanse o suficiente ou tire férias emergenciais.

Existem indicadores internos e externos para identificar o burnout. Os indicadores internos são sinais que você pode notar em si mesmo; os indicadores externos são sinais que os outros percebem em você. Reconhecê-los ajudará na identificação do burnout e na forma de lidar com ele no futuro.

INDICADORES INTERNOS: POSSÍVEIS EXPERIÊNCIAS RESULTANTES DO BURNOUT
- Esgotamento emocional (sentir-se emocionalmente indisponível por estar sem energia);
- Ceticismo ou pessimismo;
- Indiferença ou dissociação;
- Sentir cansaço extremo antes de começar as tarefas do dia;
- Ansiedade antes e em relação ao trabalho (Sabe aquele pavor que sentimos no fim do domingo? Imagine sentir isso todo dia.);
- Desmotivação;
- Concentração e atenção prejudicadas;
- Sentir-se ineficaz.

INDICADORES EXTERNOS: POSSÍVEIS COMPORTAMENTOS VISÍVEIS RESULTANTES DO BURNOUT
- Exaustão física;

- Insônia;
- Esquecimento;
- Isolamento;
- Escapismo (usar distrações como mídia ou hobbies para fugir da realidade);
- Aumento da irritabilidade;
- Baixa imunidade;
- Procrastinação;
- Mudança no consumo de alimentos/drogas/álcool;
- Dor física persistente.

Esses são os sinais de burnout que sentimos ou demonstramos. Temos uma tendência a recair em velhos hábitos, então podem ser bem familiares. É possível apresentar também alguns sinais menos clínicos e mais pessoais. O que você sabe que faz quando está em frangalhos? Talvez, quando a coisa aperta, você assista, mais uma vez, a uma série que lhe traz conforto, coma sua besteirinha favorita, ignore mensagens e ligações, compre mais coisas on-line ou peça mais delivery, fique acordado até mais tarde ou se isole do mundo. Se passa muito tempo com um parceiro, parente ou amigo, pergunte o que essa pessoa percebe quando o seu processo de burnout está começando. Ao longo deste livro, vou lhe mostrar maneiras de combater o burnout, mas elas só serão úteis se você souber identificar quando precisar delas.

Quando o meu processo começa, por exemplo, o meu cartão de crédito é o primeiro a sentir. Peço delivery de comida com mais frequência e compro coisas desnecessárias como forma de obter a dopamina do bem-estar. Para resumir, fico ávida por recompensas de curto prazo. Durmo até o terceiro alarme, deixo de treinar, me refugio nos meus hobbies e fico acordada até tarde da noite. Quando estou mesmo na pior, me sento no chão do boxe enquanto tomo banho. O meu marido já sabe que, se estou sentada no chuveiro, é alerta vermelho.

Por outro lado, quando sinto que a minha vida está sob controle e não estou esgotada, funciono à base das recompensas de longo prazo. Acordo cedo para não começar o dia na correria antes mesmo de dar início às minhas obrigações, fico animada para treinar, vou dormir num horário razoável e desfruto dos meus hobbies como complementos às responsabilidades diárias, em vez de encará-los como um escapismo viciante. (E consigo tomar banho sem me sentar no chão do boxe.)

Reconhecer sinais menos clínicos fez muitas pessoas me procurarem. Não é necessário parar no hospital, receber receita de ansiolíticos ou ter ataques de pânico (digo isso por experiência própria) para tomar uma atitude. Independentemente de quais sejam os seus sinais de burnout, eles são válidos (neste instante) e hoje é um bom momento para começar a mudar.

LIDANDO COM O CAOS

Jessica marcou uma consulta comigo depois que o parceiro dela comentou, com muito jeitinho, ser estranho ela estar recebendo em casa compras on-line *todos os dias*. O trabalho dela a deixava exausta, então, numa tentativa de se acalmar e buscar um pouco de "estímulo", Jessica havia mergulhado no poço sem fundo da terapia das compras. Comprar coisas pela internet lhe trazia alegria e algo pelo que ansiar durante uma semana que, se não fosse por isso, seria puro estresse. Ela sentia que merecia se dar um mimo com o dinheiro que ganhava naquele trabalho puxado.

Ela não achava que fazer compras pela internet fosse um sinal de burnout. Por que não se dar coisas legais de presente com o próprio dinheiro? Mas o problema não eram as *coisas*; era o momento em que fazia as compras. O histórico de compras on-line tendia a aumentar durante as fases mais agitadas no trabalho. Expliquei que os indicadores de burnout podem começar como sintomas físicos e mentais comumente reconhecidos (exaustão, ansiedade e insônia), mas também podem se manifestar como sinais mais pessoais e menos óbvios (fazer compras pela internet, negligenciar hobbies e se entregar ao conforto). Para dizer a verdade, vários clientes meus lutavam contra um vício em fazer compras, e por um bom motivo: as compras compulsivas, assim como o abuso de álcool ou drogas, ativam nosso circuito de recompensa e nos dão uma dose prazerosa de dopamina, o que é tentador quando nos sentimos esgotados e no limite.

Jessica estava passando pelo ciclo clássico do burnout.

Ela trabalhava até dizer chega, começava a manifestar sinais pessoais de burnout, chegava ao ponto de ruptura e mudava as coisas (normalmente estabelecendo alguns limites no trabalho). Então, assim que se sentia mais calma, voltava a acumular mais trabalho.

Ela repetia esse ciclo várias vezes, como se fosse alérgica à tranquilidade. Dizem que insanidade é fazer a mesma coisa repetidas vezes e esperar um resultado diferente. Jessica sabia que esse padrão de trabalho a esgotava, mas sempre arrumava uma justificativa. "As coisas vão se acalmar quando eu acabar esse projeto", dizia a si mesma. "As avaliações de fim de ano estão vindo aí." "Se eu não fizer isso, minha equipe vai ter que fazer, e não quero que eles se esgotem." "E se eu nunca mais tiver essa oportunidade? Tenho que a aproveitar."

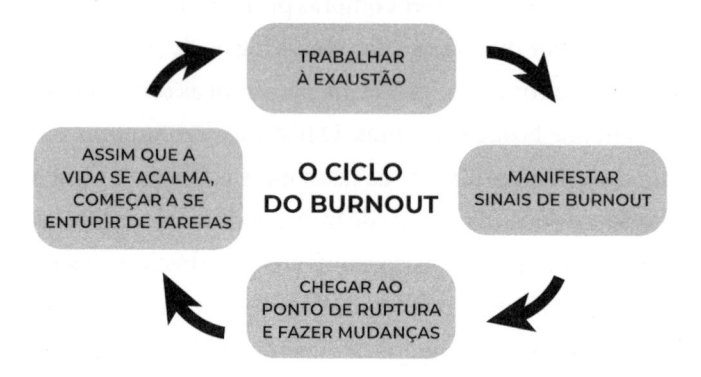

O CICLO DO BURNOUT

- TRABALHAR À EXAUSTÃO
- MANIFESTAR SINAIS DE BURNOUT
- CHEGAR AO PONTO DE RUPTURA E FAZER MUDANÇAS
- ASSIM QUE A VIDA SE ACALMA, COMEÇAR A SE ENTUPIR DE TAREFAS

Parece familiar? Justificar o burnout com pensamentos desse tipo é algo muito comum para os membros do C.S.E. (o Clube dos Sempre Exaustos). Assim que surge uma nova demanda, mais espaço na agenda ou uma chance de provar o próprio valor, o pessoal desse clube se joga na fogueira novamente.

CONHECE-TE A TI MESMO

Cada pessoa tem padrões únicos de burnout. Para ter uma ideia melhor de quais podem ser os seus e de como interrompê-los, vamos dar uma olhada nos três componentes principais:

- Condições ou comportamentos que levam ao burnout;
- Sinais de que você está caminhando para o burnout;
- Sua resposta às condições ou aos comportamentos que levam ao burnout.

Como isso se aplica ao caso de Jessica? Após uma análise mais profunda, descobrimos que os **comportamentos** que a levavam ao burnout eram: não dizer *não* quando chegava ao limite e ter dificuldade de deixar o trabalho de lado (em linhas gerais, conferir os e-mails compulsivamente depois do horário de trabalho e nos fins de semana).

Os **sinais** que indicavam a proximidade do burnout eram as compras por conforto, a ansiedade quase constante (quando, normalmente, ela era uma pessoa calma e feliz) e o retraimento social.

Para determinar a **resposta** dela, analisamos a carga de trabalho que estaria por vir e identificamos itens que poderiam ser simplificados, delegados ou interrompidos por um tempo. Ela se comprometeu a recusar qualquer trabalho não essencial pelo restante do trimestre, para que pudesse se reorganizar. Também disse à equipe que tinha adquirido o péssimo hábito de estar on-line o tempo todo e, daquele momento em diante, só ficaria disponível em horário comercial (o que, sinceramente, deve ter sido um alívio para eles também). Essas atitudes ajudaram a reduzir a ansiedade de Jessica em relação a estar disponível para trabalhar 24 horas por dia. A diminuição da ansiedade reduziu os comportamentos que a levavam a lidar com ela fazendo compras on-line e se retraindo socialmente.

O objetivo é sempre chegar à raiz do burnout, não apenas corrigir os *sinais*. Jessica poderia até ter parado de comprar pela internet e voltado a passar mais tempo com os amigos, mas isso não significaria ter resolvido o problema. Cada *sinal* é apenas uma *pista* de que estamos lidando com um problema.

Pense a respeito das condições e dos comportamentos que desencadeiam esse ciclo para você:

Que *condições* tendem a desencadear o burnout? Certas épocas no trabalho? Certos projetos ou prazos? Ao passar tempo demais com pessoas estressantes? Uma forma elegante de descobrir é: "Posso resolver esse problema?" No caso de Jessica, ela sabia que era responsável pela maior parte dos comportamentos que a levavam ao burnout — o que significava que tinha o poder de mudá-los por conta própria.

Quais são os *comportamentos* que o levam ao burnout? Talvez você não esteja estabelecendo limites no trabalho ou com pessoas exigentes, ou talvez tenha se envolvido com circunstâncias que já causaram estresse antes, ou esteja se pressionando muito mais do que devia.

Quais são os *sinais* de que você está desenvolvendo o burnout? Talvez por causa de um trabalho extra porque não soube dizer não (comportamento) e o *sinal* de que deveria tê-lo recusado é precisar pular o almoço pela próxima semana inteira para terminar a tarefa a tempo.

Qual pode ser a *resposta* para interromper tal comportamento? Por exemplo, daqui para a frente, decore uma frase para recusar trabalho quando não puder aceitá-lo por falta de tempo: "Será que posso dar uma olhada na minha agenda antes para ver se consigo ou não?", seguido por "Infelizmente, não tenho como cuidar disso sem comprometer outras tarefas no momento" ou "Posso ajudar com isso, mas só consigo entregar amanhã de manhã. Funciona para você?".

AO CONTRÁRIO DA BEYONCÉ, VOCÊ NÃO ACORDOU ASSIM

Para a maioria de nós, o burnout acontece meio que acidentalmente. É um processo gradual. É aquela história do sapo: se você o coloca em água fervente, ele vai sair pulando no mesmo instante. Mas, se o colocar numa panela com água e acender o fogo médio, ele não vai notar que está sendo cozido vivo. É a mesma coisa com o burnout. Se tirarmos uma pessoa de um ambiente de trabalho funcional e a submetermos a circunstâncias extremamente estressantes que exijam comportamentos insalubres, o burnout chamará atenção logo de cara. Ao sermos expostos aos poucos a esse estresse extremo, é possível que não percebamos os hábitos nada saudáveis que surgiram ao longo do caminho. As condições se tornam tão precárias que nem reparamos nos sinais de alerta.

Cabe a você se conhecer o suficiente para entender o próprio padrão (em outras palavras, a temperatura da água que é confortável para você) e mantê-lo. O padrão é a maneira como nos comportamos quando estamos equilibrados. É a homeostase. Em épocas calmas e administráveis, quais são nossos passatempos? O padrão deve ser sustentável o suficiente para que possamos dar conta do recado por cem dias seguidos sem ter um burnout.

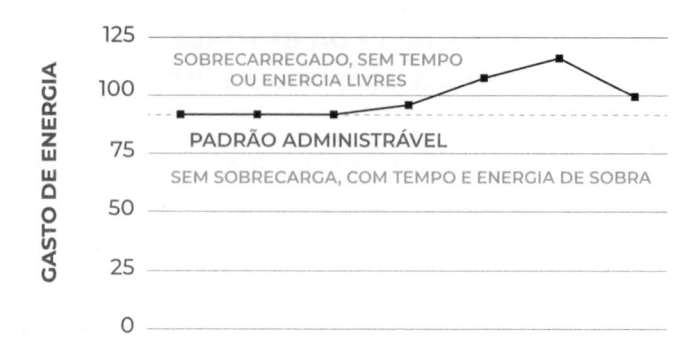

```
GASTO DE ENERGIA
125 ─
100 ─    SOBRECARREGADO, SEM TEMPO
          OU ENERGIA LIVRES
75  ─    PADRÃO ADMINISTRÁVEL
          SEM SOBRECARGA, COM TEMPO E ENERGIA DE SOBRA
50  ─
25  ─
0   ─
```

O problema, para muitos de nós, é que ignoramos os comportamentos e sinais indicativos de burnout até que sejam "muito ruins". Podemos até compreender que estamos cansados, ocupados e desanimados, mas, até as coisas começarem a desabar à nossa volta (ou dentro de nós), desconsideramos os sintomas. Justificamos a ideia de operar muito além de um padrão administrável enquanto tocamos mais um projeto, ou até ganharmos um aumento ou uma promoção. Argumentamos que é uma fase temporária e acreditamos ter energia suficiente para seguir até tirarmos a sorte grande. Ou podemos chegar ao ponto de dizer "Eu sou assim", acreditando que o estado de caos é o nosso ponto de equilíbrio ou a nossa sina — o que não costuma ser verdade, mas é fácil acreditar que seja.

Na maioria das vezes, **somos do jeito que somos porque já fizemos algo parecido antes e deu certo.** Os hábitos que repetimos são hábitos que já nos serviram em algum momento. Quando eu estava com burnout, sei que ignorei os sinais de alerta porque mal dava para percebê-los em meio a tantos aplausos. Eu estava me saindo tão bem que achei que o burnout fosse apenas o preço a ser pago pelo sucesso. Por um bom tempo, valeu a pena desconsiderar os meus sinais... até que deixou de valer. O burnout começa devagarinho, até que um dia você passa de infeliz a perigosamente indisposto.

O que convenceu Jessica a estabelecer um padrão mais razoável no trabalho foi perceber que, quando ela começou a implementar e a manter mudanças saudáveis, nada de ruim aconteceu. Ela conseguiu manter os limites que a impediam de ter uma crise de burnout, sem que o desempenho despencasse e os colegas a odiassem. Foi um processo de tentativa e erro? Claro. Descobrir quando ela poderia fazer pausas e por quanto tempo, encontrar formas de redirecionar pessoas que ainda corriam atrás dela fora do horário de trabalho, quantificar o trabalho para ter mais consciência de como gerenciar o próprio tempo... todas essas mudanças exigiram que ela começasse de algum lugar e depois refinasse a possível solução até chegar ao ponto que desse certo para ela e para a sua realidade. Será que valeu a pena um pouquinho de desconforto para recuperar tempo e energia fora do trabalho? Com certeza.

Jessica estava sofrendo de burnout por volume, um dos três tipos de burnout. Cada tipo tem um conjunto próprio de estressores, sinais e soluções. Se fosse outro tipo, teríamos examinado o ciclo do burnout pelo mesmo método, mas com uma estratégia de gerenciamento diferente. Por mais que eu compartilhe meios que possam ser adaptados para qualquer tipo de burnout, uma abordagem personalizada é a mais eficaz, e tudo começa com o diagnóstico do tipo específico de burnout.

CAPÍTULO 2

Os três tipos de burnout

(E sim, você *pode* ter os três)

A primeira cliente com quem trabalhei e que me fez perceber que existiam diferentes tipos de burnout foi Lisa. "Como é sua carga de trabalho?", perguntei. "Tranquila!", respondeu ela, que conseguia terminar as tarefas do dia dentro do horário normal de trabalho. "E como se sente no trabalho?" "Eu gosto do meu trabalho", ela respondeu. "Então, qual seria a causa do seu burnout?" "Bem… as outras pessoas", ela disse. E explicou que, apesar de a carga de trabalho ser razoável, sentia-se exaurida pelas pessoas com quem convivia. O chefe era instável, então Lisa tinha a sensação de pisar em ovos, sempre tendo que sentir o clima para saber como agir na presença dele. A mesa de trabalho ficava numa área bem movimentada do escritório e Lisa era muito simpática, o que significava que quase todo mundo passava por ali e a interrompia para bater papo. Ela acabou reconhecendo que parecia atrair pessoas carentes e vivia recebendo visitas inesperadas ou ligações chorosas de amigos ou familiares durante o expediente. Sendo alguém que adorava agradar a todos e não sabia como recusar pedidos sem sentir uma culpa gigantesca, Lisa sofria calada.

Embora estejamos acostumados a pensar no volume de trabalho como o principal culpado pelo burnout, Lisa não é a única pessoa a sofrer de *burnout social* como resultado de exigências alheias insustentáveis. Em vez de gastar recursos como tempo e energia em responsabilidades profissionais, ela os desperdiçava em relacionamentos difíceis que faziam parte da rotina. A postura normalmente alegre dela estava se tornando ressentida e retraída. Lisa estava emocionalmente exausta, a cada dia mais ansiosa e sem conseguir dormir direito. Para lidar com esses estressores, Lisa recorria à estratégia de desligar o celular à noite e alegar que estava trabalhando até tarde, só para ter algumas horas sem receber ligações, mensagens ou e-mails de ninguém. No trabalho, ela arrumava um monte de desculpas para evitar o chefe imprevisível e recorria ao uso constante de fones de ouvido para fingir que estava numa ligação caso alguém parasse para conversar. (Nada aflora tanto a criatividade das pessoas quanto o burnout. É só perguntar a uma mãe com muitos filhos que quer cinco minutinhos só para si mesma.) Esse burnout relacionado a pessoas é diferente do burnout profissional, que é mais comum, mas não deixa de ser o mesmo problema.

Após dezenas de consultas com clientes como Lisa, três principais categorias de burnout vieram à tona:

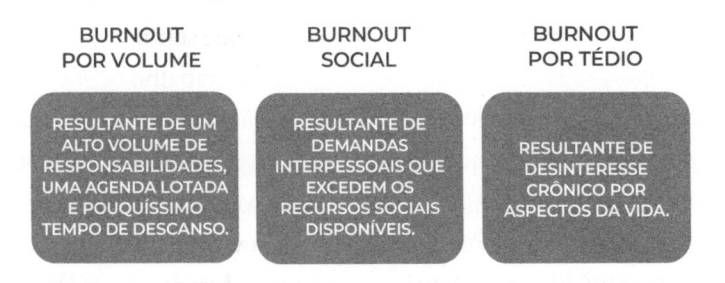

BURNOUT POR VOLUME	BURNOUT SOCIAL	BURNOUT POR TÉDIO
RESULTANTE DE UM ALTO VOLUME DE RESPONSABILIDADES, UMA AGENDA LOTADA E POUQUÍSSIMO TEMPO DE DESCANSO.	RESULTANTE DE DEMANDAS INTERPESSOAIS QUE EXCEDEM OS RECURSOS SOCIAIS DISPONÍVEIS.	RESULTANTE DE DESINTERESSE CRÔNICO POR ASPECTOS DA VIDA.

O **burnout por volume** se aplica a casos em que há muito mais tarefas do que a pessoa é capaz de fazer. É descrito como tentar "beber direto de um hidrante". Muitas vezes, quem sofre desse tipo de burnout tem empregos que podem ficar pesados, como vimos no exemplo de Jessica. O **burnout social** afeta pessoas — como Lisa — cuja bateria vive baixa o tempo todo porque não respeitam seus limites sociais. São pessoas em que todos confiam, desabafam ou pedem favores, por serem agradáveis e dignas de confiança. O **burnout por tédio** atinge quem se sente pouco inspirado e desligado da própria vida por um período prolongado. Lembra-se daquela ideia de desalinhamento? Essa sensação de falta de significado é uma característica comum do burnout por tédio.

Você pode sofrer de mais de um tipo de burnout ao mesmo tempo — cerca de 50% dos meus clientes enfrentam uma combinação de burnout por volume e social — e pode se recuperar de um enquanto ainda lida com o outro. Reconhecê-los permite uma compreensão mais abrangente do que pode ser a causa do seu tormento e nos leva à raiz do problema. Uma vez que as diferentes faces do burnout estejam evidentes, será mais fácil de se autoavaliar, considerando necessidades, obstáculos e pontos cegos à medida que o burnout é aliviado.

BURNOUT POR VOLUME:
BEBER DIRETO DE UM HIDRANTE

Mandy se deu conta de que estava esgotada quando comprou um suporte para celular que se usa no pescoço. Estava tão ocupada que não podia se dar ao luxo de deixar o celular de lado ou de guardá-lo no bolso. Por que largá-lo se logo precisaria pegá-lo novamente? Ela trabalhava numa equipe de relações-públicas gerenciando as mídias sociais de seus clientes, e a agência agia como se cada projeto fosse uma questão de vida ou morte.

Tudo o que a equipe de Mandy fazia estava dentro do cronograma dos clientes (que, na maioria das vezes, não faziam distinção entre fins de semana e dias úteis). O trabalho dessas pessoas era voltado ao público, então erros estavam fora de cogitação e tudo era examinado nos mínimos detalhes. A cada hora em que estava acordada — e, verdade seja dita, enquanto estava dormindo também —, Mandy recebia uma enxurrada de mensagens de pessoas impacientes que pagavam muito caro pelos serviços da empresa. Acompanhando essas demandas, havia a constante sensação de estar sempre atrasada nos compromissos. Como no mito grego da Hidra, ela cortava a cabeça de uma tarefa e duas surgiam no lugar. Mandy sabia que o trabalho não era tão importante ao analisar a própria vida, mas a pressão e as expectativas diárias a levaram a tomar medicamentos para ansiedade.

Ela sofria de burnout por volume — a sensação de ser esmagada pelo peso da lista de afazeres e de que a vida está fora de controle, o que é exacerbado pelo fato de a pessoa negligenciar as próprias necessidades no processo e ficar cada vez mais exausta.

Poderíamos descrever a mesma situação no caso de alguém que cuida dos afazeres domésticos e se afoga nos cuidados com os filhos, ou de um estudante de medicina que precisa decorar trinta horas de aula para o dia seguinte. É fácil sucumbir ao burnout por volume no mundo atual, e ninguém nos ensina como sair dessa situação.

Toda vez que me vejo caindo no burnout por volume, pensamentos acelerados me assombram o tempo todo, inclusive no meio da noite. Sonolenta, eu me reviro na cama um monte de vezes para pegar o celular na mesinha de cabeceira e acrescentar outro item à lista intitulada "porcarias para fazer amanhã". Trata-se de uma lista que mantenho no aplicativo de notas e alimento entre 23h e 6h, quando deveria estar dormindo. Não basta correr de uma tarefa para a outra durante o dia; a sensação de ter coisas demais para fazer sem tempo suficiente para completar tudo me faz ter um sono agitado, acordar em pânico e me convencer de que não posso deixar meu celular em casa nem para uma caminhada de vinte minutos, porque *algo importante pode acontecer*. Nem sempre são os dias atarefados que nos derrubam; muitas vezes, é a incapacidade de nos desligarmos das responsabilidades em momentos que deveriam ser dedicados ao lazer ou a recarregar as energias.

Esse tipo de burnout é o resultado de ter muitos itens na agenda por um tempo prolongado. Como diria Greg McKeown, autor de *Essencialismo: A disciplinada busca por menos*, trata-se de "fazer mais hoje do que se pode recuperar no dia seguinte", repetidas vezes. Quer esteja trabalhando num grande projeto no trabalho, quer seja a semana de provas finais ou esteja comprometido com um excesso de atividades extracurriculares, você está sempre esvaziando o tanque e comprometendo a capacidade do seu "maquinário" de se recuperar do desgaste. Com o cronograma que acompanha o burnout por volume, há pouco espaço para erros. Sentir que não temos margem para atrasar cinco minutos, errar ou recuperar o fôlego intensifica a ideia de que a vida é uma emergência de alto risco e que, para mantermos a ordem, devemos nos levar muito a sério.

Sabe quando nos levamos muito a sério? Trata-se de uma maneira de tentar controlar as coisas para que saiam como planejado. Embora um pouco de controle possa ser positivo — precisamos de autonomia e liberdade para seguir nosso caminho —, querer controle total o tempo todo é uma receita para decepção e estresse. **Quanto mais você acredita que a vida é uma *experiência* e não uma *performance*, menos estresse e decepção sentirá.** Enquanto agir como se a vida fosse uma performance, você vai se perguntar o que a plateia imaginária está achando, se xingar a cada erro e tomar decisões com base em como as coisas são *por fora*, e não *por dentro*. Se está sempre atuando, é provável que a sua experiência seja prejudicada.

Vítimas do volume

O burnout por volume aflige pessoas que se perguntam "Quanto posso fazer?", em vez de "Quanto posso fazer bem?" ou "Quanto posso fazer e ainda reservar um tempo para o que me faz sentir bem cuidado todos os dias?". Se não colapsamos, não tivemos uma emergência de saúde ou não fomos alertados ou repreendidos pelo nosso comportamento, seguimos em frente. Por quê? Como é possível termos avançado em tantas áreas como sociedade e, ainda assim, parecer que nenhum esforço é suficiente para dar conta das responsabilidades? A esta altura do campeonato, não deveria ser mais fácil viver?

Se você já se perguntou como ainda não conseguimos facilitar certas coisas universais (como declarar o imposto de renda nos Estados Unidos), não está sozinho. Em 1930, o economista John Maynard Keynes escreveu um ensaio chamado "Possibilidades econômicas para os nossos netos", no qual projetou que o avanço industrial, tecnológico e social resultaria num futuro em que os netos não trabalhariam mais do que quinze horas por semana. Como todos sabemos, não foi isso que aconteceu. As responsabilidades profissionais não diminuíram e as obrigações sociais aumentaram. Uma pesquisa do Pew Research Center em 2018 revelou que 55% das pessoas sem filhos (ou com filhos adultos) estão "ocupadas demais para aproveitar a vida". Para pais com filhos mais novos, o número salta para 75%. Além de nos sentirmos ocupados demais para curtir a nossa vida, o grau de culpa que sentimos por não "fazermos tudo" foi exacerbado por uma cultura de compartilhamento de sucessos nas redes sociais. **Não basta vivermos as nossas vidas, nós as performamos publicamente.** Mesmo quando sentimos orgulho de nós mesmos após um dia produtivo, basta pegarmos o celular e vermos alguém fazendo algo que não fizemos para tudo ir por água abaixo.

Somos criaturas de hábitos. Quem sofre de burnout acaba passando pelo problema mais de uma vez na vida porque se coloca repetidas vezes em situações que exacerbam o esgotamento (atração por trabalhos estressantes, mercados difíceis e pessoas complicadas) ou a volta aos hábitos que a fizeram cair no burnout antes (tentar agradar, priorizar a conquista em detrimento da recuperação e aceitar fazer coisas por culpa). Os indivíduos propensos ao burnout por volume costumam ter o péssimo hábito de serem influenciados por esses fatores, apesar das evidências passadas de que seguir com eles os levará ao esgotamento.

Por esses motivos, acabam se beneficiando mais dos seguintes pilares do gerenciamento de burnout: mindset, gerenciamento de tempo e de estresse, e limites. Precisam avaliar os padrões que os levam a isso, ser sinceros sobre tudo o que têm para fazer, estabelecer limites para manter o equilíbrio quando a lista de tarefas voltar a transbordar e gerenciar o estresse de ter um volume alto *ou* baixo de trabalho. Assim como existem dores ao acrescentarmos coisas à lista, há também as dores ao reduzirmos a carga à qual nos acostumamos. Passar de uma carga de trabalho pesada e um alto nível de estresse para uma carga mais leve e tranquila também pode ser perturbador.

Reavaliando a prioridade dada ao sucesso

Como saber se você tem tendência a sofrer de burnout por volume? Eis aqui alguns indicadores comuns:

- Na maioria das vezes, diz estar ocupado;
- Outras pessoas o descreveriam como ocupado;

- Quando os outros lhe pedem coisas e a sua agenda já está muito apertada, você se ressente;
- Sente que tem pouquíssima margem para erros no seu dia a dia e os erros parecem mais custosos devido ao tempo limitado para corrigi-los;
- Muitas vezes, se pega pensando que *o dia não tem horas suficientes.*
- Pensa que seria útil ter um assistente ou se transformar em duas pessoas;
- Sente ansiedade no início de cada semana porque sabe que vai ser um estresse atrás do outro do início ao fim;
- Sente culpa e medo quando não "aproveita todas as oportunidades";
- Diz a si mesmo que "é só uma fase mais ocupada", por mais que tenha tido um monte de "fases mais ocupadas" nos últimos anos.

Enquanto continuar se desgastando com esses padrões, garanto que você só vai receber elogios. No momento em que pensar em desistir por exaustão, alguém dirá: "Não sabemos o que faríamos sem você." Para alguém que prioriza conquistas, pode ser muito difícil mudar comportamentos que parecem cortar o fluxo de conquistas e elogios. Eu lhe asseguro, porém, que isso não vai parar. Considerando que você é um trabalhador esforçado, as oportunidades vão continuar surgindo, e a sua habilidade de estabelecer prioridades com cuidado garantirá que você se mantenha estável.

Priorizar as conquistas, nesse tipo de burnout, é o padrão. Se quiser priorizar outra coisa, como paz ou liberdade, precisa se comprometer por completo, mesmo quando (não se, *quando*) sentir estranheza ou desconforto. Já trabalhei com uma mulher incrível que queria aproveitar os intervalos de almoço, mas temia que um chefe a considerasse menos ambiciosa por isso. Pode até parecer que inúmeros fatores entram em jogo numa situação do tipo, mas, no fim, a questão se resume a: *Você prefere sair para almoçar ou ganhar a aprovação do seu chefe?* Em outras palavras, prefere reforçar a sua imagem diante dos outros ou reforçar o equilíbrio entre trabalho e vida pessoal?

Apresentar as opções de maneira tão direta ajudou a minha colega de trabalho a decidir priorizar o almoço em detrimento da aprovação do chefe. Embora tenha sido difícil, ela reconheceu que o impacto positivo do horário de almoço em seu humor, desempenho e senso geral de equilíbrio superava o ocasional aceno de aprovação que recebia do tal gestor. Não é fácil, mas é necessário redefinir novas prioridades a cada escolha.

A maioria das pessoas tem um chefe assim: alguém que nos inspira uma vontade — quase até uma *necessidade* — de aprovação para sentirmos que estamos nos saindo bem. Você acredita que faz um bom trabalho durante o expediente e que isso fala por si só? Por que os projetos que exigem mais (trabalhar antes do início do expediente, durante o horário de almoço, até tarde da noite ou nos fins de semana) parecem ser os mais importantes? Entendo que quem vai "além do esperado" muitas vezes parece ser a pessoa que mais se importa, a que se esforça mais e em quem se pode confiar. No entanto, se receber esses pedidos *o tempo todo*, os casos deixam de ser especiais e passam a ser uma nova descrição de cargo.

Decisão por decisão, é possível remodelar o lado empreendedor que está convencido de que o desempenho é a coisa mais importante que existe, mesmo que isso lhe custe todo o resto. Vamos dar uma olhada em maneiras de reduzir o burnout por volume. Quais medidas você pode tomar para desacelerar o ritmo sem comprometer tudo pelo que trabalhou tanto?

1. **Seja claro.** O que deseja priorizar daqui a três anos? Com base nessa resposta, no que deveria se concentrar agora — *hoje*? Quando sabemos a direção que desejamos seguir, podemos evitar muitos desvios. Sobrecarregar-se com tarefas desalinhadas aos próprios objetivos é como aceitar pagamento em dinheiro de *Banco Imobiliário* quando não há nenhum plano de jogar *Banco Imobiliário* no futuro. É importante receber um pagamento que possa ser sacado mais tarde, porque queremos permanecer nessa área. Faça uma análise crítica dos seus compromissos atuais e decida o que fica e o que sai, com base na direção que deseja para a sua vida.
2. **Acostume-se com limites.** O trabalho não pode ser feito sem a separação entre o que é essencial e o que não é. Felizmente para você, teremos todo um capítulo sobre limites pela frente, no qual você aprenderá a determiná-los, estabelecê-los e não sentir culpa nenhuma por isso.
3. **Seja firme e carinhoso consigo mesmo.** É você que está na direção! Só você pode enxugar o excesso na sua agenda e não acreditar que está ficando para trás ao não aceitar tudo que lhe pedem. O condutor do seu veículo aprendeu a dirigir fazendo o contrário disso; serão necessários tempo e alguns ajustes para se habituar a pensar e a fazer as coisas de um jeito diferente.
4. Saiba que a fonte não vai secar. **Pare de encarar o sucesso, as oportunidades e as conquistas como recursos escassos que vão desaparecer se não se agarrar a eles o quanto antes.** Ao acreditar que existem oportunidades de sobra para o sucesso, é possível tomar decisões mais ponderadas sobre o que aceitar, diminuir a pressão que você impõe a si mesmo e parar de se comparar com outras pessoas que estão em fases diferentes do próprio sucesso.

BURNOUT SOCIAL: SER TUDO PARA TODOS

Talvez isso soe familiar: você teve um longo dia de trabalho e, quando finalmente está se acomodando no sofá para relaxar, o celular toca. Você encara a tela e tenta imaginar se é uma emergência ou se terá que passar quarenta minutos fingindo estar animado, exaurindo os 5% de energia que lhe restavam. Se não atender, se sente culpado; se atende, se sente ressentido. Essa situação é emblemática da principal dificuldade das pessoas que sofrem de burnout social. Elas acabam escolhendo o desgaste pessoal e o ressentimento em vez de estabelecer expectativas ou priorizar as próprias necessidades.

O burnout social ocorre porque os relacionamentos são uma troca — uma troca em que oferecemos recursos limitados (tempo, energia, atenção) que são difíceis de preservar. Como Lisa aprendeu, demandas sociais aparentemente pequenas podem nos exaurir quando se acumulam. Por ser uma "pessoa sociável", ela estava devastada por não conseguir ser o que todos queriam, administrar a experiência de todos e, ao mesmo tempo, manter o equilíbrio próprio. Embora existam muitas pesquisas que mostrem que a socialização pode ser uma atividade energizante e benéfica — afinal, somos criaturas sociais —, ainda assim gasta energia. Algumas pesquisas até mostram que, por mais que possamos nos sentir ótimos ao interagir, horas depois a fadiga mental pode se estabelecer, em parte devido ao esforço necessário para nos concentrarmos nos outros.

Se sempre considerou os relacionamentos como sendo primordiais e, de repente, tem que rever a prioridade que lhes dá, pode parecer uma falha pessoal e uma ameaça à sua saúde social. Entretanto, se sabe que está com dificuldade de administrar demandas sociais, precisa ser sincero consigo mesmo e com os outros. Não é um reflexo do quanto você se importa, mas uma questão de ser um indivíduo com recursos limitados. Por enquanto, reconheça que está no limite e que precisa ser mais seletivo a respeito da distribuição do que pode ofertar a relacionamentos.

O burnout social é muito comum em pessoas que gostam de agradar a todo mundo e se sentem culpadas ao dizer não, mesmo quando não têm mais nada a oferecer. Também é comum em indivíduos que se sentem responsáveis por sentimentos e experiências dos outros (como pacificadores, pessoas sensíveis ou que são muito empáticas), bem como em gente que morre de medo de ter a antipatia dos outros. **Enquanto o burnout por volume pesa na agenda, o burnout social pesa no espírito.**

Agindo contra si mesmo

Muitas vezes, nosso medo de magoar os outros — ou de sermos rejeitados por expressar necessidades — é alimentado por uma imaginação fértil. Uma das formas mais comuns e prejudiciais de agirmos contra nós mesmos é por intermédio da criação de histórias. Pensamentos do tipo "Se eu não topar ir àquele encontro, vão achar que não me importo. Aposto que vou parar de ser convidado se disser não" já passaram pela sua cabeça? A **criação de histórias** é a nossa tendência de prever como uma interação pode se desenrolar ou como uma pessoa pode reagir antes mesmo de tentarmos conversar. Num esforço de não criar problemas, criar histórias é um jeito de ensaiarmos as dificuldades antes de vivenciá-las de fato. Imaginar uma história — normalmente uma bem estressante — diminui a chance de lidarmos com algo da maneira que deveríamos, por medo do que *pode* dar errado.

Talvez você tenha um amigo ou parente que não respeita a sua disponibilidade. A pessoa te liga quando bem entende e se chateia quando você não está livre. Você sabe que precisa conversar com essa pessoa e esclarecer tais expectativas, mas evita a situação porque a imagina na defensiva ou magoada, e não quer fazê-la se sentir mal ou estragar o relacionamento. Essa prática de criar histórias impede que você tome uma atitude simples em seu próprio benefício, como enviar uma mensagem dizendo: "Oi :) Não pense que estou te ignorando, só queria lembrar que não posso atender ligações depois das 19h de segunda a sexta-feira, nem aos domingos. Te amo! Mal vejo a hora de conversarmos no sábado!" Você pode se fazer o desserviço de criar uma história ou fazer algo mais difícil: presumir que o melhor vai acontecer. Presumir que a pessoa vai ler a mensagem e entender. (E, por mais que tenha evidências contrárias a partir de experiências anteriores, não dá para passar a vida inteira mimando os outros; não é realista.)

Quando criamos histórias, fazemos suposições catastróficas: "Ela vai parar de falar comigo!", "Ele vai ficar tão magoado que vai até questionar o quanto vale a amizade dele para mim!", "Ela vai falar mal de mim para amigos em comum e todos vão me odiar!" Permitimos que tais suspeitas ocupem o lugar da realidade sem nenhuma garantia de que vão se concretizar. Podemos desperdiçar a vida inteira evitando pisar em calos que nem existem.

Lisa estava convencida de que, caso estabelecesse qualquer limite social, colocaria seus relacionamentos em risco. Ela hesitava em parar de se adaptar ao temperamento instável do chefe ou em definir expectativas com amigos e familiares porque se sentia responsável pelos sentimentos das pessoas. Em outras palavras: ela não considerava que essas pessoas fossem adultos capazes e resilientes o suficiente para gerenciar as próprias experiências. Em vez disso, Lisa acreditava ser dever *dela* protegê-los do mundo e que o valor dela aumentava quando amortecia a realidade para eles. Como consequência, isso desenvolveu nela um senso de importância desproporcional que a fez superestimar a necessidade de intervir e subestimar a capacidade de decisão dos outros.

Você não é responsável por todo mundo

Desde muito novos, aprendemos que pessoas complacentes são queridas. Muitas pessoas cresceram em ambientes que deram um passo além e aprenderam, através de palavras ou ações, que se não fossem um cesto de recursos comunitários para aqueles à sua volta teriam pouco amor e conexões. Com o tempo, priorizar as necessidades dos outros em detrimento das próprias pode fazer com que a experiência diária — e, no fim das contas, sua vida — pareça desgastante e fora de controle.

A constatação que fez Lisa parar de tentar controlar as explosões de mau humor do chefe no trabalho e estabelecer expectativas mais claras com amigos e parentes foi a de que *sua qualidade de vida não podia depender das necessidades e dos sentimentos dos outros*. Acreditar que era responsável por tudo a fazia se sentir uma vítima na própria história. Não existe um dia mágico em que as pessoas vão parar de querer coisas e você vai se sentir confortável em se priorizar. Você tem que estabelecer — *agora mesmo!* — limites razoáveis que o protejam e o preservem. Deve desenvolver a confiança de que você, mais do que qualquer um, conhece as suas necessidades e as defenderá *apesar* do que os outros digam. Precisa estabelecer um limite de quanto pode dar, confiar que é uma quantidade razoável e, então, decidir como poderá reforçar esse limite dali em diante.

Como saber se você está sofrendo de burnout social? Segue uma lista com alguns indicadores:

- Ser conhecido como o amigo, parente ou colega "confiável" e "altruísta";
- Sempre ter coisas para fazer que não faria se alguém não pedisse;
- Fazer coisas por culpa antes mesmo de tentar dizer não;
- Justificar decisões pensando "Eu gostaria que alguém fizesse isso por mim, então devo aceitar", por mais que tenha um histórico de não pedir nada em troca;
- Quando as pessoas o convidam para algum programa, a primeira reação que você tem é um "Argh" interno;
- Sonhar em não ter obrigações sociais e desaparecer por um tempo.

Se esses sinais lhe parecem familiares, você está com sorte! Os capítulos deste livro sobre mindset, cuidados pessoais e limites serão muito úteis. Essas áreas de gerenciamento do burnout vão ajudá-lo a confiar que *você* é sua prioridade, a identificar exatamente *o que* precisa e, por fim, a proteger tais necessidades. Você ficaria surpreso com a frequência com que o burnout social nos impede de cuidar de nós mesmos (ou talvez você conheça muito bem essa luta).

Já passei muitos fins de semana com a despensa vazia e deixei de fazer compras de domingo porque alguém me convidou para algo. Eu aceitava os convites com hesitação, sabendo que pagaria o preço depois, quando tivesse que jantar cereal durante a semana. Existe um momento para priorizar demandas sociais, mas não quando já estamos sofrendo de burnout e com necessidades básicas não sendo atendidas. Porque, ironicamente, nossas necessidades básicas costumam ser a primeira coisa a dançar quando estamos ocupados.

Quem tem tempo para cozinhar quando um prazo se aproxima? Por que eu iria dormir quando 22h é o único momento que tenho para rolar o feed do celular sem pensar em nada e sentir um pouquinho de alegria? Por que eu deixaria de ir à festa de aniversário do meu amigo só porque calhou de ser no único dia livre que tive no mês? Quando as pessoas sofrem de burnout social, deixam as próprias necessidades em segundo plano. Um estudo recente feito na Finlândia mostrou que mulheres com os maiores níveis de burnout também eram as menos propensas a consumir alimentos saudáveis e ricos em nutrientes. (Convenhamos, ninguém vai escolher salada como "comida de conforto".) Outras pesquisas indicam que quem apresenta sinais de burnout dorme menos e mal (e, numa reviravolta cruel, noites maldormidas, claro, levam a um risco maior de burnout).

Priorizar a agenda social quando necessidades básicas de sobrevivência não estão sendo atendidas é pôr a carroça na frente dos bois, e isso *vai* intensificar o burnout. A hierarquia de necessidades de Maslow reforça que as necessidades sociais são secundárias às fisiológicas.

Hierarquia de necessidades de Maslow

- Realização pessoal
- Necessidade de estima
- Necessidades sociais
- Necessidade de segurança
- Necessidades fisiológicas

Todos nós já ouvimos os comissários de bordo nos dizerem para colocarmos a máscara de oxigênio em nós mesmo antes de ajudarmos os outros. O burnout social é comum em pessoas que sentem dificuldade em justificar a autopriorização, ainda mais quando isso implica abrir mão de acomodar os outros.

FOMO: Ocupado até morrer

O burnout social não é comum apenas entre aqueles que comparecem por culpa; é comum também entre os que sofrem de FOMO ("fear of missing out", ou medo de ficar de fora). Como membro do que minha mãe chama de FOBI ("fear of being included", ou medo de ser incluído), pessoas que *querem* ir a tudo e participar de tudo me surpreendem. O FOMO ganhou força como um jeito bonitinho de se autodescrever, mas, na verdade, a pressão de estar em todos os lugares pode ter um efeito bastante prejudicial.

Acredite ou não, cientistas estudaram o FOMO e identificaram duas coisas. Para começar, há o sentimento de exclusão, a sensação de que todos estão se divertindo sem você — que também pode se sentir deixado de lado (mesmo que não esteja sendo, de fato, rejeitado). A segunda coisa do FOMO é a compulsão de fazer de tudo para manter esses relacionamentos, de modo que você não se sinta mais excluído. Você pode deixar de dormir para ir a um show com os amigos ou maratonar uma série ao chegar em casa depois de um dia exaustivo de trabalho porque todos no escritório só falavam disso.

Se você se identifica, não se cobre tanto — a evolução jogou contra você: neurocientistas descobriram que os humanos de fato são programados para fazer parte do "grupo" porque isso garante segurança e sobrevivência (a união faz a força etc.). Assim, quando você se sente fora de sintonia com o seu grupo, sentimentos de rejeição surgem como um sinal para preservar esses laços.

O problema é que, no mundo conectado em que vivemos, é fácil sentir FOMO a cada clique e olhadinha na timeline, e isso tem um preço. Se acredita que, ao não ir àquele brunch com amigos ou a um evento para criar networking, você será desproporcionalmente excluído ou perderá oportunidades profissionais, pode estar superestimando a importância dessas ocasiões sociais. Lembre-se de todas as vezes em que não foi a eventos antes e nada de ruim aconteceu. Não permita que uma sensação de FOMO atropele sua necessidade de tempo pessoal.

Seja seletivo

Idealmente, você se conhece bem o bastante para entender quais tipos de socialização lhe são mais importantes, de modo que pode ser seletivo em relação ao seu tempo e à sua energia. Prefere encontros para um café a dois ou em pequenos grupos a festas enormes nas quais mal consegue conversar? Tira mais proveito de um evento de networking presencial do que virtual? Participa de reuniões de família com mais alegria no coração quando resolve ir apenas uma vez ao mês, e não em todo fim de semana? Você se conhece! Sente quando os sinais de alerta na sua cabeça se acendem, demonstrando que não está a fim de fazer algo. Só virou expert em ignorá-los ou justificá-los.

Depois de reconhecer suas preferências, expresse para que tipo de coisas está disponível. Todos nós já pedimos ansiosamente para que outras pessoas lessem um rascunho de mensagem ou e-mail antes de enviarmos, para termos certeza de que está transmitindo o que pretendemos. Ser capaz de se expressar com clareza é uma das habilidades mais valiosas que se pode ter.

É útil para definir expectativas em relacionamentos, de modo que não haja tensão, e garante que não se perca tempo por timidez ou falha de comunicação. Embora pareça que comunicar nossas verdadeiras necessidades possa pôr relacionamentos em risco, é mais provável que acabe salvando-os. Eis um começo de conversa que salvou muitas amizades minhas durante os ciclos de burnout:

> Antes de qualquer coisa, estou lhe dizendo isso porque te amo e não quero me afastar sem dar uma explicação. Estou passando por uma fase conturbada e o melhor que posso oferecer agora é um 4 numa escala de 10 no futuro próximo. Não tenho como prometer que vou responder a mensagens ou atender ligações — apesar de eu tentar o meu melhor —, e só vou conseguir marcar encontros uma vez a cada poucos meses. Estou com pouca energia agora, depois de cuidar de tanta coisa. Espero conseguir retomar as rédeas da minha vida até _____, mas, até lá, será que você aceitaria meu 4 de 10?

O burnout social muitas vezes resulta da ideia de que precisamos ter 100% de aproveitamento em todos os relacionamentos o tempo inteiro. É bem provável que já tenha construído um relacionamento sólido com esses indivíduos, então eles vão entender se você precisar se afastar em épocas mais agitadas. Caso não entendam... digamos apenas que você vai *amar* o capítulo sobre limites. Não somos vítimas dos relacionamentos que fazem parte da nossa vida. *Nós* decidimos como nos portamos neles, e não há momento melhor para nos posicionarmos do que quando estamos passando por uma crise de burnout social.

Eis algumas maneiras de começar a contornar a situação:

1. **Comece a perguntar: "Se isso pudesse acontecer da maneira que eu queria, como seria?"** Como seriam seus relacionamentos? O que você priorizaria? O que deixaria de fazer? Se cresceu ouvindo ou acreditando que o que deseja vem depois do que todos os outros desejam, essa mudança exigirá prática. O objetivo é pôr você de volta no comando, por mais que você leve um susto ao perceber que precisa mudar a maneira como se porta nos relacionamentos. Todos os envolvidos terão que passar por ajustes, mas as pessoas certas ficarão felizes em lhe dar espaço para clarear as ideias e vão adorar te encontrar quando você estiver pronto.
2. **Avalie sua agenda.** Se estiver pensando "Não tenho dúvidas de que estou exausto, mas não sei como começar a cortar itens... tudo me parece obrigatório", então dê uma boa olhada na sua agenda. Destaque todas as coisas que mais o desgastam e tente entender por que essas interações sugam a sua energia. É a pessoa em si? A duração? O trajeto demorado? A frequência? Os assuntos que surgem quando vocês se encontram? Em seguida, comece os ajustes necessários para chegar mais perto de uma experiência suportável.

    Bônus: destaque também os itens sociais que mais recarregam sua energia. Analise o que os torna tão agradáveis. A companhia? O local? A atividade? Quanto menos dúvida tiver a respeito do que recarrega sua bateria social em vez de esgotá-la, mais fácil será priorizar compromissos sociais daqui em diante.
3. **Pare de se punir por tirar proveito das coisas.** Detesto quando dizem "Você sempre se diverte quando vai" como argumento para convencer alguém a fazer algo ou

ir a algum lugar. Conseguir me divertir é um reflexo da minha capacidade de tirar proveito das circunstâncias, não uma confirmação de que eu precisava estar ali, para início de conversa.

BURNOUT POR TÉDIO: MAIS DO QUE "DESINTERESSE"

"Você tem tido muitas consultas..." Essa foi a maneira educada do meu chefe comentar que eu parecia fugir do trabalho por algumas horas. Ele tinha razão: eu marcava qualquer consulta médica ou odontológica que pudesse imaginar, só para dar uma variada na rotina. Como seguia as regras à risca e queria ser vista como funcionária esforçada e dedicada, era um comportamento atípico. Entretanto, a simples ideia de passar o dia no escritório completando tarefas banais havia se tornado dolorosa. A palestrante motivacional Iyanla Vanzant disse a famosa frase: "Quando chegar o momento de mudar ou crescer, o universo o deixará tão desconfortável que, no fim, você não terá escolha." Pouco a pouco, senti que tinha superado minha função no trabalho e, lentamente, as paredes pareciam se fechar à minha volta. Eu estava ficando desconfortável a ponto de precisar fazer mudanças.

O nosso cérebro precisa de novidade e variedade para permanecer envolvido. Desde o momento em que nascemos, aprendemos melhor sobre o mundo a partir de estímulos novos e desconhecidos. Um estudo de 2015 feito pela Johns Hopkins mostrou que os bebês eram mais propensos a se lembrar de atributos de um objeto que os surpreendia e os confundia, em comparação com um objeto que se comportava da maneira esperada. Um dos motivos pelos quais sempre gravitamos em direção a coisas novas e surpreendentes é uma parte do cérebro chamada hipocampo, que libera uma dose de dopamina, que nos traz bem-estar, quando nos vemos diante de novidades. (Essa é outra razão pela qual pode ser tão difícil largar o celular à noite. As redes sociais foram projetadas para serem uma espécie de caça-níqueis de dopamina. O que você verá se continuar rolando a tela? Algo engraçado? Um produto que lhe despertou a curiosidade? Notícias que vem acompanhando? Pessoas de quem gosta? A dopamina é um motivador silencioso, mas insistente.)

Se, por um lado, a novidade e a variedade nos beneficiam, a ausência delas nos prejudica. Estudos mostraram que a repetição resulta em níveis mais baixos de envolvimento nas tarefas e de pensamento crítico. Essa é uma das razões pelas quais o burnout por tédio afligiu tantas pessoas durante a pandemia, período em que a rotina oferecia pouquíssima novidade ou variedade — não podíamos mais sair para tomar um café com um colega ou ir à academia no meio do expediente. Até quem gostava do trabalho diário começou a se perguntar o que estava faltando.

Precisamos nos sentir envolvidos no que estamos fazendo, senão corremos o risco de entrar no modo automático para suportar a rotina se repetindo. O "modo automático" é a sensação de "ir levando". Já aconteceu de dirigir para casa e, ao chegar, perceber que não se lembrava de nada no trajeto? Se já fez o caminho centenas de vezes, entrou no modo automático e seguiu o fluxo sem pensar. Por outro lado, quando faz um trajeto pela primeira vez, fica mais alerta e olha ao redor para se certificar de que está seguindo as informações corretas. A novidade e a variedade nos forçam a prestar atenção. Quando não estamos atentos, deixamos passar muita coisa. Um pouco de repetição e previsibilidade nos dá uma sensação de segurança, mas previsibilidade demais resulta em desinteresse e pode levar ao mal-estar e ao descontentamento.

Interpretando o tédio

O burnout por tédio é a experiência de estar mentalmente desligado, desinteressado e sem inspiração por um período prolongado. Cada pessoa pode ter uma experiência diferente, mas aqui estão alguns indicadores comuns:

- Sentir-se desconectado da sua rotina;
- Não se lembrar da última vez que fez algo "divertido";
- Sentir inveja ou confusão ao ver outras pessoas envolvidas ou empolgadas com a própria vida;
- Sentir frustração e ressentimento em relação às responsabilidades ao acordar;
- Ter dificuldade para começar o dia;
- Saber que está infeliz no trabalho, nos estudos ou no que faz, mas não ter energia para fazer mudanças;
- Falta de confiança em si mesmo e na direção que sua vida está seguindo;
- Nunca sentir que está "fazendo o suficiente".

Existem momentos na vida em que precisamos cumprir compromissos difíceis ou tediosos. Estudar leva um tempo definido. Ganhar anos de experiência em certos mercados leva o tempo que for necessário. Contanto que tais experiências estejam alinhadas com seus objetivos, faz sentido se dedicar a elas. Além do mais, a promessa de uma grande mudança na linha de chegada pode ajudar a suportar o tédio.

Entretanto, se essas tarefas ou experiências são, na maioria das vezes, desagradáveis ou não estão alinhadas com seus objetivos de longo prazo... talvez seja bom repensá-las. Se o trabalho está sugando sua alma e se seu hobby não traz mais a mesma alegria ou o relaxamento de antes, talvez seja o momento de mudar as coisas. Ao longo deste livro, diferentes maneiras de fazer as circunstâncias atuais funcionarem serão analisadas, e também vou mostrar como saber quando é o momento de se afastar de algo que não está mais servindo. Lembre-se: isso não quer dizer que você deve desistir de algo assim que fica entediado. Em vez disso, mantenha-se atento aos momentos em que pode introduzir uma novidade ou variedade numa atividade repetitiva.

Um objeto em repouso permanece em repouso

Muitas vezes é difícil combater esse tipo de burnout devido a semanas ou meses (às vezes, até anos!) de inércia. O tédio em pequenas doses pode ser útil — é por meio dele que percebemos a nossa vontade de estar fazendo outra coisa, então (num mundo ideal) mudamos algumas coisas e nos ocupamos com uma atividade mais estimulante. Entretanto, quando sofremos de burnout por desinteresse crônico, pode ser que não tenhamos o ímpeto necessário para sairmos da inércia. É como tentar passar de uma caminhada para um sprint, enquanto o ímpeto nos conduz de uma corrida leve a uma mais intensa.

Um sentimento devastador, mas verdadeiro, que já ouvi de muitos gestores, é: "Se quiser que algo seja feito, é só passar a tarefa para uma pessoa ocupada." Pesquisas mostram que pessoas ocupadas se sentem mais motivadas a completar tarefas, lidando mais rapidamente com elas do que colegas menos atarefados, por terem tantos prazos simultâneos que desejam resolvê-las logo para não se atrasarem. Quando já estamos ocupados, adicionar mais um item à lista parece menos difícil do que ter um dia inteiro livre e precisar reunir energia para ir ao correio. Ir ao correio é apenas uma tarefa, mas, ainda assim, a resistência é muito maior quando é a única coisa que nos obriga a sair do sofá.

Os pilares mais benéficos do gerenciamento de burnout para quem sofre de burnout por tédio são mindset, cuidados pessoais (que, como você vai aprender, também incluem elaborar um estilo de vida que nos ajude a estabelecer objetivos e a criar ímpeto) e gerenciamento de tempo. Manter-se como prioridade é fundamental para restabelecer a forma como você gastará seu tempo e sua energia.

Desafio positivo *versus* desafio negativo

É muito importante nos sentirmos desafiados de forma positiva. É dessa forma que somos impelidos a prestar atenção e nos importar com o que está por vir. É essencial estabelecer objetivos e nos perguntar: "Para onde estou seguindo?" Desafio positivo é uma combinação equilibrada de crescimento fora da zona de conforto e construção que atende ao nosso interesse. É adotar um "mindset de crescimento" — acreditar que vamos melhorar pelo esforço — e ser motivado por algo que nos traz satisfação pessoal e prazer (em vez de ser motivado pelo medo da punição). Já o desafio negativo consiste em fazer coisas que nos deixem desconfortáveis e não condizem com nada que esperamos alcançar no futuro. Enquanto o desafio positivo oferece valor, o negativo nos esgota.

No livro *Quebre todas as regras*, uma pesquisa da Gallup com 80 mil gestores é analisada pelos autores, Marcus Buckingham e Curt Coffman, que deduzem que um fator significativo na satisfação dos funcionários é ter a oportunidade de se desenvolver em suas áreas de interesse. Revolucionário demais, não? Nenhum trabalho é perfeito, nem sempre temos a chance de trabalhar na zona dourada do desafio positivo, mas é fundamental pensar nisso ao avaliar a realidade em que você se encontra.

No meu caso, muitos anos atrás, tive um ótimo gestor que percebeu que eu já tinha dado tudo o que tinha que dar na função que exercia na época. Ele recomendou que eu me especializasse em algo para que pudesse crescer com a empresa. Eu sabia que as oportunidades de especialização disponíveis não se alinhavam aos meus interesses. Então, comecei a cogitar outro emprego, algo novo. Por coincidência, uma ex-colega de turma estava saindo do seu cargo de treinamento e desenvolvimento e se ofereceu para dizer ao gestor que eu estava interessada na função. Eu me candidatei, fui entrevistada, consegui a vaga e comecei o novo trabalho.

Na minha nova função, me senti um peixe pequeno — e amei. Havia tanto a aprender que chegava a ser intimidador, mas me senti envolvida e me vi crescendo porque estava operando fora da minha zona de conforto e indo em direção aos meus interesses.

Se sentir que está sofrendo de burnout por tédio, eu o encorajo a:

1. **Acompanhar de perto como você gasta cada hora do seu dia por dois dias.** Destaque em verde os itens que o mantêm engajado e que estão alinhados com seus objetivos de longo prazo. Destaque em vermelho os itens que sugam sua energia, não acrescentam nada e não se alinham aos seus objetivos de longo prazo.

    Observe que, às vezes, o vermelho gera verde. O objetivo de longo prazo de ser farmacêutico, por exemplo, requer muitos dias vermelhos de estudo, apesar de ser um objetivo verde de longo prazo. É aí que são essenciais os lembretes constantes de que o vermelho é temporário,

que vale a pena continuar, que, no final, vai se alinhar aos seus interesses.
2. **Decida como quer que sejam os próximos meses e como poderia se engajar de forma mais ativa.** Você pode pausar ou minimizar o tempo que gasta no vermelho e substituí-lo por um item verde? É possível começar a trabalhar numa substituição de um item vermelho? Deixe a criatividade agir para encontrar maneiras de mudar o envolvimento diário com itens vermelhos ou verdes.
3. Se você estiver disposto a ser radical, **descarte a maneira atual de lidar com as coisas e comece do zero.** Por um mês, acorde num novo horário, compre mantimentos que nunca comprou antes, trabalhe em horários diferentes dos habituais, arrume um novo hobby, assista a uma nova série, faça um trajeto diferente, leia tipos diferentes de livro. Desperte o seu cérebro. Remova da sua vida os fatores repetitivos sobre os quais tem controle e jogue tudo para o alto para ver o que acontece quando a poeira baixar. Embora seja apenas um exercício de quebra de rotina, pode ajudá-lo a descobrir algo novo sobre si mesmo ou valorizar um pouco mais a sua rotina original.

Ao saber mais sobre os três tipos de burnout, é provável que você perceba quando está tentado a se comprometer demais, agradar a todos ou perder o interesse — a não tão santíssima trindade do burnout. A partir desse ponto, você começa a desvendar quais crenças e atitudes podem direcioná-lo a tais comportamentos. É hora de mergulharmos no primeiro pilar do gerenciamento de burnout: o mindset.

PARTE II

OS CINCO PILARES DO GERENCIAMENTO DE BURNOUT

PART II

CAPÍTULO 3

Mindset

O problema sou eu? Sou dramático?

Na primeira consulta, Mandy entrou na sala de videoconferência com cinco minutos de antecedência e de caderno a postos, então não me surpreendi quando ela se descreveu como "controladora". Cresceu se pressionando a tirar notas boas, trabalhou enquanto cursava a faculdade e começou o próprio negócio aos vinte e poucos anos. Na teoria, ela havia conquistado tudo o que esperava conquistar na vida profissional. Tinha estabilidade com uma renda de seis dígitos e os indicadores tradicionais de sucesso que sempre desejou (casa, carro, um grande número de seguidores nas redes sociais), e considerava o trabalho gratificante. Apesar dessas conquistas, ela se sentia esgotada. Trabalhava sem parar, vivia pensando na empresa e nunca se permitia descansar. Por fora, parecia ter a vida organizada, mas, nos bastidores, estava se desgastando ao extremo. O problema era que, por mais que soubesse que estava se saindo bem, Mandy ainda temia o fracasso e o vício em trabalho que a deixaram naquele estado. Ela acreditava que o sucesso conquistado era fruto do excesso de trabalho e, por acreditar nisso, independentemente de ser bem-sucedida, não se sentia confortável em reduzir o ritmo por medo de perder tudo.

Ao terem resultados positivos após um esforço insustentável, muitas pessoas não conseguem reduzir o ritmo, mesmo depois de já terem se estabelecido o suficiente para tirar o pé do acelerador. Mandy havia internalizado crenças e hábitos que precisavam ser desconstruídos (e isso levaria tempo), de modo que ela pudesse mudar a maneira de viver e aliviar o estresse que, em vez de ser benéfico, a levavam à beira do burnout. Esperar muito de si mesma e se dedicar ao máximo para atingir os próprios objetivos havia lhe proporcionado um estilo de vida confortável até o momento, então era compreensível que a ideia de mudar de comportamento a deixasse ansiosa.

Mandy estava sofrendo de burnout por volume, apesar do potencial para viver de forma tranquila e administrável. Não se dava por satisfeita a menos que *tudo* em que pudesse pensar estivesse resolvido. Para ela, satisfação era complacência. Ficou óbvio bem rápido para mim que o burnout de Mandy não era uma questão de gerenciamento de tempo, de limites ou de gerenciamento de estresse — era uma questão de mindset.

Devemos sempre equilibrar duas experiências: a interna e a externa.

Experiência externa
Experiência visível, tangível

Experiência interna
Experiência mental, emocional

A experiência interna não é visível. Trata-se de pensamentos e sentimentos, e como gerenciamos isso. A experiência externa *é* visível, diz respeito à forma como gerenciamos itens tangíveis na vida. Então, ao ficarmos nervosos antes de nos apresentar numa reunião, a nossa experiência interna nos lembra de respirar ou nos tranquiliza, enquanto a externa vai ser o seu roteiro organizado e a sua apresentação. Os outros veem apenas os elementos externos e tangíveis. A experiência interna é gerenciada por nós.

Embora Mandy tivesse sistemas externos eficientes para administrar a carga de trabalho e as responsabilidades pessoais, ainda se sentia tensa quando pensava no que tinha que fazer. Nada parecia suficiente — sempre havia mais potencial a ser explorado, mais projetos para adiantar, mais pessoas para ajudar. Apesar de atingir todos os objetivos tangíveis como empresária, ela administrava os próprios pensamentos e sentimentos como se estivesse constantemente defasada. Caso alguém tivesse acesso às emoções e aos monólogos internos dela, poderia confundi-la com alguém desorganizado e atrasado, que precisasse trabalhar em excesso para não perder seu negócio. Como já mencionei, não era o caso.

Muitas pessoas que sofrem de burnout têm um forte controle sobre a própria experiência externa. Elas conseguem encaixar tudo o que precisam fazer no dia, não têm nenhuma pendência e sabem priorizar as coisas — por fora, parecem controlar as rédeas da própria vida. Entretanto, o gerenciamento da experiência interna é outra história. Todos sabemos que é possível "controlar as rédeas da própria vida" por fora e se sentir sem controle por dentro — encher-se de pensamentos críticos e frenéticos; remoer erros; impor uma sequência implacável de expectativas sobre si mesmo. Não é muito fácil avaliar a experiência interna de outra pessoa. Quando amigos meus davam palestras, saíam do palco e reclamavam — "Foi horrível!" —, por mais que a plateia tivesse achado a apresentação incrível. Eles apresentavam ideias com clareza e respondiam a todas as perguntas com consideração e riqueza de detalhes. Internamente, se repreendiam por tudo aquilo que não disseram de forma impecável. Não importava quantos elogios recebessem; a sensação de satisfação e de tranquilidade no fim das contas dependia mais da experiência interna do que da percepção externa da experiência que tiveram.

O mindset pode ser descrito como muitas coisas — pensamentos, comportamentos, respostas aprendidas —, mas, quando se trata de gerenciamento de burnout, **trata-se de como gerenciar sua experiência interna.** Pensar em como você conversa consigo mesmo, se motiva e se gerencia pode ajudá-lo a identificar se precisa ou não de um ajuste desse tipo. Se você se motiva com críticas e a crença de que nunca está fazendo o suficiente, adotar uma voz interior mais gentil e otimista fará a diferença entre aproveitar ou temer uma experiência externa.

Digamos que duas pessoas — vamos chamá-las de Katie e Erin — vão a um spa e escolham o mesmo tratamento. Katie passa o dia concentrada em aproveitar a experiência e pensa: "Que delícia. Que bom que estou fazendo algo por mim mesma. Meu corpo vai me agradecer por isso." Por fim, vai embora se sentindo renovada e relaxada. Erin passa o tempo no spa remoendo todas as outras coisas que "deveria" estar fazendo, sentindo-se culpada por tirar um tempinho para si mesma e, de forma geral, não se atendo ao presente. Erin vai embora sentindo-se tão tensa quanto estava quando chegou. Por fora, as duas tiveram experiências idênticas. Por dentro, aproveitaram de forma completamente diferente a experiência por conta de como lidaram consigo mesmas.

O mindset é a lente através da qual enxergamos o mundo. Se essa lente nos fizer julgar a nós mesmos, viver com medo da opinião dos outros, remoer estressores ou nos impor padrões inatingíveis, de modo a não ficarmos felizes, teremos mais chances de sofrer de burnout e passar por esse problema com mais frequência. Felizmente, a neuroplasticidade — a capacidade do nosso cérebro de alterar neurônios e conexões neurais em resposta a estímulos (pessoas, lugares, experiências e substâncias) — nos permite reconfigurar pensamentos, crenças e comportamentos. Da mesma forma que você aprendeu seu estilo atual de gerenciamento interno, também é possível dominar uma nova maneira de operar, uma que seja mais gentil e esperançosa. Podemos aprender a ser mais otimistas, por mais que não tenhamos nascido com uma visão de mundo positiva, afirma a dra. Hilary Tindle, autora de *Up: How Positive Outlook Can Transform Our Health and Aging* [Para cima: Como um olhar positivo pode transformar sua saúde e seu envelhecimento]. Essa mudança de postura, no entanto, requer *prática*. O maquinário de formação de hábitos do cérebro é igualitário, podendo estabelecer caminhos para pensamentos e comportamentos positivos ou nos levar para uma direção mais sombria. Com intenção, é possível treinarmos o cérebro para desejar coisas que nos fazem bem, observa Tindle. Toda vez que escolhemos ter um pensamento otimista ou uma resposta autocompassiva, estamos programando o cérebro para a felicidade. Qual é a recompensa de criar hábitos mais felizes? Os otimistas não só têm taxas mais baixas de burnout, mas também apresentam níveis menores de hormônios do estresse, melhor funcionamento imunológico e menos risco de diabetes e derrame. O impacto do mindset não se limita à mente, infiltrando-se pelo corpo inteiro.

A experiência interna é um amálgama de como os pais e as primeiras influências (como professores, parentes e treinadores) falavam conosco, com quem passamos mais tempo agora, o comportamento individual (traços hereditários, tais como extroversão, conscienciosidade e outras características de personalidade que são particulares de cada um), o sistema de crenças e como interpretam a cultura como um todo. Esses fatores estão ligados à natureza e criação. Especialistas acreditam que de um quarto a metade de nossa perspectiva seja genética, mas a forma como nos gerenciamos internamente é, em grande parte, aprendida e está sob nosso controle. Sabe como fala consigo mesmo quando comete um erro? Como pensa em desafios e como se dá apoio durante um dia longo? Tudo isso são comportamentos aprendidos que compõem a experiência interna.

Se você tem dificuldade em conceber seu mindset dessa maneira, imagine seus pensamentos como sendo uma pessoa presa ao seu quadril 24 horas por dia. Como você se sente em relação a essa pessoa? Ela...

É crítica e rude com você?

É gentil, compreensiva e apoia você?

Sente vergonha de você?

Acredita em você e o encoraja a correr riscos?

Instila medo em você?

Dá o empurrãozinho de que você precisa para ser sua melhor versão?

Se essa pessoa presa ao seu quadril (ou seja, o seu mindset) faz bullying toda vez que você comete um erro, isso vai influenciar a forma de você lidar com vários desafios na vida. Como é algo interno, muitas vezes não sabemos o tipo de influência que causa no burnout. É mais fácil tentar controlar estratégias que parecem mais tangíveis, como gerenciamento de tempo ou cuidados pessoais. Infelizmente, as práticas de cuidados pessoais são insignificantes se a nossa voz interior sabota qualquer benefício possível. O mindset tem o poder de comprometer qualquer tipo de esforço externo, por isso é primordial corrigi-lo primeiro. O objetivo é adquirir o hábito de ouvir os pensamentos que criam a experiência interna e modificá-los para que possam lhe oferecer um bom suporte.

Digamos que você se esqueça de fazer algo no trabalho. Sua reação inicial e instintiva, já enraizada, é a autocensura. Sente vergonha e pensa: "Droga! Como esqueci isso? As pessoas vão me achar incompetente." Todos nós já passamos por uma situação semelhante, quando constatamos que deveríamos ter sido mais espertos. Esse tipo de repreensão pode dominar o sistema nervoso e liberar hormônios do estresse, os quais conduzem a um estado de ansiedade. Uma resposta negativa não muda o que aconteceu. Na verdade, só dificulta a recuperação, porque nos faz sentir piores. Além disso, quando tentamos corrigir o erro, podemos não estar tão atentos: uma pesquisa feita pela cientista cognitiva Sian Leah Beilock revelou que o nosso desempenho piora em exercícios de matemática e em tarefas que exigem memória quando a ansiedade assume o controle da situação.

Em vez disso, devemos substituir essa reação inicial por um lembrete de que as consequências não vão ser tão graves quanto acreditamos: "Nada de mais, é só corrigir. Vou trabalhar o dia todo; cometer erros é inevitável." Uma resposta calma e razoável leva ao mesmo resultado que uma reação mais punitiva — corrigir o erro —, com a diferença de que não envolve uma enxurrada de críticas e estresse. Um diálogo interno mais gentil e amigável também nos conduz a um estado mental mais otimista, que nos dá mais margem para corrigir o erro e alcançar o objetivo estabelecido.

Se por acaso aprendemos a ser tão duros com nós mesmos na infância, num ambiente acadêmico implacável ou numa indústria ou organização exigente, podemos desaprender a pensar de forma crítica e adotar uma abordagem diferente. Já que estamos no assunto: vamos parar de nos repreender por esperarmos muito de nós mesmos. **Ser do jeito que somos nos trouxe até aqui, mas *não* vai funcionar se quisermos ir além.**

OS TRÊS MINDSETS DO BURNOUT

Ser ambiciosa é uma das principais razões pelas quais tenho propensão ao burnout. As tendências ambiciosas me sabotaram por um bom tempo. Embora ter ambição seja um motivo de elogios, pode ser um mindset bem impiedoso. Antes de adotar um mindset mais gentil, eu era minha crítica mais severa — vivia com medo de parecer preguiçosa (desde então, aprendi que os preguiçosos de verdade não estão nem aí para isso) e não atingir o meu potencial. Como resultado, acumulei uma boa quantidade de sucessos muito rapidamente e sacrifiquei toda a minha paz no processo.

Os três mindsets que mais costumam levar ao burnout são o de ambição, o de agradar a todos e o de autovitimização. Cada uma dessas mentalidades tende a levar as pessoas a comportamentos que as esgotarão com o tempo. Em linhas gerais: o mindset de ambição faz as pessoas se sobrecarregarem em nome das "conquistas"; o mindset de agradar a todos torna difícil a justificativa e o estabelecimento de limites; e o mindset de autovitimização resulta num sentimento de impotência diante das circunstâncias. É possível sofrer de mais de um ao mesmo tempo (que notícia fantástica, não?), embora cada um exija uma administração diferente. Entenda-os bem para que possa reconhecer as crenças indutoras de burnout que podemos ter internalizado.

Aqueles que têm **mindset de ambição** acreditam que o próprio valor depende das conquistas. Tendem a se sentir mais valiosos quando têm um bom desempenho e estão no caminho certo para alcançar o sucesso tradicional (elogios, dinheiro, um emprego impressionante, uma casa grande, status social, poder, influência). Esses indivíduos têm potencial de desenvolver burnout porque seus impulsionadores internos estão ajustados no máximo. Eles se comparam às pessoas mais bem-sucedidas que conhecem e estabelecem para si padrões extremamente altos de onde "deveriam estar" na própria vida. Pessoas com esse tipo de mindset podem ter crescido em lares que valorizavam o desempenho e a ambição como indicadores de merecimento de amor e conexão. Estar na lista de honra rendia um sorvete e estar fora dela resultava numa bronca. Pessoas ambiciosas costumam focar em sistemas e planejamento e podem enfrentar dificuldades em situações de aprendizado que exigem trabalho em equipe e colaboração. Como acreditam que devem sempre aspirar a mais e melhor, suas ações podem resultar em esforços insustentáveis e numa insatisfação com o que têm na vida, apesar de, tecnicamente, estarem se saindo bem.

Embora um mindset de ambição tenda a acelerar o burnout de uma pessoa, a motivação intrínseca para se destacar, independentemente do desafio, é admirável à primeira vista. Pessoas que priorizam as conquistas muitas vezes se tornam médicos mais inteligentes, atletas olímpicos e inovadores. O problema surge quando esse mindset compromete outras áreas da vida —

áreas que precisam ser nutridas e crescer tanto quanto a vida profissional.

Todos os dias, converso com indivíduos bem-sucedidos (com quem muitas pessoas gostariam de trocar de lugar) que dizem coisas como: "Não sei quem eu sou fora do meu trabalho." Eles ficam plantados na mesa do escritório além do expediente, vivem recebendo elogios por suas contribuições e parecem contentes para os colegas de trabalho. Então, a verdade surge — "Nunca vejo meus filhos", "Nunca vejo meu marido/minha esposa", "Não estou satisfeito com minha saúde", "Lembro-me da época em que jogava basquete depois do trabalho, era muito mais feliz", "Não tenho nenhum hobby", "Mesmo se eu trabalhasse menos, não sei o que faria com meu tempo". Presumimos que pessoas com esse perfil tenham tudo na vida. Na verdade, muitas vezes elas têm *uma* coisa. **Se o custo do sucesso for a sua vida, então o preço é alto demais.** A meus colegas ambiciosos: se ser uma pessoa calma, sentir satisfação pessoal e descansar sem culpa lhes soa atraente, então vocês vão ter que abrir mão de algumas tendências ambiciosas.

A mudança mais benéfica — e difícil — que uma pessoa de perfil ambicioso pode fazer é identificar e priorizar valores não relacionados ao sucesso. Saber o que lhe oferece satisfação e impulsiona sua autoestima *fora do trabalho* reduz a tendência do ambicioso de formar a própria identidade em torno do trabalho e de conquistas. Aquilo que lhe dá satisfação *não* precisa "render frutos" ou render elogios. Você não precisa escolher um hobby performático que não agregue valor nem traga felicidade. Antigamente, eu me forçava a terminar todos os livros que começava, por mais que estivesse detestando a leitura. Esse comportamento era uma enorme perda de tempo. (Quero dizer... você já leu *Crime e castigo*? O castigo é ter quinhentas páginas.) Parei de ler para manter as aparências ou por algum estranho senso de dever e comecei a ler por prazer (acho que já li todos os romances que envolvem hóquei disponíveis no mercado até o momento, o que não me trouxe nenhum capital social, mas me fez muito feliz). Ao incluir a leitura na minha vida de um jeito que não fosse necessariamente "produtivo" ou digno de elogios, comecei a aproveitá-la.

Se *vivenciar* a vida para si mesmo, em vez de representá-la para outras pessoas, o que mais faria? Talvez fosse querer passar mais tempo de qualidade com as pessoas que ama, correr atrás de interesses ou hobbies que não estejam relacionados com desenvolvimento profissional ou pessoal, ou até querer a liberdade de fazer o que bem entender no momento, em vez de levar uma vida tão rígida. Experimente, uma pequena mudança de cada vez: deixe de lado aquele livro que não está curtindo, matricule-se na aula de arte que estava de olho ou tire um dia de folga para não fazer nada específico. Leve em conta como você *se sente* em relação às coisas, e não a imagem que elas passam.

Ter um **mindset de agradar a todos** é comum em indivíduos que aprenderam desde cedo que, ao se mostrarem disponíveis e complacentes, ganham amor e conexão. Por outro lado, acreditam que, ao não fazer isso, podem ser excluídos ou se sentir inseguros. Na vida adulta, pessoas que querem agradar a todos acabam em relacionamentos que reafirmam a ideia de que "quanto mais eu der e menos confrontar, mais as pessoas vão gostar de mim". Nem sempre é um traço negativo — na verdade, todos nós temos um grau de conformidade social para que possamos nos dar bem em grupos. Exibimos esse comportamento cooperativo desde criancinhas. O problema surge quando perdemos de vista nossas próprias necessidades. Quem tem esse mindset insiste em fazer os outros felizes em detrimento do respeito por nós mesmos e por nossos limites. Lidar com a própria decepção parece mais suportável do que decepcionar os outros, então caminhamos para o burnout tentando não decepcionar ninguém, não importa o custo (como, por exemplo, perda de sono, tempo de descanso ou oportunidades que gostaríamos de aproveitar). Na verdade, discordar de alguém pode ser tão desagradável que exames de ressonância magnética funcional (fMRI, na sigla em inglês) podem detectar mudanças neurais que refletem o estresse mental e o desconforto resultantes. Priorizar as necessidades alheias não é apenas inconveniente — a tensão causada por não ser verdadeiro em relação à própria experiência pode levar a uma resposta física de estresse e dificuldade de regular emoções após o incidente. Agradar a todos não machuca apenas socialmente, mas também fisicamente.

As mulheres, em particular, muitas vezes têm dificuldade de expressar as próprias necessidades por medo de parecerem "difíceis", seja não se importando em ir num determinado restaurante de que o parceiro gosta, seja dizendo a um colega de trabalho que acha que tal ideia não vai funcionar, seja explicando que não têm tempo (ou vontade) de gerenciar o programa de estágio da empresa. As mulheres são criadas para serem dóceis, afetuosas e complacentes, além de prever as necessidades dos outros antes mesmo de ousar ter necessidades próprias. Esse tipo de socialização é prejudicial por vários motivos, e um deles é normalizar o mindset em questão para as mulheres. As coisas estão melhorando pouco a pouco a cada geração, mas é difícil quebrar velhos hábitos.

No livro *Indomável*, Glennon Doyle escreve: "Toda vez que tiver que escolher entre decepcionar a si mesmo ou a outra pessoa, seu dever é decepcionar a outra pessoa. Ao longo de toda a vida, a sua missão é decepcionar tantas pessoas quanto for necessário para evitar se decepcionar." Esse conselho pode parecer assustador e bater de frente com os instintos de quem gosta de agradar. Mas você *precisa* acreditar que relacionamentos são capazes de sobreviver a pensamentos, opiniões e limites próprios. Os indivíduos que apresentam esse tipo de mindset tendem a ter dificuldade de parar com a mania de agradar a todos porque não tiveram prática suficiente em *não* agradar e ver que, na maioria das vezes, tudo acaba bem. **Adquirimos confiança através de evidências e experiências.**

Para entender que podemos não agradar a todos o tempo todo, precisamos ter experiências positivas ao *não* tentar agradar. Se toda vez que você priorizou a si mesmo no passado acabou recebendo raiva ou decepção em troca, aprendeu que não agradar = raiva e decepção. **É impossível buscar a cura no ambiente que nos adoece.** As pessoas que o *ensinaram* a ser assim não vão gostar quando você mudar. Para combater a crença de que priorizar a si mesmo resulta em consequências sociais negativas, identifique pessoas *diferentes e razoáveis* com quem praticar.

Tenho uma cliente, Trish, que é uma professora cujo perfil de agradar a todos fazia dela uma profissional incrível, mas a deixava vulnerável a relacionamentos desequilibrados. Trish tinha uma amiga, Molly, que num dia tranquilo poderia ser descrita como codependente, mas, num dia ruim, era uma pessoa dependente e especialista em instilar culpa. Trish alimentava essa amizade por culpa e força do hábito. Ela se sentia *necessária*, e toda vez que limites eram estabelecidos, Molly se sentia rejeitada e deixava claro para a amiga que estava incomodada. Para ver como seria não agradar aos outros num ambiente menos volátil, ela decidiu dizer a alguns amigos mais equilibrados que não estaria disponível para ligações ou para o café que haviam marcado e observar a reação deles. Era importante para Trish experimentar a imposição de limites e obter respostas razoáveis. Em todos os casos, os amigos foram complacentes e compreensivos. A confiança de Trish foi crescendo a cada "Sem problemas, a gente remarca!" que recebia. Então, certa de que não tinha motivo para se sentir culpada, começou a usar os mesmos limites com a amiga carente. Molly não ficou feliz, mas Trish sim. A culpa que sentia diminuiu e, com o tempo, as duas foram se afastando à medida que a mudança de recursos se tornava insatisfatória.

Quando você para de agradar a todos, percebe que ser uma pessoa com opiniões ou necessidades não diminui o seu moral; é apenas parte da experiência humana. A maioria das pessoas entende a necessidade de se priorizar de vez em quando. Quem prefere ver um amigo agindo como um capacho vai fazer o possível para demonstrar isso, então você poderá se preparar para interagir com ele ou, melhor ainda, evitá-lo de uma vez por todas.

Se você passou a vida inteira convivendo com essa mentalidade, o primeiro passo é se perguntar: "O que acho **de verdade**? Como eu **realmente** me sinto? Qual resultado **eu** gostaria de ter dessa situação?" Comece a defender suas necessidades.

Pode ser que o seu cunhado tenha lhe pedido para buscar os filhos dele na escola — para atendê-lo, você precisaria remarcar a consulta médica reagendada já duas vezes. Esse é o pior pesadelo de quem quer agradar a todos. A voz interior grita: "É preciso uma aldeia inteira! Ele faria isso por você; você precisa ajudá-lo!" Mas a parte de você que tenta se preservar diz: "Foi um pedido de última hora, e pessoas sensatas sabem que, às vezes, pedidos de última hora não podem ser atendidos. Você precisa honrar seus próprios compromissos." Suas necessidades nem sempre vêm em segundo lugar em relação às necessidades alheias. Claro, haverá momentos em que elas podem ou devem vir depois. O importante é perceber a velocidade e a frequência com que você descarta o plano original diante de um pedido. A certa altura, esse comportamento deixa de ser altruísta e se torna imprudente, porque você para de cuidar de si mesmo.

O último mindset é o de **autovitimização**. Trata-se de uma combinação de sentir-se impotente por um tempo prolongado e ser cético quanto à satisfação de longo prazo. Como as coisas não saíram do jeito que queríamos repetidas vezes no passado, podemos perder a esperança em relação aos empreendimentos atuais e futuros e ter a sensação de que não conseguimos mudar nada. Podemos também ter a tendência de encarar fatores externos como barreiras e acreditar que o azar é inevitável. Para descobrir se você tem esse tipo de mentalidade, pergunte-se: "Quando alguém faz uma sugestão, meu instinto é encontrar defeitos em vez de acolhê-la?"

Digamos que uma amiga queira muito sair com o marido à noite, mas toda sugestão que você dá é recebida com resistência. "Por que você não contrata uma babá?" *É caro e não confio em ninguém para cuidar dos meus filhos.* "Por que não esperam as crianças dormirem, pedem comida e fazem um piquenique em casa?" *Pode ser que eles acordem... E isso não é bem um encontro.* "Vocês podiam pedir para que parentes cuidassem deles durante uma manhã e sair para tomar um café juntos." *Não quero incomodar ninguém, acho que essa é minha realidade agora.* Percebeu como essa pessoa insiste ser vítima das circunstâncias?

As respostas foram válidas, mas, em vez de propor soluções adicionais, ela se concentrou apenas nos problemas.

Prestar atenção nos próprios pensamentos e reconhecer quando projetamos erroneamente o desamparo é o primeiro passo para corrigir esse comportamento. É comum que pessoas com esse mindset pareçam *querer* ser infelizes e *buscar* problemas, porque são céticas em relação à felicidade. Entretanto, esse tipo de mindset é um padrão aprendido como outro qualquer, e não é motivo para se culpar. Você deve ser sincero consigo mesmo e ponderar se esgotou todas as opções. Nada está tão perdido que não possamos ser criativos ou arrumar recursos para lidar com a situação. Quando algo de "ruim" acontece — ficar preso no trânsito ou seu colega ser promovido, e não você —, a primeira reação não deve ser "é claro que isso aconteceu comigo". Pouquíssimas coisas dizem respeito a nós ou exigem uma resposta emocional de nossa parte. Muitas vezes, apenas calhamos de estar por perto quando coisas ruins acontecem. Não somos vítimas da situação; simplesmente estamos nela.

Pessoas com mindset de autovitimização sofrem de burnout porque lidam com emoções negativas desproporcionais diante de qualquer inconveniência, e as consequências podem ser física e emocionalmente prejudiciais. Alguém sendo grosseiro na loja é só alguém sendo grosseiro, não uma acusação contra o seu caráter. Quando alguém com quem você está falando ao telefone apressa a conversa para desligar logo, é só uma questão de pressa, não significa que a pessoa odeie falar com você. Alguém que não reconhece todo o esforço que você fez é apenas alguém que não percebeu o que houve, e não uma pessoa empenhada em prejudicá-lo. Volto a dizer: essas situações não estão acontecendo *por sua causa*; apenas calhou de você estar do outro lado. Das duas, uma: você pode ter um dia infeliz remoendo tudo e acreditando que foi algo pessoal ou pode se desvincular disso e se atentar para outras coisas.

Você precisa adotar um mindset voltado para soluções, e não para problemas. Ou, como diria meu pai: "Tenha uma postura de quem faz acontecer, não de quem vê barreiras em tudo." Ter uma postura de quem faz acontecer — uma abordagem positiva e ponderada em relação à solução de problemas — não resulta apenas num desfecho melhor, mas também numa experiência melhor para você. Nos trinta primeiros segundos de conversa, já dá para notar se estamos lidando com uma pessoa que faz acontecer ou que vê barreiras em tudo. Uma pessoa com mentalidade voltada para soluções diz coisas do tipo "Vou ver o que posso fazer" e "Quais são as opções? Vamos explorá-las". É alguém criativo, persistente e otimista. Uma pessoa que tem a mentalidade voltada para problemas começará destacando o problema em questão e se fixará nele — "Veja, o problema é…" ou "Isso não vai dar certo", sem tentar algo novo, que possa, de fato, funcionar. Esse tipo de pessoa aponta falhas nas soluções antes mesmo de começar, dando a impressão de que não quer que as coisas avancem.

Isso não significa fingir que os problemas não eram sérios ou não existiam, nem demonstrar uma positividade cega o tempo todo. A vida é difícil. Decepções acontecem. Desigualdades existem. Nem tudo sai do jeito que queremos, mesmo quando nos esforçamos. Entretanto… diante da maioria dos desafios cotidianos, podemos *escolher* como reagir e, quando escolhemos uma postura de quem faz acontecer, permitimos o melhor desfecho possível, dada a situação. Repito: um mindset de autovitimização é apenas um padrão que as pessoas aprenderam a seguir porque, de certa forma, parece beneficiá-las — adotá-lo pode fazer um indivíduo se sentir seguro, já que, se as coisas não derem certo, ele não vai se decepcionar, pois já tinha expectativas baixas. Para aqueles que, a esta altura, já estão me chamando de tudo quanto é nome, esta seção não é um ataque pessoal — é uma chance de refletir se isso lhe parece familiar e, se for o caso, decidir quais mudanças você pode fazer daqui em diante para evitar a vitimização.

Quer esteja sofrendo de burnout por ter um mindset de ambição, de agradar a todos ou de autovitimização, é possível mudar a mentalidade e a realidade. Você pode reprogramar reações. Só temos uma vida. Ninguém vai consertá-la para você. O que deseja mudar?

INFLUÊNCIAS NO MINDSET

Além dos três mindsets mais frequentes que levam ao burnout, existem diversas influências no modo de pensar que podem comprometer o nosso equilíbrio. Esses fatores são ensinados por outras pessoas ou são padrões que adotamos e não conseguimos mais abandonar. Aprender sobre eles nos ajuda a reconhecer quando começam a conduzir ao burnout e como fazer escolhas mais ponderadas de agora em diante.

Em conformidade com a cultura

Fiquei confusa ao conversar com Charles, um cliente que trabalhava como consultor de tecnologia da informação em Nova York.

— Você parece confortável com essa carga de trabalho — comentei. — Por que fica até tarde no escritório?

Ele balançou a cabeça e respondeu:

— Todo mundo fica até tarde. Se eu for embora no horário certo, vão pensar que não me esforço o suficiente.
— Mas isso não deveria ser um bom sinal? Indica que você faz o seu trabalho a tempo.

Com uma risada triste, ele confirmou:
— Por incrível que pareça, não.

Era hora de compreender como a cultura daquela empresa impactava o mindset de Charles e o levava ao burnout.

A cultura da empresa — a identidade, os valores, as expectativas e as tradições que determinam "como as coisas são feitas" — é um poderoso motor para o comportamento dos funcionários. Charles tinha me procurado com um interesse em gerenciamento de tempo, mas, após algumas conversas, ficou evidente que as tendências que o levavam ao burnout estavam enraizadas no seu mindset. Ele fazia hora extra para se adequar àquela cultura desequilibrada, e fazer isso lhe custava o equilíbrio entre vida pessoal e profissional. Não importava o quanto aumentasse a produtividade durante o expediente, Charles ainda não se sentia confortável em sair do escritório no horário certo. Todo final de tarde, quando o relógio marcava 17h, começava uma competição silenciosa para ver quem ousaria ir para casa primeiro. Quando a primeira pessoa se levantava, havia um momento de julgamento coletivo, e depois um suspiro de alívio por alguém ter aberto a porteira, sacrificando-se pelos outros. Nos dias bons, a porteira era aberta às 17h15 por alguém que *tinha* que sair para buscar o filho na escola ou ir a uma consulta — como se fosse uma vergonha ter vida fora do cubículo em que trabalhavam. Ele se lembrou de um impasse silencioso que durou até as 21h durante uma época agitada. Esse foi o horário em que a *primeira* pessoa foi embora.

Charles não queria comprometer reputação e posição no trabalho saindo na hora certa. Mas — e discutiremos isso a fundo no capítulo sobre limites —, muitas vezes, as coisas que tememos comprometer já estão ameaçadas de outra maneira. A saúde mental de Charles e seu futuro na empresa já estavam sendo comprometidos pelo burnout.

Ele tinha duas opções: aceitar que precisava sair no horário sem esquentar a cabeça com o que os outros iam achar, ou ficar frustrado o suficiente e sair da empresa de vez. Ele resolveu ser a primeira pessoa a ir embora todos os dias e ser conhecido por isso. Charles mudou de mindset, parou de encarar sua saída como algo digno de vergonha e pensou na gratidão que os outros sentiriam por terem "permissão" para ir para casa mais cedo. No fim das contas, sua atitude chegou a ser elogiada por alguns colegas. Infelizmente, também recebeu a pior avaliação de desempenho trimestral até então. Charles sabia que estava se saindo bem no trabalho e não passava de uma tentativa do gestor de frear o novo hábito. No entanto, ser o funcionário perfeito já não lhe importava mais do que a qualidade de vida. A avaliação de desempenho não impactou o salário, então ele continuou indo embora do trabalho às 17h. Após se comprometer a ser o cara que sai na hora certa, tornou-se menos ressentido e mentalmente exausto. Ficou mais um ano naquele trabalho antes de me contar que estava animado para começar a trabalhar em outra empresa que o havia procurado — uma conversa que conseguiu ter porque já não passava mais tantas horas inúteis no escritório. A pergunta mais importante que ele havia feito no fim da entrevista de emprego foi: "Que horas as pessoas costumam sair do escritório?"

A cultura da empresa é determinada pelas pessoas. Basta uma ou duas maçãs podres em posições de poder com mensagens tóxicas para influenciar toda uma organização. Se você trabalha num ambiente com uma cultura prejudicial, comentários assim podem lhe soar familiares:

"*Nós reparamos em quem fica até tarde...*"
"*Esse é o padrão do mercado. Faça acontecer.*"
"*Quando você aceitou este emprego, pensei que tivesse entendido que exigiria alguns sacrifícios...*"

Declarações desse tipo passam a ideia de que o funcionário com menos limites ganha. Não fica muito claro *o que* ele ganha. Às vezes é uma promoção (e, verdade seja dita, não chega nem perto de algo que justifique os sacrifícios). Na maioria das vezes, os funcionários ganham apenas uma nota um pouco mais alta numa avaliação de desempenho, elogio que não tem tanto impacto no escopo da carreira, ou uma estrela dourada imaginária que parece gratificante, mas desaparece tão rapidamente quanto veio, deixando-nos ávidos por mais.

Os funcionários da empresa alimentam esse jogo social, responsabilizando-se mutuamente através de pressões sociais sutis, como olhares reprovadores para um colega que tira a hora de almoço completa ou sai de férias. Essa pressão, por sua vez, acaba criando uma cultura de crítica, desconfiança e priorização do trabalho em detrimento da vida. Quando um funcionário cede à pressão, deseja impor essa cultura aos outros também. É assim que comportamentos e posturas prejudiciais se espalham e infectam um grupo inteiro, fazendo todos terem medo de priorizar a si mesmos antes do trabalho.

Quando a cultura de uma empresa consagra o trabalho como *a* principal prioridade, é fácil esquecer que **um emprego é apenas uma troca de serviço por dinheiro**. Você fornece um serviço que vale X. As pessoas não trabalham por bondade; todos nós temos que pagar pelo teto que nos protege e pela comida na geladeira. Nosso relacionamento com o trabalho evoluiu a ponto de ser fácil esquecermos que é uma troca. Parece mais um ecossistema reduzido, um minimundo do qual fazemos parte, com regras, relacionamentos e cultura próprios.

Essa ideia de cultura empresarial não era vista como algo importante até mais ou menos os anos 1980, quando pesquisas começaram a revelar o impacto poderoso nos resultados e no sucesso que ela tem numa organização. Na época, "cultura" muitas vezes significava uma redução do tabagismo, da discriminação descarada e do assédio sexual no trabalho. Entretanto, ao longo dos anos 2000, o conceito cresceu e passou a englobar tudo, desde repensar o layout do escritório, passando pela promoção do igualitarismo e da diversidade até melhorar os benefícios oferecidos aos funcionários.

Faz sentido termos uma relação íntima com nosso trabalho, organização e colegas. Passamos quase um terço da nossa vida no trabalho, então seria impossível não criarmos uma relação simbiótica com ele. No entanto, a evolução da cultura do trabalho na última década — expectativas mais altas, aumento de carga horária e a invasão do trabalho em nossa casa e em nossos dispositivos pessoais — nos levou a esquecer que apenas trabalhamos porque assinamos um contrato para fazer A, B e C por um pagamento X. **As expectativas se tornam incertas quando nosso contrato diz uma coisa e a cultura diz outra.**

Um contrato pode especificar que quarenta horas de trabalho de segunda a sexta, das 9 às 17 horas, é o que se espera de você. Quando todo mundo chega uma hora mais cedo, sai uma hora mais tarde e trabalha durante o almoço, manter o que concordamos contratualmente pode parecer nadar contra a maré. Também pode ser um pouco constrangedor. Nossos esforços razoáveis para manter um equilíbrio entre trabalho e vida pessoal podem até ser criticados por um gestor. Assim, em vez de lutar contra a cultura, os funcionários seguem o fluxo e se distanciam cada vez mais do que havia no acordo de trabalho.

Nos Estados Unidos, a falta de leis que protejam os funcionários só faz reforçar essa mistura entre vida profissional e pessoal. Para uma nação desenvolvida que se orgulha da própria indústria, temos leis bastante fracas para proteger quem a faz funcionar. Em 2021, Portugal aprovou uma lei trabalhista que proibia os empregadores de entrarem em contato com os funcionários fora do expediente. Na Grã-Bretanha, uma mulher que acabou de ser mãe pode tirar até 52 semanas de licença — 39 das quais são pagas em cerca de 90%. Os australianos têm direito a um mínimo de quatro semanas de férias remuneradas. Em comparação, nos Estados Unidos, não há licença-maternidade paga obrigatória, férias remuneradas garantidas e há vários mercados que não protegem os funcionários de empregadores abusivos. Num mundo ideal, trabalhamos para organizações que buscam competir com as melhores, não aquelas que se contentam com o mínimo e nos dizem que somos ingratos por querer mais. Se não temos o empregador dos sonhos, então precisamos de métodos alternativos para nos protegermos do burnout relacionado ao trabalho.

Para combater os aspectos negativos da cultura empresarial, lembre-se que o seu trabalho é uma troca de serviço por dinheiro. No fim, você atende a uma necessidade empresarial. Caso deixe o cargo (e, para ir direto ao ponto, caso você literalmente morra), a vaga será anunciada dentro de um mês. Isso não significa que o trabalho não seja importante ou que seus colegas não o valorizem, mas se trata de um *negócio*, e a empresa vai dar um jeito de funcionar sem você. Algumas empresas adoram gente que perde de vista essa relação transacional. Os empresários usam frases como "nós somos uma família" e "você tem que fazer por merecer seu espaço neste mercado" para justificar pedir mais do que a troca acordada inicialmente. Nós aceitamos e normalizamos esse comportamento porque vemos outras pessoas fazendo o mesmo e porque podemos até acreditar nisso — é *bom* pertencer a algo que admiramos e que esteja alinhado com os nossos objetivos de carreira (e, se tivermos sorte, talvez até com nossos valores). Amar o trabalho e querer dar tudo de si não é ruim. Mas é *sua* responsabilidade — não do seu chefe ou da equipe — tomar decisões conscientes a respeito do relacionamento que você quer ter com o trabalho.

Muitas vezes, não nos damos conta de que fomos persuadidos a adotar certas crenças e comportamentos. Tente se lembrar do seu mindset e das expectativas quando começou em seu emprego atual. Se fosse repentinamente colocado na situação atual, você ficaria alarmado? Notaria algumas coisas que não parecem certas ou justas? Pode ser que essas expectativas ou interações não chamem sua atenção porque agora já parecem "normais". Mas cultura e crenças compartilhadas não precisam ser públicas e difundidas para exercer influência sobre o mindset de uma pessoa; às vezes, elas se infiltram sutilmente, sem chamar atenção.

Pensamentos, crenças e comportamentos aprendidos passam uma impressão de *status quo*, então precisamos prestar atenção para notar quando uma coisa parece normal, mas *não é*, e empoderados o suficiente para saber que *podemos* fazer algo a respeito.

Crenças limitantes: colorindo dentro de linhas inexistentes

Crenças limitantes são exatamente o que parecem: crenças que nos limitam. Muitas vezes, são linhas arbitrárias que traçamos na areia e que servem de base para nossa vida. Em geral, nós as mantemos porque já foram reforçadas tantas vezes que a consideramos verdades. Quantas vezes já lhe deram opiniões como se fossem fatos?

"Encontrar um novo emprego será difícil", diz a pessoa de uma área diferente, com uma rede de contatos diferente, que não se candidata a um emprego há dez anos.

"Você precisa ficar nesta empresa por pelo menos um ano", afirma a pessoa que não precisa comparecer ao trabalho todos os dias.

"Se estabelecer limites no trabalho, vão pensar que você não se esforça", diz alguém que faz hora extra o tempo inteiro, reclama sem parar e parece infeliz.

Para ser sincera, muita gente fala sem saber. **Ninguém conhece a sua vida como você, ninguém entende os seus limites melhor do que você, e a verdade de ninguém é mais verdadeira do que a sua só porque a dizem com mais convicção.**

Tendemos a internalizar mensagens repetidas — de amigos, colegas e da mídia — como verdades, ainda mais se essas mensagens forem reforçadas por nosso medo natural de seguir o caminho de maior resistência. Se você quer ter uma chance real de combater o burnout, vai precisar reexaminar algumas crenças para garantir que não empatem sua vida.

A tendência de vivermos em conformidade com nossas crenças, mesmo quando não são mais verdadeiras (ou nunca foram!), já foi ilustrada numa variedade de experimentos. Pesquisadores descobriram que, de vez em quando, podemos desenvolver uma impotência aprendida — nós nos adaptamos a um conjunto inicial de condições e, mesmo quando elas mudam, seguimos agindo como se as originais ainda estivessem em vigor. Eis um exemplo comum que demonstra esse fenômeno: um pesquisador põe pulgas dentro de um pote. As pulgas pulam dali quase imediatamente. Então, o pesquisador tampa o pote, e as pulgas começam a saltar e a bater na tampa. Quando o pesquisador remove a tampa, as pulgas continuam pulando, mas só até a altura da barreira, que já não está mais ali. Embora a tampa tenha sido removida, as pulgas continuam se limitando à altura de onde ela estava.

Não quero insinuar que não temos mais autonomia do que pulgas num pote, mas temos uma tendência a filtrar nosso presente e futuro com base no passado. Por um lado, é uma atitude inteligente, né? Se você aprende que comer queijo demais dá dor de barriga, não vai mais comer tanto da próxima vez que lhe oferecerem. (Ou talvez coma. Sua relação com o queijo não é da minha conta.) Nossa aversão a sensações desagradáveis não é apenas prática; também apoia nosso desejo biológico de evitar dor. Estudos mostram que sentimentos e lembranças adversas permanecem na memória de longo prazo por mais tempo do que acontecimentos neutros ou positivos. O problema surge quando experiências passadas geram crenças que talvez não sejam mais válidas ou aplicáveis. Você precisa verificar a tampa de cada pote que encontrar para garantir que não está trazendo limitações passadas para uma realidade em que elas não existem.

Muitas pessoas que sofrem de burnout se sentem culpadas por estarem indisponíveis depois do expediente, nem sempre por ser uma expectativa do cargo atual, mas por ter sido, muitas vezes, uma expectativa em cargos anteriores. Elas deixam o celular ou o laptop por perto enquanto jantam, para o caso de receberem alguma mensagem. Verificam o e-mail antes mesmo de saírem da cama pela manhã. Aprenderam esse tipo de comportamento para se adaptar a expectativas antigas, mas não conseguiram abandoná-lo, mesmo depois que as expectativas mudaram.

Foi preciso reconhecer e quebrar essas crenças limitantes para que se sentissem confortáveis com novos comportamentos que reduzissem o burnout.

Na sua vida, quais limites antigos você ainda carrega, sem necessidade? A maior parte deles gira em torno de: "Não posso ____ porque ____." Ou "Não sou ____ o suficiente para ____." Ou "Tenho que ____. Não posso me mudar para outro estado...", "Não tenho experiência suficiente para começar um negócio próprio...", "Tenho que ter X na poupança antes de pedir demissão". Com todo respeito, *quem disse?*. Quem é que dita as regras da sua vida? Reconhecer de onde vieram os limites pode ajudá-lo a descartá-los.

Muitos de nós não questionamos limites de tempos em tempos. Acreditamos que algo que alguém nos disse cinco anos atrás ainda é verdade hoje, por mais que *nós* não sejamos mais os mesmos (e a pessoa pode muito bem estar errada desde o início!). Eu o desafio a questionar tudo enquanto começa a desmontar a gaiola mental de crenças que o impedem de fazer mudanças. Você não é tão frágil quanto seu momento mais frágil. **Se presumir o futuro com base no passado, nunca se superará.**

Talvez você tenha tentado sair do pote e batido na tampa. É justo sentir a exaustão e a derrota associadas ao burnout quando nos sentimos empacados por tempo suficiente. Quando nos sentimos presos, a vida parece escapar de nosso controle. Para retomarmos o controle, temos que olhar para a forma como estamos nos administrando e talvez seja preciso fazer algo diferente. Caso o que você está fazendo não funcione mais, faça algo diferente. Nada muda se nada muda.

Mentalidade "tudo ou nada"

Eu *odiava* aulas de spinning. Por quê? Os instrutores agiam como se estivéssemos treinando para a maldita Tour de France, e eu sentia uma raiva incontrolável toda vez que me diziam para aumentar a resistência quando eu já estava à beira da morte. Um dia, no meio da aula, fiquei com tanta raiva que *não* segui as instruções. Ao som de palavrões na minha cabeça, ajustei o botão de resistência apenas até um ponto que me desafiava, mas não me deixava destruída. Como eu tinha uma mentalidade "tudo ou nada", me parecia uma trapaça. Eu quase não contei aquela aula como treino porque não tinha feito o que me instruíram, apesar de estar suando em bicas. A mentalidade tudo ou nada me fez acreditar que, como eu não tinha feito tudo à perfeição, o meu esforço foi em vão. Para me sentir realizada, tive que me olhar no espelho depois e reconhecer que meus resultados foram aproximadamente os mesmos, enquanto a experiência foi cem vezes melhor. Ao me esforçar o máximo possível — sem um nível a mais de resistência — e não passar raiva, acabei voltando a gostar dos treinos e não saía mais irritada do que tinha chegado.

Quando me dei conta de que estava sendo vítima desse modo de pensar, notei um mindset que estava se infiltrando em outras áreas da minha vida. Como diz o ditado: "A maneira como você faz uma coisa é como você faz tudo" — e, nossa, como isso fazia sentido no meu caso. Seja na minha vida pessoal, social ou profissional, eu sentia que só podia dar 100% de mim ou não contava — comida caseira em vez de comida pronta, um presente personalizado em vez de um vale-presente, ficar até o final da confraternização da equipe quando poderia ter ficado vinte minutos e ido embora sem problemas. Eu tinha me convencido de que qualquer coisa abaixo de 100% dizia algo terrível a meu respeito. Quando cheguei a essa conclusão, parei e me perguntei: "Em quais situações estou me esforçando demais para chegar a 100% em vez de me contentar com, digamos, 90% ou 70% e obter resultados quase iguais?" Você já teve a experiência de escrever e reescrever um e-mail várias vezes e receber como resposta um simples "Ok. — Enviado do meu iPhone"?

Percebe que poderia ter economizado muito tempo e pensamentos obsessivos se tivesse enviado o rascunho inicial do e-mail? Já fez uma receita pela primeira vez, medindo tudo nos mínimos detalhes, e depois, na décima vez que a repete, se limitou a medir os ingredientes só de olho? Você está seguindo a receita em 90% e confiando que os outros 10% não vão ser decisivos no sucesso ou no fracasso final. Nós podemos dar nossa energia com moderação. Não precisamos nos entregar de corpo e alma a tudo; podemos fazer o suficiente. Esperar que vamos ser capazes de dar 100% de nós mesmos o tempo inteiro é o que leva ao burnout. **Podemos reduzir as chances de exaustão a longo prazo fazendo as coisas de maneira razoável em vez de perfeitamente.**

Depois de anos reduzindo meu empenho de 100% para um razoável 80%, essa abordagem já se tornou um hábito na minha vida. Na verdade, quando uma pessoa que participou de um treinamento que ministrei me perguntou: "Será que você poderia voltar e dar um treinamento sobre [outro tema]?", em vez de entrar em pânico e me comprometer, respondi: "Eu adoraria falar com sua equipe de treinamento sobre o tema, mas não vou poder criá-lo sozinha." Em resposta, a pessoa que fez o pedido chegou a comentar: "Uau, ótima demarcação de limites." O que a equipe viu em ação foi o benefício de não adotar uma mentalidade tudo ou nada: eu sabia que havia várias opções entre aceitar o que me pediram e dizer não, então eu só precisava encontrar uma solução para satisfazer a necessidade deles sem me sobrecarregar — e eu já tinha uma frase de demarcação de limites pronta (você aprenderá mais sobre isso no capítulo sobre limites).

Quando as pessoas precisam fazer algo ou estar em algum lugar, muitas vezes pensam que precisam se doar 100% ou não se envolver de maneira nenhuma. O que elas não percebem é que ocupar esse meio-termo às vezes traz os maiores benefícios em relação ao esforço. Só porque algo não é perfeito, não significa que não seja bom. Muitos indivíduos com tendências ao mindset de ambição acreditam que "um trabalho que vale a pena ser feito merece ser bem-feito". Em vez disso, encorajo você a dizer a si mesmo que "feito é melhor que perfeito". **Só porque algo não saiu como você imaginava, não quer dizer que não valeu a pena.**

Em que áreas você pode estar se sobrecarregando por adotar uma mentalidade tudo ou nada em vez de praticar a moderação? Diminuir o ritmo de trabalho para 80% não vai atrasar sua carreira. Na verdade, esses 80% se equiparam aos 100% de outras pessoas, se você está acostumado a se esforçar mais do que o necessário. Você não precisa ver os amigos sempre que eles chamam; pode vê-los uma vez por mês. Não precisa abrir mão dos carboidratos e treinar todos os dias; pode apenas beber água suficiente e dormir bem. Não precisa fazer uma faxina pesada na casa inteira todos os dias; basta limpar as áreas mais importantes para que o espaço pareça arrumadinho. Não precisa se comprometer com encontros familiares que duram o dia todo; pode fazer uma visita de uma hora e depois voltar aos afazeres.

Permita-se fazer as coisas bem o suficiente. Existem diversas áreas da vida para as quais um esforço de 30% já está de bom tamanho. Sério. Se levar biscoitos industrializados em vez de caseiros para um encontro do clube do livro, você é menos valorizado? Não. Você é menos importante na equipe porque concorda em redigir as atas das reuniões uma vez por semana, mas não quer assumir a tarefa 100% do tempo? Não, é compreensível!

Encontre formas de tornar as coisas mais razoáveis, para que você não se sinta sobrecarregado o tempo inteiro. À medida que você adota a mentalidade "bom o suficiente", tudo vai parecer menos assustador. Permita-se adaptar suas ações à quantidade de energia que você tem disponível. Diferentes épocas da vida vão exigir dedicação a valores, objetivos e interesses diferentes. Vamos falar sobre como você pode identificar onde talvez queira dar mais ou menos.

Valores sazonais: temos permissão para mudar? Sim!

Paul, um engenheiro de software que mora em San Francisco, estava frustrado porque seus valores mudaram e o trabalho, não. Ele não disse isso com todas as letras, mas, ao desvendar a fonte da insatisfação, percebi que o problema era um desalinhamento entre prioridades e o que o trabalho oferecia a ele. Quando começou a trabalhar numa startup, ele queria status e dinheiro. Tinha alcançado esses objetivos com folga. Valia a pena trabalhar doze horas por dia, porque podia dizer a todos que trabalhava numa startup e estava ganhando um salário do qual se orgulhava. Agora, depois de cinco anos, burnout *pesado* e um gasto de mais ou menos 10 mil dólares em Uber Eats, as prioridades passaram a ser liberdade, conexão e calma. Ele ansiava por liberdade para fazer o que quisesse com o próprio tempo, energia para voltar a se conectar com as pessoas e uma vida calma em vez de ter que apagar incêndios o tempo inteiro. O que funcionava para o Paul do passado não estava mais funcionando. Os valores tinham mudado, mas o trabalho não.

"Valores sazonais" são valores que você sustenta, prioridades que define ou objetivos que estabelece para a fase atual da vida. Ao reconhecer a fase em que se encontra, você pode priorizar melhor. Pense nos valores sazonais como um filtro por meio do qual administra a sua vida. As coisas que está priorizando estão alinhadas com esses valores atuais? *Não* com valores antigos que você tinha alguns anos atrás. *Não* com valores que seus pais lhe impuseram. *Não* com valores da cultura em que você vive. Seus valores *atuais*.

No caso de Paul, ele precisava aceitar que o emprego não estava mais alinhado com os valores dele e com o que o faria feliz. Quando lutamos para incluir na nossa vida coisas que não estão alinhadas conosco, comprometemos nossa paz interior. Se deseja viver num lugar calmo, mas, em vez disso, mora no fervo do centro da cidade, se quer ter poucos amigos próximos, mas tem um grande grupo de amigos distantes, não vai se sentir satisfeito. Parece óbvio, né? Tenho certeza de que, em algum momento, você já valorizou morar no centro da cidade ou ter um grande grupo de amigos, mas isso se ajustava a uma fase passada e não se adapta mais *agora*.

Margaret foi a primeira dona de casa com quem trabalhei. Os filhos estavam em idade escolar e ela estava tentando descobrir como se portar na vida depois de gerenciar pelo menos um dos filhos em casa pelos últimos oito anos. Seu valor primário enquanto os filhos viviam em casa era "manter a sanidade". No momento, com mais horas no dia e energia mental de sobra, ela pôde mudar seus valores para "fazer coisas legais" e "criar boas lembranças". Nesta fase, ela queria dedicar energia ao planejamento de coisas fofas que poderia curtir com a família —

organizar uma guerra de balões d'água no quintal depois da escola; tomar um longo banho ininterrupto no meio do dia; colocar uma toalha de mesa e despejar o espaguete diretamente ali para que as crianças pudessem comer feito animais. Coisas que, na fase de vida anterior, não eram prioridades porque comprometeriam o valor de "manter a sanidade" (sei de fontes seguras que limpar espaguete no chão da sala de estar não promove a sanidade).

As pessoas geralmente têm burnout quando tentam "fazer tudo" porque superestimam quantos valores são capazes de sustentar ao mesmo tempo. Quando saímos de uma fase atribulada, podemos ir à noite de quiz com os amigos no bar do centro. Se passamos o último mês desabando na cama todas as noites, agora é a hora de tentarmos reaprender a tocar violão. No caso de Margaret, ela conseguiu priorizar fazer coisas agradáveis depois de ter saído da fase de sobrevivência. Se tantas coisas no mundo mudam de acordo com a estação — clima, produtos agrícolas, tendências —, por que as pessoas se comportam como se valores, prioridades e metas fossem estáticos?

O que você pode tentar encaixar nesta fase da vida que não seja uma prioridade no momento? Escreva seus valores atuais a lápis e depois reescreva-os durante a próxima fase. Um dos maiores erros que cometemos é planejar com excesso de permanência. Esse equívoco acaba dando um toque rígido e temeroso a uma vida que poderia ser divertida e ter espaço para explorar e errar.

É difícil admitir que nossos valores mudaram. Ao reconhecer uma mudança de prioridades, deve se lembrar de que não está descartando um velho objetivo ou sonho; você está apenas priorizando outra coisa que deseja ou precisa mais no momento. Vai ser difícil colocar aquele objetivo de tricotar um cobertor para a nova sobrinha em segundo plano? Provavelmente! Ninguém gosta de sentir como se estivesse desistindo de algo, seja por não ter tempo, seja por não ter energia. Sei que é difícil, mas você tem que cuidar de si mesmo para que possa se dedicar melhor às prioridades atuais.

Valores e prioridades na atual fase da vida são crescimento, dinheiro, conexão, influência, criatividade ou descanso? Como mudá-los altera seu comportamento no dia a dia? Eu gosto de fazer uma "auditoria de valores sazonais" a cada trimestre. No que vou me concentrar nos próximos três meses? O que talvez precise ser pausado pelos próximos três meses para que eu possa me concentrar nesses aspectos confortavelmente? Um bom teste de realidade é perguntar: **Caso um estranho observasse como eu passo as horas do meu dia, conseguiria entender o que é prioridade para mim?**

Antigamente, eu enchia meus dias com o máximo de responsabilidades que conseguia. Todas as minhas tarefas eram consideradas importantes e todo o meu tempo era disponível. Eu tinha uma percepção distorcida do que era uma boa vida, graças aos destaques nas redes sociais, e acabava priorizando um monte de porcarias sem importância para mim. "Será que eu deveria preparar refeições especiais todas as noites?", eu me perguntava. Bom, às vezes uma refeição congelada me satisfazia da mesma forma. "Eu deveria fazer uma longa caminhada todos os dias." Na verdade, eu me sinto igualmente revigorada só de passar um tempo ao ar livre. "Eu deveria ter mais hobbies." Desde então, aceitei que um hobby só já me basta, contanto que me faça feliz.

Sem ter clareza sobre o que valoriza, você pode acabar enfrentando uma das piores combinações que existem: estar ocupado *e* insatisfeito. Preste atenção no que aplica tempo e energia todos os dias e faça mudanças que reflitam os seus valores. Sempre é possível voltar às prioridades anteriores; não se sinta mal se não estiver no momento para elas. O que é significativo para você no momento? Como pode priorizar isso, para não acabar ocupado e insatisfeito?

Eliminando o vírus da ocupação

Atendi a April, diretora de recursos humanos de uma grande organização internacional, por mais de um ano. Tive a oportunidade de vê-la tanto em seus meses calmos quanto nos mais atribulados. A certa altura, ela precisava preparar um enorme relatório anual para apresentar à organização, gerenciar a equipe, fazer o trabalho estressante, sobreviver a uma fase agitada no pequeno negócio próprio, mudar-se de uma casa para outra e planejar a despedida de solteira da irmã. Se alguém fosse colocado no lugar dela, não tenho dúvida de que estaria enlouquecendo dentro de uma hora. Ela estava passando por algo que chamo de "A Droga" — ou seja, quando a vida está tão difícil ou avassaladora por um motivo ou outro que as coisas, sinceramente, estão uma droga. Não é possível embelezar a situação, ela é desagradável, as pessoas fazem careta quando você fala sobre o que tem feito… É uma droga.

Quando estamos nessa fase, todos os dias são tão ruins que só nos resta o "direito de se gabar" e o reconhecimento alheio de que estamos sobrevivendo à Droga. "Eu trabalhei cem horas esta semana", "Não tenho nem cinco minutos livres entre uma reunião e outra hoje", "Não cheguei em casa antes das 21h", "Faz seis horas que não vou ao banheiro!". Assim como em *O diabo veste Prada*, trata-se da glamourização de viver uma vida quase insuportável.

A maioria das pessoas se vê na Droga por acidente, mas outras a escolhem. Naturalmente, a pergunta que se faz é: "Quem escolheria isso?!" Quando vemos a Droga no horizonte e não fazemos nenhuma mudança para evitá-la, torna-se uma escolha. Você é esperto, sabe que deveria pisar no freio e estabelecer limites para não voltar à mesma situação, mas não faz nada. Por algum motivo, consideramos admirável nos encontrarmos nessa posição, e esse é um mindset que todos — sim, você — deveriam superar.

Eu adoro a história do empresário que saiu de férias, encontrou um morador local relaxando na praia e lhe perguntou por que ele não trabalhava para ser alguém na vida. O local questionou: "Por quê?" O turista disse: "Assim, você pode se esforçar ao máximo, construir algo e depois se aposentar numa praia e relaxar." Eu já fui como o cara de férias. Achava que trabalhar era virtuoso e descansar era uma recompensa. Como assim você se permite descansar sem trabalhar incansavelmente, como todas as outras pessoas? Ouvir essa história me fez ver as coisas em perspectiva: eu não preciso alcançar certo nível de sucesso antes de poder ter paz. Não tenho que construir um império para merecer relaxar numa praia.

Até aquele momento, ter demandas constantes fazia com que eu me sentisse valiosa. Hoje em dia, viver ocupado é uma forma de sinalizar status: *você vive ocupado porque é muito importante!* E o trágico é que, no mundo de hoje, se descobriu que quanto menos tempo livre nós temos, mais ambiciosos e competentes os outros nos acham. Para mudar o que eu considerava valioso, tive que reformular minhas crenças sobre o que fazia com que eu sentisse que "tinha chegado lá". Em vez de igualar viver ocupado e ter sucesso, eu me comprometi a acreditar que a liberdade e a paz eram mais valiosas.

Claro, para uma pessoa ambiciosa como eu, isso foi desconfortável, ainda mais quando meus amigos alcançavam conquistas com mais frequência do que eu. Anteriormente, eu os teria invejado por fazerem mais e alcançarem mais, porque eu equiparava valor com ação; quanto mais se faz, mais digno se é. Foi bem desconfortável fazer menos, até que passei a acreditar que **o meu valor não é determinado por quanto eu faço.**

Com essa mudança mental, reduzi minhas obrigações e estabeleci limites necessários para proteger o tempo livre que eu havia ganhado. Eu não tinha mais o desejo de ser a pessoa que corria de uma responsabilidade para a outra. Liberdade e paz eram os meus objetivos — e não viver ocupada e receber elogios. Agora, quando faço o que quero com o meu tempo e alguém que *está* passando pela Droga diz: "Ah, eu jamais poderia fazer isso. Deve ser bom poder...", eu respondo dizendo: "É bom mesmo! É por isso que eu faço." Em vez de ficar na defensiva por termos valores diferentes, sigo curtindo o que gosto.

Valorizar a liberdade em vez de ocupação e status requer priorizar a *sua* paz em vez dos elogios da sociedade. O mundo em que vivemos nunca vai aplaudir um cochilo como aplaude uma promoção. Isso não quer dizer que o cochilo não seja mais gratificante para você. **Enquanto a validação interna depender da validação externa, a paz parecerá inalcançável.** Quero que você tenha certeza de quem é e do que valoriza sem o feedback externo.

TRABALHO É O QUE VOCÊ FAZ, NÃO QUEM VOCÊ É

Todos nós já estudamos com alguém que levava a escola tão a sério que, quando não tirava um 10, entrava em crise, ficava decepcionado consigo mesmo e acreditava ser um fracasso.

Todos (assim espero) concordamos que, ao olharmos a vida como um todo, uma nota não é nada de mais, e não significa que a pessoa seja fracassada ou fez algo errado.

Então, por que depois de cometermos um erro no trabalho não nos tranquilizamos da mesma forma? Por que demonstramos tanta compaixão pelos outros e nos pressionamos tanto? Pense em quando um colega cometeu um erro e seu primeiro instinto foi minimizar o incidente. Você o acalmou em meio ao pânico e o convenceu a não levar aquilo a sério. Por que parte do princípio de que os outros não fariam o mesmo em relação aos erros que você comete? Por que eles não lhe dariam o mesmo benefício da dúvida?

Muitas pessoas acreditam que o trabalho é um reflexo direto de quem são, quando, na verdade, o trabalho é um reflexo de uma série de fatores. O resultado de um projeto é influenciado por *expertise*, escopo, contribuição dos colegas, esforço e, provavelmente, um pouco de sorte. Ao analisarmos o resultado de um projeto, muitos de nós sentimos que é um reflexo direto de nós mesmos e que, por isso, devemos levar cada erro ou falha para o lado pessoal.

Nossa sociedade precisa de uma despersonalização em massa do trabalho. Por mais que nosso trabalho pareça um chamado ou uma vocação, encará-lo como um reflexo de quem somos e desconsiderar os outros inúmeros fatores envolvidos é muita pressão. Temos a tendência de basear nosso valor e nossa identidade no trabalho, o que faz com que a gente se sinta mal quando tem um dia ruim no escritório. Por esse motivo, ter uma identidade fora do trabalho pode contribuir para a noção de equilíbrio.

Sem trabalho, o que resta?

Áreas de identidade são áreas distintas e únicas da vida que constroem quem você é como pessoa. Normalmente, a resposta imediata para a pergunta "O que você faz?" é descrever nosso trabalho. Mas, além do trabalho que o sustenta, o que mais você faz? **Quem é você e o que dá significado à sua vida fora do trabalho?** Claro, sua carreira e seus objetivos profissionais são uma área, mas quais são seus hobbies, interesses ou projetos pessoais? Em que consiste seu dia a dia? Quais papéis você desempenha em seus relacionamentos? Tudo isso o compõe como pessoa e pinta um quadro muito mais completo do que apenas descrever o que faz em troca de um salário.

Se o trabalho consome 90% do seu tempo, então, sim, um dia ruim no trabalho vai lhe dar a sensação de que a vida inteira é uma droga. Vamos supor que o trabalho seja apenas 50% da sua vida (ou 50% do seu dia acordado, presumindo que você durma oito horas por noite, trabalhe oito horas e tenha as oito horas restantes de lazer). O restante do seu dia consiste em relacionamentos ricos (o principal contribuinte para a felicidade e a saúde, segundo o Estudo de Desenvolvimento Adulto feito em Harvard), hobbies que ama (já foi cientificamente comprovado que atividades de lazer — qualquer um que lhe agrade — aumentam seu quociente de felicidade), um lar no qual esteja em paz e metas pessoais pelas quais esteja trabalhando. Se esse for o caso, então um dia ruim no trabalho não terá mais consequências do que um dia em que ficou chateado por não ter tido tempo de praticar seu hobby. É tipo quando as pessoas se veem consumidas por um relacionamento e depois ficam devastadas quando acaba. Se 90% da sua vida girava em torno daquele relacionamento, então é muito mais demorado preencher esse espaço vazio. Se passa por um término, mas manteve muitas das suas áreas independentes de identidade, ainda vai ser péssimo, mas você terá alternativas saudáveis para se apoiar e se recuperar mais rápido.

Quem você é fora do trabalho? Quais são os pilares da sua identidade? Quanto mais valor der a essas coisas, menos peso o trabalho terá em sua vida.

POR QUE ESTÁ TÃO SÉRIO?

Uma década atrás, eu estava caminhando pelo centro de Sacramento quando vi um cartaz numa butique que dizia: "Você devia estar se divertindo." Parei no mesmo instante e o encarei, boquiaberta. Devia? Quando alguém ia me contar?! Fiz um rápido inventário da minha vida e me desanimei: por que aquilo não estava acontecendo? Em que idade deixamos de procurar diversão e só focamos em sobreviver?

O que me impedia de deixar minha vida mais divertida era o meu mindset. Eu tinha uma postura intensa, do tipo "faça tudo como se alguém estivesse observando". Eu estava sempre atenta a como os outros me enxergavam, planejava tudo nos mínimos detalhes e lidava com a maioria das coisas como se fossem emergências de alto risco. Como resultado de me levar tão a sério, eu vivia me privando de prazer. Sabe aquela pessoa que faz tudo às pressas na Disney, com um mapa e uma agenda perfeitamente organizados, e está tão concentrada em fazer tudo direito que não aproveita a experiência? Eu era assim, tentando levar a vida da maneira mais produtiva e perfeita possível.

Eu tinha predisposição ao burnout não só por ser ambiciosa e querer agradar a todos, mas porque fazia as coisas como se a vida dependesse delas. Agora, depois de anos me lembrando de que a vida não é tão séria e que, de fato, é para ser divertida, eu consigo agir com o espírito muito mais leve, me recuperar dos erros mais depressa (com menos angústia) e com mais diversão. Na verdade, a ciência descobriu que a emoção da diversão (sim, é uma emoção real) aumenta a capacidade de aprendizado, reduz sentimentos negativos e nos ajuda a acessar o sistema afiliativo — o mecanismo natural de autoconforto do corpo humano.

Sei que não estou sozinha nessa luta porque, depois de ter visto aquele cartaz, encontrei uma etiquetadora e imprimi um adesivo que dizia "Você devia estar se divertindo" para colar no meu laptop. Ao longo dos anos, fui abordada por inúmeras pessoas que disseram que precisavam daquele adesivo. Muitos de nós tentamos controlar a vida com punhos cerrados. Em vez disso, experimente relaxar e vivenciá-la de mão aberta.

VIVER A VIDA   CONTROLAR A VIDA

Muitas vezes, nós mesmos somos os responsáveis por transformar o que poderia ter sido um pequeno estressor num grande estressor, devido à seriedade com que nos levamos e aos obstáculos que encontramos. Pouquíssimas coisas realmente valem tanta energia.

Quando nos levamos muito a sério, perdemos coisas demais. Assumimos menos riscos, hesitamos em experimentar novidades e prevemos punições ou julgamentos desproporcionais por falhas ou imperfeições. **Vivemos menos a vida quando a levamos muito a sério.** Não existe apenas um jeito certo de fazer as coisas, e nem sempre as pessoas têm uma percepção ao seu respeito ou um julgamento. Você não quer olhar para trás quando tiver oitenta anos e pensar: "Me privei de muita alegria por nada."

O burnout tem muitas faces. Você vai passar por esses mindsets em vários momentos e de maneiras diferentes. Quanto mais familiarizado estiver com eles, mais fácil será reconhecê-los. Os mindsets-padrão foram construídos ao longo de muitos anos; detectá-los e corrigi-los até que adote novos também levará tempo. A atitude menos útil que você pode tomar é se culpar. A mais útil é *tentar*.

Uma mudança de gerenciamento interno faz maravilhas, e é ainda mais poderosa quando reforçada por gerenciamento externo. Boa parte deste livro trata de gerenciamento externo no ambiente de trabalho, mas, primeiro, quero discutir o gerenciamento externo na nossa vida *pessoal*. Está na hora de destruir e reconstruir a definição de cuidados pessoais.

CAPÍTULO 4

Cuidados pessoais

Reformulando o "autocuidado"

Ella estava tão sobrecarregada que desatou a chorar durante a primeira consulta. Tinha um emprego em tempo integral, dois filhos, uma lista interminável de afazeres pessoais e um marido com quem achava que não poderia compartilhar as responsabilidades, pois não queria atormentá-lo. Depois do trabalho, cuidava dos inúmeros detalhes relacionados à maternidade e, à noite, assumia o modo dona de casa. Lavar a louça e a roupa, limpar a geladeira, cuidar do jardim — sempre havia mais um item para adicionar à lista. Ela rejeitava a ideia de que tarefas como limpar a geladeira não fossem essenciais numa segunda-feira à noite. Não conseguia se permitir descansar enquanto não terminasse tudo.

Ela estava física, mental e emocionalmente exausta. Quando não estava ocupada no meio de uma tarefa, já começava a *prever* tudo que precisava fazer. Os nervos estavam à flor da pele — um simples "você precisa relaxar" de distância de uma explosão da qual ela se arrependeria logo depois. Priorizava fazer tudo por todos em detrimento do descanso de que tanto precisava, e isso estava começando a pesar. Nos dias de hoje, sempre há o que fazer: mais coisas a limpar, mais objetivos a alcançar, mais detalhes a melhorar. Como você pode imaginar, o padrão de Ella de não cuidar de si mesma até que tudo na lista de afazeres estivesse concluído — somado ao tamanho surreal da lista — era uma ótima maneira de nunca, jamais descansar.

Quando conversamos pela primeira vez, ela enterrou a cabeça entre as mãos e admitiu: "Nunca fui boa em descansar." Explicou que sempre foi uma pessoa ativa, desde que se entendia por gente. Ao longo da infância, aprendeu que o descanso — fazer algo que lhe trouxesse paz ou alegria — vinha por último. Era algo a ser conquistado, e descanso demais era considerado excesso de indulgência. Já adulta, tinha dificuldade de parar um pouco e priorizar os cuidados pessoais. Quando conseguia fazer uma pausa, temia não estar aproveitando da melhor maneira possível, tanto por não saber o que a fazia se sentir descansada quanto por um desejo de "maximizar" o descanso. Se você já se perguntou como "descansar de forma mais produtiva", deve se identificar com essa situação.

Antes de identificarmos o que ajudaria a revigorá-la e incorporar cuidados pessoais à rotina, Ella precisava superar algo que aflige muita gente: a culpa de descansar. A **culpa de descansar** é um sentimento de inquietação, ansiedade e, em alguns casos, vergonha — a dor de não estar à altura das próprias expectativas ou das expectativas alheias —, ao descansar ou enfrentar momentos de inatividade. Esse sentimento, agravado pelo efeito Zeigarnik — a tendência do cérebro de se lembrar mais das coisas que *não* completamos do que daquelas que completamos —, pode aumentar a inquietação. Por mais que a culpa seja benéfica em certas situações (um alerta de quando podemos ter prejudicado alguém e precisamos nos retratar), o problema é que muitos de nós somos consumidos por ela quando não há motivo para isso.

Muitas experiências podem levar a uma relação tensa com o descanso. Crescer numa casa onde o descanso era visto como preguiça e ter que levantar às pressas para parecer ocupado quando alguém entrava para não ser criticado. Acreditar que, se não for útil o tempo inteiro, pode acabar perdendo amor e conexão num relacionamento. Achar que não *merece* descansar até completar cada tarefa da lista ou que, enquanto descansa, outra pessoa, em algum lugar, está trabalhando com afinco — como se não fosse chegar tão longe quanto ela se não se esforçar além dos limites.

Ella precisava entender o descanso como uma prática fundamental a ser incorporada com regularidade, não uma indulgência da qual deveria se envergonhar. Só assim conseguiria reavaliar como gastava tempo e energia para, enfim, priorizar os cuidados pessoais. Tinha controle sobre a vida pessoal e profissional, mas vivia se enchendo de tarefas à custa da própria serenidade. Ao identificar esse mau hábito e gerenciar as responsabilidades e a si mesma de maneira diferente, Ella conseguiu reduzir o trabalho desnecessário a fim de abrir espaço para os cuidados pessoais.

A percepção de descanso determina a relação que temos com ele. Se você considera o descanso uma inconveniência, uma indulgência ou uma tarefa, nunca vai relaxar. Se não estiver acostumado, priorizar o descanso será desconfortável no início. Algumas pessoas chegaram a me dizer que se sentem "irresponsáveis". Elas não estão familiarizadas com a ideia de ter tempo e energia para fazer o que bem entenderem. É tipo alguém que sempre viveu com dinheiro contadinho de repente ter uma renda disponível: sem mais nem menos, essa pessoa se vê com um recurso que sempre considerou difícil de obter e se preocupa em gastá-lo direito. Da mesma forma que a pessoa em questão teria que redefinir a relação com o dinheiro, Ella estava redefinindo a relação com o tempo e aprendendo a se sentir confortável ao gastá-lo.

Assim que aceitou a ideia de que descansar era um uso de tempo tão produtivo quanto qualquer outro, Ella começou a separar vinte minutos das noites para ler por prazer. Era o máximo de tempo que conseguia ficar parada. Ela começou a dividir o trabalho de forma mais equitativa com o marido e a reduzir os itens da lista de afazeres pessoais que não *precisavam* ser concluídos após um longo dia. Ao perceber que nada de ruim acontecia depois de tirar esse tempinho para si mesma, ela aumentou o tempo de leitura noturna para uma hora. Pouco a pouco, foi se acostumando a descansar em vez de correr de uma tarefa para outra. Para reivindicar e redirecionar melhor tempo e energia, Ella precisou mudar de mindset, fazer escolhas intencionais e passar por um processo intenso de tentativa e erro. Da última vez que nos falamos, ela me disse que tinha conseguido assistir a todas as temporadas de *Game of Thrones* com o marido e que estava adorando "voltar a ser uma pessoa".

Eu me identificava com a resistência de Ella ao descanso — sentia culpa por descansar desde criança. Cresci acostumada a fazer algum tipo de atividade todos os fins de tarde. Era muito raro minha família ter um "dia da preguiça" (um dia em que a gente não fazia nada), e, quando acontecia, era chamado de "dia da preguiça" por ser algo raríssimo. Para nós, era uma anomalia ficar sem fazer nada, enquanto outras pessoas crescem em lares onde é uma anomalia *fazer* alguma coisa. Isso distorceu minha percepção de quantas tarefas eu deveria assumir num só dia. Meus pais, é claro, me criaram dessa maneira porque foi assim que eles foram criados.

Meu pai e os sete irmãos são imigrantes de primeira geração que cresceram trabalhando ao lado do meu avô em Sacramento,

Califórnia, vendendo tortilhas e pão todas as manhãs antes da escola e nos fins de semana. Eles iam de porta em porta com pães de 10 centavos, pacotes de tortilhas de 25 centavos e um conhecimento muito mais profundo de como administrar um negócio do que a maioria dos profissionais formados em universidades. Como resultado, a ética de trabalho deles é incomparável — e a capacidade de ficarem sentados sem fazer nada é praticamente nula.

Todos os meus primos (e eu diria que a maioria das pessoas que têm pais imigrantes também) concordariam: filhos de imigrantes herdam um senso de inquietude intergeracional. Eles sabem como suaram a camisa *de verdade* para lhes proporcionar o que têm hoje. Quem está apenas a uma geração de distância do trabalho árduo tem dificuldade de virar as costas e tirar um dia de folga do "trabalho fácil de escritório" para cuidar da saúde mental. Mesmo aqueles que não são imigrantes de primeira ou de segunda geração podem ter uma crença familiar enraizada de que ser "um trabalhador esforçado" é o estilo de vida mais virtuoso possível, não importa o custo. O papo de que "você precisa ser alguém na vida" não conhece fronteiras culturais ou barreiras linguísticas.

É com esse entendimento que eu gostaria de reiterar que *todo mundo precisa descansar*. Essa inquietude motivada pela culpa — seja ela aprendida ou herdada — vai lhe roubar o descanso necessário, independentemente das circunstâncias passadas, presentes ou futuras. Você precisa de descanso, as pessoas que vieram antes de você precisavam e as que virão depois também precisarão.

LUTANDO POR SEU TEMPO

Pense nos cuidados pessoais como se fossem o equivalente a abastecer o carro numa viagem: não existe um momento conveniente para isso. É preciso sair da rodovia, sacrificar um tempo que poderia ser usado para chegar mais perto do destino final e gastar um dinheiro suado. Nós paramos para abastecer porque, caso contrário, o carro literalmente pararia de funcionar. Pessoas, no entanto, são mais resilientes do que carros — até funcionamos de tanque vazio por um tempo, e nos punimos com essa resiliência ao nos forçarmos além do limite.

O pilar dos cuidados pessoais exige que nos desviemos do nosso caminho, paremos para abastecer e sacrifiquemos o tempo que poderíamos gastar "de forma produtiva" com outra coisa. Estamos condicionados a continuar respondendo a e-mails, a fazer tarefas domésticas e a atender aos pedidos dos outros mesmo quando o corpo sinaliza que estamos cansados. É difícil deixar o trabalho de lado antes de zerar a caixa de entrada, justificar uma casa toda bagunçada ou dizer às pessoas "Não, não posso ir ao seu open house" pelo simples motivo de querer usar esse tempo recuperando as energias.

Já fomos melhores nos cuidados pessoais. Ou, pelo menos, não precisávamos nos dedicar a isso de maneira tão intencional, porque a vida era mais lenta. Eu cresci nos anos 1990, o que significa que faço parte da última geração que não cresceu com smartphones. Eu passava a maior parte das noites brincando na rua sem saída com outras crianças do meu bairro. Todos os pais do quarteirão pegavam cadeiras de jardim e batiam papo enquanto andávamos de bicicleta e inventávamos brincadeiras. Os únicos telefones eram fixos, os computadores ainda não eram onipresentes e a televisão não era uma biblioteca de alternativas.

Nem sempre estávamos disponíveis, não tentávamos administrar uma vida virtual nas redes sociais e o entretenimento consumia menos porque tínhamos menos opções. Parece exótico, não? Hoje, tempo livre não programado é algo tão raro quanto o telefone de disco. Ao longo da última década, americanos que trabalham em tempo integral viram o tempo de lazer diminuir à medida que as horas de trabalho aumentavam. Os motivos para essa diminuição do lazer vão desde equiparar ocupação com sucesso até competitividade com os vizinhos, mas o resultado é o mesmo: vivemos numa cultura inquieta. As pessoas têm se medicado a torto e a direito porque, se não tivermos a intenção de nos afastar, jamais teremos um momento de paz e sossego. Vivemos cercados de ruídos — mensagens, podcasts, YouTube, Slack, redes sociais, uma infinidade de serviços de streaming — que parecem exigir atenção o tempo inteiro. É fácil ter dificuldade de descansar e priorizar o lazer quando parece haver *tanto* a fazer.

Coletivamente, acreditamos que, ao diminuir o ritmo, ficaremos para trás. Mas **descanso e lazer não são inimigos do progresso**. Na verdade, já foi comprovado várias vezes que períodos regulares de recuperação melhoram a produtividade, seja um fim de semana sem acessar o e-mail de trabalho, uma pausa para o almoço ou uma soneca de quinze minutos. Pesquisas mostram que pessoas que tiram sonecas têm mais facilidade em lembrar coisas novas do que quem não tira: cochilos "limpam" a caixa de entrada do cérebro, permitindo que novas experiências sejam processadas. Até mesmo fechar os olhos pode aumentar o desempenho da memória em quase 43%, em comparação com não tirar um intervalo de descanso. Caminhar ao ar livre ou olhar para fotos da natureza também são maneiras comprovadas de ajudar na concentração.

A prática de atividades de lazer prazerosas contribui para o bem-estar psicológico e físico, o que nos ajuda a lidar melhor com as responsabilidades. Um estudo publicado no periódico *Psychosomatic Medicine* com quase 1.400 mulheres descobriu que aquelas que passavam mais tempo fazendo atividades prazerosas e revigorantes — hobbies, esportes, socialização, contato com a natureza — tinham níveis mais baixos de cortisol (o principal hormônio do estresse), pressão arterial e massa corporal mais baixas e maior satisfação com a vida. Descobriu-se também que o lazer ajudava a prevenir a fadiga prolongada, aquela que dura semanas e pode levar a doenças e até a deficiências. Incorporar atividades de lazer à rotina dá um fim à exaustão contínua e abre caminho para a restauração. Seja descansando ou socializando, seja fazendo algo divertido e criativo, esse tipo de atividade desencadeia formas naturais de recuperação do corpo e da mente, desde liberar dopamina até acalmar o sistema nervoso e controlar a resposta ao estresse. A melhor parte é que os benefícios dessas miniférias persistem por horas. Então, a redução do estresse que uma caminhada matinal ou um matcha ao meio-dia com um amigo proporciona se estenderá ao longo da tarde e da noite.

Os benefícios são fortes, segundo pesquisas, se você estiver imerso na atividade (ou seja, tente não ficar olhando as redes sociais enquanto estiver numa ligação com sua irmã, pensar no trabalho enquanto passa um tempo com os amigos ou remoer aquele encontro horrível no meio da aula de ioga). As pausas para o lazer também interrompem a preocupação mental e os pensamentos obsessivos a respeito de um acontecimento estressante (como aquela conversa desafiadora com um colega passivo-agressivo que você não para de relembrar), dando-lhe uma oportunidade de recarregar a mente. Em resumo: reservar tempo e energia para atividades que lhe trazem alegria faz bem, e você deveria se sentir bem (e não culpado) ao fazê-las. Então, esqueça a noção de que tempo ocioso é um desperdício, porque, na verdade, trata-se de algo essencial para reabastecer o seu tanque.

FICAMOS PARA TRÁS OU A LINHA DE CHEGADA NÃO PARA DE AVANÇAR?

Diante de todos esses benefícios, por que achamos tão difícil relaxar? Bem, a nossa resistência ao descanso é perpetuada pela "cultura da agitação", que nos incentiva a trabalhar além do limite. É uma prática que nos ensina a sempre nos esforçar e exceder nossas capacidades — caso contrário, pode parecer uma falha de caráter e de ética de trabalho.

Assim como a maioria das pessoas, aderi à cultura da agitação por muitos anos. Aonde isso me levou? À terapia. Recentemente, até a *Forbes* classificou essa cultura como tóxica e perigosa. Os criadores da "30 Under 30" ao mesmo tempo conhecem os danos desse tipo de cultura e a celebram. (Sem querer ofender a *Forbes*. Ainda adoraria ser considerada para a lista de vocês *piscadela exagerada*.)

Estamos condicionados a acreditar que ser um mártir sobrecarregado é melhor do que ser uma pessoa "egoísta" ou "preguiçosa" que diz não a pessoas e oportunidades. Quando admitimos estar exaustos ou tentamos reduzir a carga, muitas vezes recebemos respostas como "Todo mundo está cansado, aguente firme", "Agradeça por ter essa oportunidade" e "Poderia ser pior". A mensagem por trás pode até ser bem-intencionada, mas tudo isso — a culpa de descansar, a cultura da agitação e a gratidão forçada — exige que a gente se negligencie em vez de ouvir o que o corpo e a mente estão pedindo de nós: descanso.

Se você desqualifica sua necessidade de recuperação e tem pensamentos do tipo "Quem sou eu para reclamar de ____ quando outras pessoas estão em situações piores", então quero lembrá-lo que: a dificuldade de todo mundo é difícil, e a dor não é uma competição. Não desqualifique suas necessidades e experiências. Não é necessário convencer ninguém além de si mesmo de que as suas necessidades são importantes. (Às vezes, você é a pessoa mais difícil de convencer.)

Seu novo mantra deveria ser: "Descansar não é um luxo, e sim uma necessidade. Priorizo a mim mesmo e a minha qualidade de vida. Sou o centro da minha vida — se eu não cuidar de mim, acabará transparecendo em tudo que faço."

Se você sente que o mundo pararia de girar se gente demais acreditasse que merece descansar, saiba que, no passado, a sociedade tinha lazer de sobra... e as coisas iam bem! Na verdade, Charles Darwin relatou trabalhar apenas cerca de quatro horas por dia. Sabe quantas horas extrairíamos de um cara como Darwin hoje em dia? Ele daria aulas, escreveria livros e artigos, apresentaria um podcast e talvez até tivesse o próprio canal no YouTube. Quantos gênios da história moderna já levamos ao burnout porque não demos a eles o espaço adequado para respirar?

Antes da Revolução Industrial, o trabalho era feito sazonalmente, com base na demanda — um contraste gritante com o trabalho constante que temos hoje, sobretudo nos Estados Unidos, onde temos uma porcentagem mais elevada de pessoas que trabalham 49 horas ou mais por semana do que a maioria dos países da Europa e da América do Sul, de acordo com a Organização Internacional do Trabalho. Além de termos menos feriados e tempo de folga, vários trabalhadores do século XXI nem ao menos tiram as férias remuneradas a que têm direito.

Em 2018, estima-se que 768 *milhões* de dias de férias não foram utilizados nos Estados Unidos. Isso porque a maioria das pessoas não se sente à vontade para descansar, mesmo quando o descanso não é apenas merecido, mas concedido.

Dito isso, é importante notar que nem todo mundo tem recursos e tempo iguais para descansar. A disparidade salarial no país em questão põe muitos de nós em situação de desvantagem. No geral, mulheres — e especialmente mulheres não brancas — precisam trabalhar mais horas para ganhar a mesma quantia que colegas homens brancos. Em 2020, mulheres que trabalhavam em tempo integral ganhavam 83 centavos para cada dólar que um homem ganhava; mulheres hispânicas ganhavam apenas 57 centavos para cada dólar que um homem branco ganhava; e mulheres negras ganhavam 64 centavos. Em 2020! Sempre houve um desequilíbrio de oportunidades para sucesso e descanso, resultando numa diferença na experiência do descanso para todos os grupos. Sentir que é preciso trabalhar o dobro para conseguir metade não é um convite a priorizar o descanso. Pode-se dizer que os grupos que trabalham o dobro são os que mais precisam de descanso — e os que mais sofrem pressão para *não* descansar. Se você não descansar agora, o seu corpo *vai* fazê-lo descansar depois (provavelmente num momento inconveniente e por mais tempo do que você gostaria).

Como o descanso já não é mais incorporado ao nosso calendário, precisamos incorporá-lo por conta própria. Ter um senso de previsibilidade e controle — em qualquer área da vida, incluindo os cuidados pessoais — está associado a uma saúde melhor, mais satisfação com a vida e menos sintomas depressivos. Não basta adotar cuidados pessoais como contenção de danos; precisamos criar o hábito de estabelecer proativamente períodos de **descanso previsível** para nós mesmos.

MOMENTOS DE DESCANSO PREVISÍVEL

Lembra-se de quando você praticava algum tipo de atividade física? Uma aula de ginástica, numa equipe esportiva ou até mesmo aula de educação física? Até hoje, quando recebo uma instrução para, por exemplo, correr por dois minutos, minha primeira pergunta é: "Bem, e depois? Vou poder descansar? Ou será que o próximo intervalo vai ser ainda mais difícil?" Isso determinará o quanto vou me esforçar durante esses dois minutos.

Esse instinto de autopreservação diante de demandas desconhecidas não fica só nos exercícios. No meu trabalho e na minha vida pessoal, eu me esforço mais quando sei que, no futuro próximo, terei um momento de descanso para me recuperar. A necessidade de nos pouparmos e conservar energia para não atingirmos um nível perigosamente baixo de recursos é inata.

Uma empreendedora de sucesso que já orientei atribui grande parte do seu sucesso e paz diária ao intervalo para o café com leite da tarde. Faça chuva ou faça sol, em meio a dezenas de prazos ou reuniões consecutivas, ela tira dez minutinhos para tomar um café com leite à tarde. É um momento de descanso previsível. Cada minuto do dia é cheio de compromissos, mas essa pausa inegociável é a chance dela de dar algo a si mesma. Antever esse descanso físico e mental combate a possibilidade de se sentir sobrecarregada quando a situação aperta. Em vez disso, ela pode se concentrar na luz no fim do túnel, saber que existe um momento de recuperação no horizonte e seguir em frente.

Muitos de nós, compreensivelmente, não sabemos como lidar com o descanso e os cuidados próprios. "Autocuidado" é um termo ambíguo e tão amplo que pode ser difícil saber por onde começar. Para facilitar, criei um método simples chamado "a pirâmide dos cuidados pessoais" — um esquema fácil para um conceito complexo.

Antes de ter esse modelo, a forma como eu praticava os cuidados pessoais era caótica, inconsistente e, muitas vezes, regada a chocolate. Assim que compreendi os elementos dos cuidados pessoais e como era simples incluí-los na minha rotina, senti uma onda surpreendente de raiva. Então quer dizer que poderia ter sido mais simples desde o início? Eu não precisava remediar crises de estresse com a primeira tática de autoconforto que passasse pela minha cabeça? Sabe quantos cobertores ponderados já comprei porque não descobri isso antes?!

Ao usar a pirâmide dos cuidados pessoais, você poderá cuidar de si de uma maneira sustentável e que atenda às suas necessidades, ajude na recuperação do burnout e lhe traga alegria — tudo isso sem se sentir sobrecarregado.

A PIRÂMIDE DOS CUIDADOS PESSOAIS

A pirâmide dos cuidados pessoais consiste em três componentes: elementos inegociáveis, as três dimensões dos cuidados pessoais e design de estilo de vida.

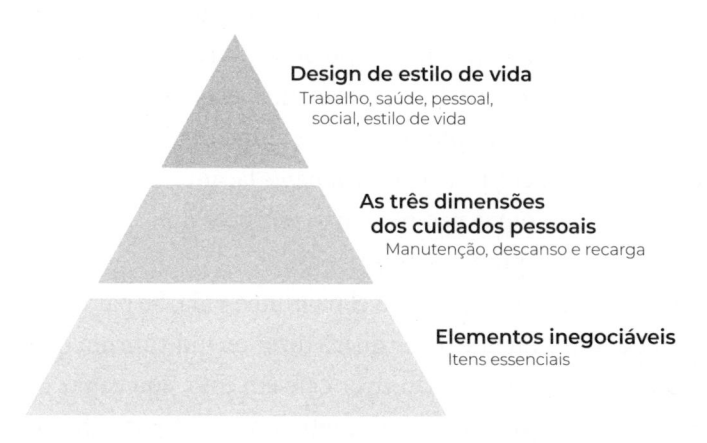

Design de estilo de vida
Trabalho, saúde, pessoal, social, estilo de vida

As três dimensões dos cuidados pessoais
Manutenção, descanso e recarga

Elementos inegociáveis
Itens essenciais

Examinaremos um nível de cada vez. Cada um se baseará no anterior, até que você se sinta confortável incorporando rituais de toda a pirâmide na própria vida.

Elementos inegociáveis

Esqueça tudo que você sabe; vamos começar do zero. A primeira camada de cuidados pessoais que precisamos estabelecer são os elementos inegociáveis, que englobam os itens essenciais para os cuidados pessoais diários.

Elementos inegociáveis
Itens essenciais

Não se trata de coisas que você *gostaria* de fazer em um mundo perfeito; são coisas que *precisam* acontecer para que você se sinta cuidado e tenha o melhor desempenho todos os dias. Alguns exemplos comuns de itens inegociáveis incluem beber café, dormir um mínimo de horas, comer em determinados intervalos, ter um tempo sozinho, limpar o seu espaço, movimentar-se e passar um tempo ao ar livre. Você não vai parar de funcionar sem essas coisas, mas elas são como um salva-vidas. O que você *precisa* para ser funcional? É provável que dois a quatro itens principais *realmente* façam a diferença no seu dia. Você vira outra pessoa se não tem sete horas de sono? Sente tanta fome a ponto de ficar irritado?

Café é um elemento inegociável na minha vida. Se para você também é assim, entende o que quero dizer quando afirmo que, se eu acordar de manhã e não tiver café em casa, sou capaz de subir uma ladeira de cinco quilômetros na neve para chegar à cafeteria mais próxima. Sem isso, a convivência comigo fica bem ruim e tudo no meu dia se torna mais difícil. O mesmo acontece se eu passar mais de dois dias sem me movimentar e sem ter pelo menos uma hora sozinha para relaxar no fim do dia. Posso me virar com menos de oito horas de sono, não fico irritada de fome e não ligo se o meu espaço está um pouco desorganizado. Esses elementos, para mim, são apenas bônus, não inegociáveis. Sei que, mesmo com uma reunião atrás da outra e um projeto desafiador pela frente, contanto que eu tenha café, atividade física e tempo sozinha ao longo do dia, terei controle sobre minha vida. Os elementos inegociáveis não se resumem a uma longa lista de afazeres; o importante é conhecer o que é essencial para você, garantindo que, independentemente dos desafios da vida, suas necessidades básicas sejam atendidas.

Como agir quando o horário de trabalho não nos permite fazer as mesmas coisas nos mesmos horários todos os dias? Talvez você trabalhe em áreas como saúde, gestão de desastres ou planejamento de eventos, que não oferecem o mínimo de previsibilidade. Se for o caso, pense nos itens inegociáveis como pontos de referência flexíveis. Não importa em que momento do dia eles se encaixem, contanto que você saiba quais são e os realize em algum horário. Lembre-se: esses itens são a gasolina necessária para manter o carro funcionando.

Uma vez identificados os elementos inegociáveis, como você pode garantir que eles aconteçam todo dia? Para quais obstáculos talvez você precise se planejar? O que você pode preparar com antecedência para reduzir seu esforço diário?

Por exemplo, eu recebo café (e o pó de proteína que adiciono à bebida) através de um serviço de assinatura, para que não tenha que encomendar quando acaba. É um grande incômodo fazer uma encomenda quando preciso de mais? Não, mas me sinto aliviada quando os produtos chegam à minha porta e não preciso me virar para arrumar substitutos por alguns dias entre uma entrega e outra. Marco aulas de ginástica com antecedência. Se não compareço, tenho que pagar uma taxa. Essa multa já fez com que eu arrastasse a minha carcaça cansada para mais aulas do que eu gostaria de admitir, e sempre me sinto melhor depois de me forçar a ir à academia (infelizmente).

Como tornar simples objetivos em itens inevitáveis? Com uma preparação que nos leve em direção ao que queremos, em vez de dependermos demais de conceitos nebulosos como "motivação", "disciplina" e "força de vontade". Nem sempre precisamos enfrentar as dificuldades na marra; preparar o terreno com um planejamento cuidadoso já facilita a vida. Como diz a especialista em fitness, Autumn Calabrese: "Estar preparado não é metade da batalha, *é* a batalha." Se nos preparamos, aumentamos as chances de alcançar nossos objetivos.

Identifique os seus elementos inegociáveis e seja sincero consigo mesmo a respeito dos preparativos necessários para realizá-los. Se precisa de um momento sozinho à noite, talvez precise conversar com quem mora com você sobre essa expectativa, em vez de apenas tentar se esquivar discretamente. Se precisa fazer caminhadas regulares, mas mora num lugar onde neva por cinco meses do ano, compre uma esteira e a coloque de frente para a TV. Se precisa manter a escrivaninha limpa, estabeleça um "horário de fechamento" depois do trabalho todos os dias para limpar a mesa e prepará-la para o dia seguinte. Considere suas necessidades e prepare-se para elas da melhor maneira possível.

As três dimensões dos cuidados pessoais

Após estabelecer seus elementos inegociáveis, você pode trabalhar nas três dimensões dos cuidados pessoais. Muita gente ainda encara os cuidados pessoais como qualquer coisa que podemos fazer por nós mesmos, mas pensar isso é insuficiente. Essa abordagem muitas vezes resulta numa série descoordenada de "pequenos mimos", como compras on-line, o clássico banho de espuma com uma taça de vinho ou o delivery da sua comida favorita (se você visse o meu histórico de pedidos durante as minhas épocas mais atribuladas, não acreditaria, mas garanto que essa não é uma forma sustentável de autocuidado). Esses são confortos temporários que somem assim que a refeição termina, a encomenda chega pelo correio ou a última bolha estoura. Para garantir que você esteja praticando cuidados pessoais de maneira eficaz, pense neles como três categorias: **manutenção, descanso e recarga.**

As três dimensões
dos cuidados pessoais
Manutenção, descanso e recarga

Manutenção

Esses itens são responsabilidades ou tarefas que contribuem para que você cuide de si mesmo. São coisas que o mantêm funcional no nível mais básico: limpeza do espaço, higiene pessoal, compras de supermercado, tarefas domésticas, pagamento de contas, consultas médicas, abastecimento do carro. Basicamente tudo que se enquadra na manutenção é o que chamamos de "vida adulta" — não é divertido, mas é essencial para nos sentirmos cuidados no mundo de hoje.

Descanso

Pense no descanso como uma atividade relaxante e tranquilizante que lhe traz paz: caminhar, praticar hobbies de baixa energia (como ler ou pintar), tirar um cochilo, assistir a uma série ou a um filme, jogar videogame ou ouvir um podcast. Esses passatempos não exigem muita energia e permitem que a gente se recupere. Durante esses momentos relaxantes, o cérebro pode entrar num modo conhecido como "rede de modo padrão", um estado de descanso consciente associado a divagações mentais e até ao prazer. Em outras palavras, o cérebro tem toda uma rede configurada para nos ajudar a desconectar. As atividades de descanso não precisam ser "produtivas" ou performáticas; bastam nos ajudar a reabastecer.

Recarga

É exatamente o que parece — itens divertidos e gratificantes, como passar tempo de qualidade com os amigos, a família ou um companheiro; viajar; sair da zona de conforto e experimentar coisas novas (como saltar de paraquedas! Se bem que eu me recuso a fazer isso — pular de um avião e confiar em cordas e tecidos para me manter viva não parece uma boa ideia); ou ir a um show. Estamos falando de passatempos que nos animam, tão envolventes que nos deixam entusiasmados com a vida: coisas que fazem a vida valer a pena. Esse tipo de atividade explora a emoção do fascínio, aquela sensação que nos acomete quando algo excede ou desafia expectativas — o que também tem a capacidade de nos acalmar e nos deixar mais saudáveis.

AUTOCONTROLE E SESTAS

Fazer atividades de cada uma dessas categorias ao longo da semana, nos fins de semana ou durante as folgas do trabalho é essencial para criar equilíbrio. O ideal é distribuir as que se enquadram em cada categoria para abranger a semana de trabalho e o tempo livre. Se você sabe que as segundas-feiras são estressantes, talvez não seja o melhor dia para fazer tarefas domésticas; uma escolha mais interessante poderia ser algo da categoria de descanso. Se você é uma pessoa introvertida e tem dias cheios de reuniões, realizar uma tarefa de manutenção (como dobrar roupas limpas enquanto assiste a um programa que gosta) pode ajudá-la a relaxar no fim do dia. O plano de ação nessas áreas depende de você e do seu cronograma; o importante é que todas elas apareçam.

Quem não pratica as três dimensões dos cuidados pessoais de forma equilibrada acaba exagerando numa categoria e negligenciando as outras sem querer. Você pode passar o fim de semana inteiro limpando a garagem (manutenção) e começar a semana com a sensação de que não relaxou ou decepcionado por não ter feito nada para si mesmo. Outra pessoa pode passar o fim de semana inteiro maratonando séries na Netflix (descanso) ou saindo com os amigos (recarga) e começar a semana se sentindo despreparada — sem nenhum mantimento e com uma montanha de roupas sujas. Essas categorias ajudarão no planejamento das suas responsabilidades e também no seu descanso.

Se você se rebela contra estruturas e não gosta que lhe prescrevam coisas para fazer, pense nessas categorias como uma bicicleta com rodinhas. Uma vez que se tornem naturais, não precisará de tanto rigor para planejá-las. Você também pode tentar criar listas de tarefas ou atividades para cada categoria e, então, fazer o que estiver a fim naquele momento, para que sinta que tem liberdade mesmo assim.

Essa estrutura também pode ser de grande ajuda caso você tenha pouco autocontrole ou moderação diante do tempo livre. Sabe quando chega a semana entre o Natal e o Ano-Novo e a maioria das pessoas aceita que está tudo liberado nesse período? As pessoas dormem em horários diferentes, entregam-se às comidas festivas, relaxam no sofá até dizer chega e se permitem fazer compras fúteis, já que a fatura do cartão de crédito será uma loucura por causa das festas de fim de ano, de qualquer maneira. Profissionais com uma agenda cheia e rígida sofrem um apagão e voltam a ser adolescentes movidos por recompensas de curto prazo, tentando aproveitar as liberdades que não costumam ter. Um dos motivos que levam a essa semana sem lei é considerar o descanso como uma recompensa que só nos é permitida em certos intervalos (fins de semana, feriados e férias).

Essa falta de autocontrole não chega a surpreender, se pensarmos na cultura de restrição e excesso em que vivemos. Maratonamos séries na Netflix; nos restringimos a dietas e depois comemos como se não houvesse amanhã nos dias livres. Trabalhamos loucamente nos dias úteis e depois tentamos fazer uma maratona de descanso no fim de semana. A moderação não é um exemplo tão comum para nós quanto a ideia de "trabalhe duro, divirta-se muito" — pelo menos, não nos Estados Unidos.

No meu terceiro ano de faculdade, fiz um intercâmbio de seis meses na Espanha. O meu cérebro americano não conseguia compreender como aquele país ainda funcionava quando tudo fechava para a sesta toda tarde e nada abria aos domingos. Para mim, o normal era as lojas estarem abertas a qualquer hora. A ironia era todos os bares ao redor do meu prédio ficarem lotados até as 2h *em dias de semana*. De acordo com meus costumes, os dias úteis eram reservados ao trabalho e não havia tempo para momentos de lazer. Essa mudança cultural desafiou tudo que eu tinha aprendido sobre trabalho e descanso. Havia tempo para ambos durante a semana e nos fins de semana; eu é que nunca vi isso acontecendo no meu país.

NÃO É TUDO OU NADA

Já trabalhei com uma mulher, chamada Brooke, que ligava a TV depois do trabalho e tinha dificuldade de desligá-la até a hora de dormir. Assistir a programas bobos e rolar a tela do celular era a forma dela de relaxar. Mas, uma vez descansada, não queria desligar a televisão e largar o celular para fazer algo que exigisse mais dela. Como não é de surpreender, esse comportamento a impedia de cuidar das tarefas de casa ou retomar a leitura de um livro largado na mesinha de cabeceira. Brooke *queria* se dedicar a cuidados pessoais mais completos durante as noites, mas parecia uma decisão de alto risco, como se tivesse que escolher entre descansar, cumprir responsabilidades ou se dedicar a um interesse que exigisse um pouco mais de esforço.

Como você deve se lembrar do capítulo sobre mindset, o problema de Brooke não era falta de autocontrole; era a mentalidade "tudo ou nada". Era como se ela só pudesse descansar e assistir à TV *ou* cuidar das responsabilidades. Depois que ela descobriu que tipo de descanso e manutenção queria incluir toda semana e quanto tempo de fato levaria (spoiler: muito menos do que ela imaginava), Brooke conseguiu se libertar dessa mentalidade binária.

Agora, quando ela se vê numa tarde em que quer fazer compras *e* relaxar, consegue controlar esse tipo de pensamento binário olhando-se no espelho e dizendo: "Fazer compras leva uma hora, no máximo. Se eu for agora, ainda vão ser 19h quando eu chegar em casa. E, se só me deitar às onze, ainda terei quatro horas livres para comer, relaxar e fazer algo que curto. Posso reservar uma hora para fazer compras." Esse tipo de raciocínio nos ajuda a tomar decisões com base na realidade da situação, não em como as coisas *parecem* ser.

Embora esses conceitos sejam o ar que eu respiro, às vezes ainda me pego resistindo a tarefas pendentes, mesmo quando estão na lista de inegociáveis. Por exemplo, após um longo dia de trabalho, não quero me exercitar; só quero me sentar e assistir a *Gilmore Girls* pela quinta vez. Assim como Brooke, tenho que lembrar a mim mesma da realidade da situação. Posso fazer bicicleta por trinta minutos e ainda serão 18h quando terminar. Ainda terei várias *horas* só para mim depois de fazer o mais difícil. Além disso, consigo pedalar *enquanto* assisto à TV. Ter clareza sobre o que estamos tentando alcançar e quanto tempo levará ajuda a diminuir a sensação de sobrecarga que nos paralisa e nos impede de fazer qualquer coisa.

Então, o que você precisa fazer nas categorias de manutenção, descanso e recarga? Gostaria de fazer essas atividades e organizar um tempo para elas? Você precisa de um daqueles quadros de tarefas para colocar na porta da geladeira? Ou precisa configurar lembretes no celular ou no calendário até se acostumar com a nova prática? Consegue reforçar seus objetivos com mudanças no ambiente — por exemplo, deixando o livro no travesseiro ou configurando os aplicativos para ativarem o modo de silêncio automaticamente às 20h? Como pode se ajudar ao implementar essas mudanças?

Acostume-se com rotinas de manutenção, descanso e recarga *antes* de partir para a mudança no estilo de vida.

DESIGN DE ESTILO DE VIDA

Esta é a parte atraente dos cuidados pessoais.

Design de estilo de vida
Trabalho, saúde, pessoal, social, estilo de vida

As pessoas normalmente pulam para essa parte antes de reconhecer que *talvez* estejam negligenciando o básico. Não é divertido admitir que faz um ano que não vamos ao dentista e que deveríamos marcar uma consulta. Ao mesmo tempo, é muito empolgante pensar nas férias que gostaríamos de tirar daqui a um ano. O futuro é um lugar divertido e mágico, sem limites. Conversar sobre o futuro é *tão* divertido porque perguntamos "o quê" em vez de "como". Pensamos sobre *o que* queremos, sem prestar atenção em *como* vamos conseguir. **O "o quê" não acontece sem o "como"**, então, nesta seção, vamos ajudá-lo a definir que tipo de vida você gostaria de ter e como agir.

Design de estilo de vida envolve decidir como você deseja que a vida seja em cinco áreas, e então construir esses aspectos de maneira sustentável.

CINCO ÁREAS DA VIDA

(Gráfico de pizza com as áreas: Trabalho, Estilo de vida, Social, Pessoal, Saúde)

Trabalho: O que você faz da vida e como faz.

Pessoal: Interesses, desenvolvimento pessoal, hobbies e vida espiritual.

Saúde: Bem-estar físico, mental e emocional.

Social: Amigos, família e relacionamentos amorosos.

Estilo de vida: Ambientes (como os espaços nos quais trabalha e mora) e experiências que deseja ter (viagens, alta gastronomia, jardinagem, e por aí vai).

O propósito do design de estilo de vida é descobrir o que considera ideal em cada categoria, para que possa fazer escolhas diárias que o aproximem desses objetivos. É uma forma de cuidado pessoal por garantir o respeito a recursos limitados, de forma que os use com coisas que se alinham à vida que deseja.

Talvez, num mundo ideal, o trabalho seja menos estressante, feito em home office ou com ajuste de horários — das 8 às 15 horas, em vez de das 8 às 18 horas (trabalho). Talvez queira aprender italiano (pessoal) e fazer aquela tão sonhada viagem para a Toscana (estilo de vida). Talvez queira ver os amigos uma vez por mês, ligar para sua mãe com mais frequência ou sentar para jantar todas as noites com as pessoas com quem você mora (social). Talvez se inscreva naquela academia bacana para começar a nadar pela manhã (saúde).

Antes de começar a mudar o seu estilo de vida, um aviso importante: já atendi muitas pessoas que pensam nessas áreas e consideram os limites — o que o parceiro quer, o que a família pode achar, a tendência de persistir em escolhas devido aos investimentos feitos e como *outras pessoas* se sentiriam em relação às prioridades *delas*. Deixe isso de lado. Para que esse exercício dê certo, imagine-se como uma pessoa sem obrigações com ninguém.

Sei que pode parecer contraintuitivo fazer planos sem considerar elementos permanentes, como um parceiro ou filhos. Mas, se pensar em outros fatores agora, encontrará uma desculpa para não alcançar um objetivo antes mesmo de tentar. Isso não significa que você não vai levar em conta outras pessoas à medida que avança no processo; é só uma tática para garantir que você não varra suas verdadeiras necessidades ou desejos para baixo do tapete prematuramente. Além do mais, se algo como "fazer um mochilão pela Ásia" não for possível agora, você pode adicioná-lo à lista de coisas a se fazer "quando os filhos crescerem", para que o sonho fique apenas em espera.

Quando sofremos de burnout, a primeira tentativa de redefinir o estilo de vida pode parecer apenas um retorno à normalidade. Não tem problema nenhum nisso! Talvez a situação de trabalho ideal seja completar só quarenta horas por semana, e a vida pessoal ideal envolva sair daquele clube do livro, já que nunca tem tempo de ler. Ou você precise declarar o domingo como dia de não ver ninguém até se sentir recuperado. O importante é reavaliar a sua visão para cada uma dessas áreas ao longo da vida; esta é apenas a primeira tentativa. Respeite o que a fase atual de seu estilo de vida exige. Vamos começar o processo ideal para esse momento.

COMO PROJETAR SEU ESTILO DE VIDA

Aqui estão os passos básicos, mas lembre-se de que você não deve tentar abordá-los a menos que já tenha consolidado os elementos inegociáveis e os itens de manutenção, descanso e recarga. Se os objetivos de estilo de vida adicionarão tarefas à lista e você já estiver no limite, espere até a carga ficar mais leve. É melhor abordar algumas mudanças de maneira mais minuciosa no início do que incorporar muitas, se sobrecarregar e acabar abandonando tudo.

Passo 1. Descarregar ideias: Por cerca de dez minutos, ou pelo tempo que precisar, escreva o que você quer — ou não quer — em cada uma das cinco categorias (trabalho, pessoal, saúde, social e estilo de vida). Escreva de qualquer maneira, sem ligar para organização. Não pense demais nem hesite. Só você verá essa lista, mais ninguém. Apenas escreva o que passar pela sua cabeça.

Por exemplo: na categoria social da minha lista, eu pensaria em fazer uma chamada por FaceTime com meus pais uma vez por semana, sair de férias uma vez por ano com amigos, participar do clube do livro uma vez por mês, evitar socializar após as 19h em dias de semana, sair para um encontro uma vez por mês, organizar jantares, dizer a amigos e familiares que não atenderei chamadas no expediente, conferir mensagens e DMs durante apenas uma hora por noite, conhecer meus vizinhos — qualquer item social que me venha à mente, mesmo que não possa fazer tudo de imediato.

Passo 2. Reduzir o escopo: Depois de descarregar ideias para cada uma das cinco áreas, selecione de três a cinco alvos principais (no total, não por categoria) para se concentrar primeiro. Escolha com base em qualquer critério que se alinhe às suas circunstâncias — urgência, o que melhoraria sua vida, o que o empolga mais etc. Não há um jeito errado ou certo de fazer isso. (Aos perfeccionistas, indecisos e obcecados por cada detalhe: não se estressem com isso!) No fim das contas, você vai ter tempo de abordar tudo, mas é importante começar aos poucos e desenvolver as primeiras seleções antes de se preocupar em incluir mais.

De todas as ideias sociais que tive, a que faria a maior diferença imediata é não socializar depois das 19h. Para pôr isso em prática, configuro o celular para o modo "não perturbe" e explico o novo plano às pessoas que costumam me procurar nesse horário. Eu adoraria organizar jantares, mas, se estou passando por uma fase agitada, preciso de tempo extra para me recuperar — então, deixo esse item de fora da lista por um tempo. *Lembre-se: como estamos escolhendo de três a cinco itens no total, selecionei só um objetivo da área social — minhas outras prioridades viriam de outras áreas.* Se três prioridades parecem muito pouco (ambiciosos, entendo vocês!), saiba que há um método por trás desse limite: pesquisas mostram que, se não alcançamos um objetivo específico, ficamos menos motivados e confiantes para enfrentar novos desafios. Então, vamos começar com metas razoáveis e alcançáveis.

Passo 3. Ser específico: O que é necessário para que um objetivo aconteça semana após semana? Por exemplo, se quer priorizar o exercício físico, ser específico significa uma meta de dar dez mil passos por dia ou treinar por 45 minutos toda segunda, quarta e sexta. Se o objetivo é fazer uma chamada por FaceTime com seus pais uma vez por semana, defina um horário para a ligação, para que todos saibam que terão um café virtual juntos no domingo, às 10h. Está comprovado que ter bem definidas as etapas de ação e contar com a responsabilidade de uma fonte externa aumentam as chances de alcançar um objetivo.

Passo 4. Implementar: Se você ainda não tiver respondido à pergunta do "como", a hora é agora: *Como inserir esse novo item na sua vida?* Digamos que você queira começar a dormir às 22h30 todas as noites (saúde). Você pode configurar um alarme para as 21h45 para lembrá-lo de começar sua rotina noturna, colocar o celular para carregar do outro lado do quarto e ler até dormir.

Digamos que a prioridade seja sair do trabalho no horário. Como seriam os passos 3 e 4? Ao *especificar* esse objetivo, você conclui que gostaria de sair às 17h. Para *implementar* isso no seu dia, coloque um alarme para às 16h45 começar a encerrar as atividades e inclua seu horário de expediente na assinatura do e-mail para que as pessoas saibam quando irá responder. Diga à equipe que desenvolveu o péssimo hábito de trabalhar até tarde e que precisa que peguem no seu pé quando estiver no escritório depois das 17h (transmitindo uma nova expectativa de maneira leve).

Há muitas formas de ser criativo nessa fase. Repito: "Estar preparado não é metade da batalha; *é* a batalha." Várias pesquisas mostram que, quanto mais tempo planejamos, maiores são as chances de sucesso. Quanto mais trabalho adiantarmos, menos trabalho teremos quando chegar a hora de executar o plano.

Certa vez, trabalhei com uma mulher de 30 anos chamada Olivia, que odiava se arrumar de manhã, mas fazia questão de estar apresentável todos os dias para as reuniões via Zoom. Ela se sentia melhor quando reservava um tempo para se arrumar, mas detestava ter que fazer isso. Para facilitar, decidiu deixar um espelho, maquiagem, joias, prendedores de cabelo e uma blusa bonita na mesa do escritório em casa. Olivia passou a se arrumar enquanto não aparecia na câmera durante as reuniões matinais da equipe. Era bem menos intimidador e trabalhoso do que percorrer a casa inteira para fazer essas tarefas aos poucos. Além do mais, ela adorava ter algo para fazer com as mãos durante a reunião. Olivia separou uma das gavetas da escrivaninha para guardar as maquiagens, os lenços removedores e a loção, para que possa tirar a maquiagem após o trabalho em vez de passar por uma rotina de limpeza facial mais tarde.

Para reforçar os novos hábitos, Olivia garantiu que eles fossem tão fáceis e óbvios quanto possível. Não é por acaso que isso funcionou para ela. James Clear, autor de *Hábitos atômicos*, fala sobre a importância de tornar hábitos novos "óbvios, atraentes e fáceis". Há um motivo pelo qual o livro vendeu *milhões* de exemplares: esses métodos de reforço de hábito *funcionam*. Portanto, que passos seguir para fazer o que os especialistas recomendam e transformar seus hábitos?

CRIANDO HÁBITOS DURADOUROS

Por que algumas pessoas são melhores em fazer as coisas, como se acordassem e cumprissem todas as tarefas tediosas sem enfrentar grande resistência, tédio, obstáculos ou crises? Depois de trabalhar com um número razoável de pessoas, descobri que esse ar de naturalidade vem de uma excelente autogestão. Muitas contam com sistemas, truques e ferramentas que talvez não tenham expressado em palavras, mas que facilitam a execução do que precisa ser feito.

As ferramentas para realizar tarefas serão diferentes para indivíduos neurodivergentes. Se for seu caso, sabe que a gestão pessoal desempenha um papel importante na rotina diária e muitas recomendações tradicionais não funcionam. Quero capacitá-lo a modificar tais ferramentas até que se adaptem a você. Se vir algo que gostaria de tentar, mas que não condiz com a sua realidade, adapte-o e tente de novo.

Vamos falar sobre como se autogerenciar de modo a facilitar a realização de tarefas difíceis.

FERRAMENTAS DE AUTOGERENCIAMENTO

Elas assumem muitas formas diferentes. Algumas delas são:

Mínimos

Muitos anos atrás, um advogado chamado Max me pediu ajuda para encontrar um melhor equilíbrio entre trabalho e vida pessoal. Ele me contou que a responsabilidade o fazia sentir mais culpa que motivação, sobretudo quando um objetivo não era alcançado. A mudança de perspectiva que eu o encorajei a fazer — e que encorajo você a fazer também — é, em vez de sentir vergonha por não ter alcançado o que pretendia, pensar: "Não consegui, então vou partir para a segunda melhor opção, que é ____." A partir de então, quando eu perguntava por mensagem se Max havia tirado uma hora de almoço, ele respondia: "Não, mas tirei vinte minutos!" Para alguém que não me respondia e pulava o horário de almoço inteiro, foi um grande avanço. Quando perguntava se ele havia passado algum tempo praticando um hobby após o trabalho, ele dizia: "Ainda não, mas amanhã sem falta eu vou."

Comprometer-se com a segunda melhor opção é uma forma poderosa de aliviar um pouco a pressão e se acostumar a lidar com imprevistos. O mínimo é a segunda melhor opção. É uma versão menor do que você pretendia fazer — uma alternativa à qual recorrer quando o objetivo inicial não for possível naquele dia. **Se nos dedicarmos a nós mesmos só nos dias em que temos 100% para oferecer, não nos dedicaremos com muita frequência.** Estabeleça mínimos de agora em diante. "Não tive tempo para o café da manhã, então, em vez de pular a refeição, comi uma barra de proteína", "Não tive tempo de fazer faxina na casa antes do encontro de família, então pedi para minha irmã chegar mais cedo e me ajudar", "Não tenho tempo para conversar ao telefone, mas, se me enviar uma mensagem de voz, posso responder hoje à noite". Há várias maneiras de fazer menos e, ainda assim, ter nossas necessidades atendidas.

Para cada área de elementos inegociáveis, três dimensões de cuidados pessoais e estilo de vida, tenha em mente uma versão reduzida das tarefas para que a meta básica ainda seja atendida quando você não tiver energia ou capacidade para realizar a versão ideal. O mínimo deve ser algo que não o intimide ou gere muita resistência.

Aqui estão outras maneiras de abordar os mínimos:

- Mantenha à mão refeições, lanches e shakes que possam ser preparados no micro-ondas para quando não tiver tempo de cozinhar e a alternativa seja ficar com fome;
- Dê uma olhada na caixa de e-mails na noite anterior ao trabalho para marcar itens como "urgentes" e deixá-los para a manhã seguinte, em vez de lidar com eles naquele momento;
- Faça esteira enquanto assiste a um programa quando não for possível ir à academia;
- Limpe apenas superfícies grandes em vez de a casa inteira todas as noites;
- Responda a mensagens com áudios, em vez de textos escritos.

Se o burnout o pegar de jeito, você pode passar do mínimo ocasional para o que chamo de **dias de mínimo absoluto**. Um dia de mínimo absoluto é aquele em que você reduz tudo o que pode e faz apenas o absolutamente necessário. Isso pode incluir refeições rápidas e fáceis, pedir delivery, não responder a mensagens ou ligações que não forem urgentes e deixar tudo o que pode ser feito no dia seguinte para o dia seguinte. É ideal estar tão exausto a ponto de depender de dias de mínimo absoluto? Claro que não. No entanto, se só temos na reserva o suficiente para passar um dia fazendo o mínimo possível, então, é o que devemos fazer.

Quando utilizo um dia de mínimo absoluto, não estou desistindo da minha vida. Ao contrário, estou sendo realista a respeito do que posso fazer hoje para estar de pé amanhã.

Não faz sentido forçar produtividade hoje à custa da produtividade do dia seguinte. Conheça-se bem o bastante para saber quando precisa de um empurrãozinho e quando precisa tirar o pé do acelerador. Reconhecer que está com o nível de energia baixo e cuidar de si mesmo *não* é falha de caráter. Na verdade, demonstra autocompaixão e praticidade: está tomando as medidas necessárias (e só você sabe do que realmente precisa) para seguir em frente. Se sentir que está à beira do colapso, seja gentil e empático consigo mesmo e experimente um dia de mínimo absoluto.

Uma palavrinha sobre autocompaixão: pode parecer piegas, mas há inúmeros estudos que mostram que se trata de uma prática poderosa que pode aumentar a resiliência, o humor e a motivação. Isso ocorre porque ativa o nosso senso de proteção — o instinto de nutrir e cuidar de nós mesmos e dos outros. Pessoas que têm altos níveis de autocompaixão são mais saudáveis, menos estressadas e até mais propensas a comparecer a consultas médicas, de acordo com a pesquisadora Kristin Neff, autora de *Fierce Self-Compassion*. Agir com bondade e empatia em relação a si mesmo é bem mais eficaz do que pegar no próprio pé para cumprir uma lista de afazeres.

Romantização

Romantização é o ato de transformar uma experiência rotineira ou desagradável em algo agradável. Por exemplo, como a segunda-feira é o dia mais difícil, você veste sua roupa favorita, compra um café antes do trabalho ou planeja pedir um jantar às 17h, quando desliga o computador. Não são ações revolucionárias, eu sei — mas garanto que são pequenas maneiras de tornar um dia difícil mais suportável.

Muitas pessoas têm o péssimo hábito de agrupar as coisas ruins para se livrar delas de uma vez só, o que faz com que evitem ou temam ainda mais essas tarefas. Certa vez, atendi uma mulher chamada Tammy que se obrigava a ouvir podcasts educativos enquanto fazia bicicleta para matar dois coelhos com uma cajadada só. Como era de esperar, isso reduzia ainda mais sua vontade de pedalar, porque ela associava o exercício a uma atividade que não gostava. Com uma mudança simples — assistir aos programas de TV favoritos enquanto fazia bicicleta —, exercitar-se virou uma atividade mais fácil e agradável.

Existem coisas tediosas que poderiam ser romantizadas? Será que fazer o jantar poderia ser combinado com outros elementos, como assistir a um novo programa de TV divertido já de pijama? Será que poderia lavar a roupa enquanto bebe um café com leite e ouve um podcast que ama? Não subestime como o ambiente e alguns pequenos luxos podem melhorar sua experiência.

Da próxima vez que postergar uma tarefa, faça um inventário dos seus cinco sentidos e decida se algo pode ser melhorado. Será que poderia usar uma roupa mais confortável? Saborear uma bebida prazerosa ou fazer um lanchinho enquanto trabalha? Pôr uma música ou o vlog de um youtuber que você ama? Ligar a TV, fazer a atividade ao ar livre ou mudar a iluminação? Acender uma vela para tornar o ambiente mais aconchegante? A diferença entre lavar a roupa sob luzes fluorescentes, em silêncio e vestindo jeans e lavar a roupa usando um pijama confortável, com uma iluminação mais suave, assistindo ao seu programa de TV favorito é astronômica — sério.

Sempre que tenho trabalho extra para fazer num sábado, não o trato com a mesma formalidade dos dias de semana. Em vez disso, vou a um café usando roupas confortáveis e ouço música nos fones de ouvido, para que a experiência pareça chique, em vez de trágica. Pequenas mudanças como essa fazem uma grande diferença na experiência geral.

Gamificação

Gamificação pode parecer meio ficção científica, mas é uma maneira de utilizar elementos que muitas vezes encontramos em jogos — como definir cronômetros e receber recompensas — para estimular e melhorar nosso desempenho. É um método cientificamente comprovado para ajudar a motivar e engajar pessoas, e é usado por todos, desde atletas até professores e CEOs, para alcançar os próprios objetivos.

Quando me deparo com uma tarefa pesada, minha primeira reação quase sempre é pensar: "Argh, não quero fazer isso." Mas, quando aplico a gamificação, meu pensamento seguinte é: "Como posso fazer isso ser mais interessante?" Por exemplo, quando resisto à ideia de limpar a casa no fim de semana, digo a mim mesma que tenho apenas quarenta minutos (ou até o fim de um episódio de podcast) para aquilo e que, depois, posso ir a uma cafeteria ou ler um livro. Com um senso de urgência renovado e a expectativa de uma recompensa, acabo a tarefa muito mais rápido e com muito mais eficiência do que sem os elementos de gamificação. Se tenho roupa limpa para dobrar e louça para lavar, digo a mim mesma que tenho um episódio de *New Girl* para acompanhar enquanto concluo as tarefas. É simples, mas é exatamente por isso que funciona. Você consegue definir novas condições para tornar atividades pesadas mais envolventes?

Lembretes

São como um tapinha no ombro para fazer algo. Podem ser alarmes, notas no calendário, post-its, gráficos na geladeira ou pôr coisas em lugares óbvios. Sei que parece básico, mas de fato *funciona*. Em 2017, um estudo sobre a eficácia dos lembretes realizado na Holanda revelou que participantes que lutavam contra a insônia e que recebiam lembretes — sinais motivacionais visuais e auditivos por meio de um aplicativo — para fazer exercícios de relaxamento e usar um diário de sono tinham maior probabilidade de aderir ao tratamento e observar uma melhora no sono.

Atendi um homem chamado Jeff, que vivia cansado. Ele acordava exausto cerca de cinco minutos antes da primeira reunião de trabalho, puxava o laptop para o colo e começava o expediente. Depois do expediente, ele jogava videogame on-line com os amigos até tarde da noite. Meia-noite? "A noite é uma criança." Duas da manhã? "Acho que está na hora de dormir." "Quatro da manhã? Ah, droga, de novo não."

Ele se deitava, conferia as redes sociais e encarava a luz azul até ficar cansado o bastante para pegar no sono. Depois de descrever essa rotina para mim, ficamos nos olhando por um tempo. Era evidente que aquilo não resultaria em descanso. Jeff podia até estar praticando a parte de recarga do esquema de cuidados pessoais (videogames com os amigos), mas negligenciava a necessidade de um descanso menos estimulante. A falta de um descanso de fato revigorante, combinada com o sono desregulado, resultava em fadiga durante o trabalho e no tempo pessoal. Após discutirmos a necessidade de descanso para que ele pudesse se sentir mais calmo e com mais controle de seu dia, Jeff decidiu implementar uma rotina matinal e noturna. Ir direto do sono para o trabalho e das telas para o sono não estava funcionando. Para consolidar essa rotina, ele configurou uma dezena de lembretes e alarmes para afastá-lo dos velhos hábitos e incentivá-lo a adotar os novos.

Para termos uma boa rotina matinal e noturna, é essencial que ela nos aqueça (pela manhã) e nos acalme (de noite), tanto mental quanto fisicamente. Um aquecimento mental pode envolver ouvir música, escrever num diário, meditar, ler, despejar ideias num papel ou ouvir um podcast. Um aquecimento físico pode envolver alongamento, fazer uma caminhada curta, beber um café ou um smoothie, lavar o rosto ou tomar um banho. Acalmar a mente e o corpo pode parecer a mesma coisa, mas talvez seja melhor trocar café por chá, e o ideal é que a iluminação fique mais fraca para sinalizar ao corpo que é hora de desacelerar.

Você não começaria a treinar sem aquecer; se seu corpo não estiver preparado, corre o risco de se machucar. Da mesma forma, também não deveria sair do sono REM e ir direto para o trabalho; dê ao cérebro e ao corpo a chance de se aquecer. Jeff decidiu que, de manhã, programaria o despertador para tocar meia hora mais cedo, para ter tempo de fazer café, assistir ao noticiário e se alongar um pouco antes de começar a trabalhar. À noite, ele configuraria um alarme para adquirir o hábito de ir desapegando do videogame às 23h30 e iniciar a rotina noturna e ler um livro na cama até adormecer.

A parte mais difícil dessa rotina (e das outras) era executá-la quando chegasse a hora. Por mais que ele tivesse *escolhido* como queria passar as manhãs e noites, mudar de hábito era difícil quando o despertador tocava de manhã ou os amigos o chamavam para mais uma partida. Sem os lembretes, ele reconheceu que nem teria tentado mudar de rotina — o desejo de fazer o que mais lhe agradava seria sua ruína. Deixar o celular do outro lado do quarto com um alarme alto era o tipo de estímulo de que ele precisava para abrir a mente e passar de uma atividade para a outra. Ele também pediu aos amigos para expulsá-lo do jogo caso estivesse on-line depois das 23h30. Claro que eles ainda queriam que ele continuasse na partida, mas Jeff precisava de reforço e responsabilização. Portanto, como eram bons amigos, eles o ajudaram. Assim, o sono de Jeff melhorou. Ele passou a ter mais energia a cada dia.

Responsabilização

Esta é a última peça do quebra-cabeça. Muitas pessoas têm dificuldade de render sem expectativas externas (isso não é um problema; conhece-te a ti mesmo). Se for o caso, vamos explorar como você pode fazer esse elemento funcionar a seu favor. A responsabilização pode assumir várias formas: fazer uma caminhada com alguém (ir sozinho não serve); dizer a um amigo que você concluirá um projeto pessoal até uma data específica (para que tenha um prazo que o motive e alguém que lhe dê um puxão de orelha carinhoso caso não cumpra); comprometer-se a ir a algum lugar com outra pessoa (ao cinema, a um café, à feira); agendar uma aula com antecedência e ter algum tipo de penalidade financeira se não comparecer (para doer no bolso). Esse toque de responsabilização é o empurrãozinho de que muita gente precisa para fazer o que jura querer fazer, mas não consegue por não ter um leve incentivo.

Veja como uma cliente minha chamada Mary usou a responsabilização para acordar mais cedo. Ela queria um tempo para si mesma antes do início do expediente, mas tinha um problema: sempre foi uma pessoa noturna, não diurna, e *odiava* acordar cedo. Para motivá-la a fazer essa mudança de comportamento, precisávamos encontrar algo que ela odiasse ainda mais. Concluímos que teria que haver dinheiro em jogo, senão ela não levaria a mudança a sério. Mary decidiu que daria 500 dólares ao marido para guardar e, se ela não acordasse às 6h de segunda a sexta durante um mês seguido, ele ficaria com o dinheiro. Adivinhe quem começou a acordar no horário? É isso aí, Mary, a mais nova madrugadora do pedaço. Não existe motivação melhor do que correr certos riscos.

Imagine que todo mundo tem um copo interno de motivação. Há quem acorde com o copo cheio de motivação e não precise de pressão adicional para render. Mas há pessoas que acordam com o copo vazio e precisam disso. Mary acordava com o copo vazio e precisava da pressão externa do dinheiro em jogo para funcionar.

PRESSÃO   PRESSÃO

MOTIVAÇÃO	MOTIVAÇÃO	MOTIVAÇÃO
		SOBRECARGA
Motivação natural suficiente para render.	Precisa de pressão para render.	Pressão adicional leva o indivíduo à sobrecarga.

Do outro lado do espectro, há pessoas cujos copos já estão tão cheios que, caso haja uma pressão externa, elas se sobrecarregam. Eu, pessoalmente, acordo com o copo cheio de motivação. Consigo fazer a minha rotina matinal, me exercitar e trabalhar sem pressão externa. Na verdade, quando há pressão externa demais, sinto dificuldade de render. Por exemplo, se tenho uma lista de tarefas a fazer, posso cumpri-las de maneira eficiente. Mas, se alguém me diz que vai dar uma passada em vinte minutos e eu sinto a pressão adicional de saber que alguém estará presente para ver o resultado, a limpeza da casa deixa de ser uma atividade tranquila enquanto ouço um podcast e passa a ser frenética. Por outro lado, já trabalhei com muitas pessoas que *precisam* de desafios e pressão para render. Dê a elas um prazo apertado e elas vão se virar. Não tem prazo? Humm, então não deve ser tão importante. Este não é o momento de reclamar das necessidades; trata-se de um incentivo para aceitar a situação atual e ser sincero sobre como rende melhor. A combinação de autoconhecimento e preparação pode facilitar, e muito, os cuidados pessoais.

Ao superar mindsets inúteis em relação aos cuidados pessoais (culpa de descansar, acreditar que o descanso é uma recompensa, tratar o descanso como contenção de danos), você pode começar a consertar a relação com o descanso e a recuperação. Começando pela base, certifique-se de que os elementos inegociáveis sejam incorporados de forma consistente à rotina. Depois, experimente diferentes variações das três dimensões dos cuidados pessoais. Manutenção, descanso e recarga podem variar de semana para semana, dependendo das demandas de cada período. Continue ajustando a maneira de incorporá-los até descobrir o que funciona para você. Uma vez que os elementos inegociáveis e as três dimensões dos cuidados pessoais estejam estabelecidos, pense qual seria seu estilo de vida ideal dentro das cinco principais áreas: trabalho, pessoal, saúde, social e estilo de vida. Use tudo que aprendeu sobre mínimos, romantização, gamificação, lembretes e responsabilização para reforçar os seus objetivos. Personalize essas sugestões para garantir que os hábitos sejam duradouros. Lembre-se de que tudo isso é como andar de bicicleta com rodinhas. Quanto mais prática, mais os conceitos se tornarão o padrão.

É fácil nos colocarmos em último lugar e nos decepcionarmos quando temos a sensação de que as tarefas precisam de mais atenção do que nós mesmos. Pode ser que estejamos acostumados a negligenciar nossas necessidades em prol das necessidades alheias. Em resposta, gostaria de lembrá-lo de que cuidar de si mesmo também é responsabilidade sua. É como dizem: não podemos ser tudo para todos e nada para nós mesmos. Você é responsável por você. **Priorizar as próprias necessidades não será a tarefa mais fácil de todas, mas será uma das mais importantes.**

Cuidados pessoais não são um luxo, e sim uma necessidade. Estou pedindo que você seja o tipo de pessoa que os coloca em prática *mesmo quando não for conveniente,* para que não acorde daqui a dez anos e se pergunte quando foi a última vez que fez algo por si mesmo.

CAPÍTULO 5

Gerenciamento de tempo

Está nos olhos de quem vê

Está pronto para fazer umas continhas? (Eu sei, que coisa horrível de se fazer. Prometo que há um motivo para isso.) Reserve um minuto para acumular o máximo possível de pontos resolvendo os problemas abaixo.

(1 ponto): 29 + 17 =
(2 pontos): (45 x 9) - 31 =
(3 pontos): (54 + 957) x [62 x (17 / 3)] =
(4 pontos): (9 x 482) - (56 + 84) x [(89 - 32) - (45 + 17)] =

E aí, o que você priorizou durante o minuto? Resolveu os problemas mais curtos primeiro para garantir alguns pontos, caso os mais difíceis consumissem muito tempo? Optou pelo problema que valia mais pontos? Escolheu com base na habilidade? Ou será que começou pelo primeiro e seguiu a sequência porque os problemas estão listados dessa maneira, presumindo que conseguiria resolver todos em sessenta segundos? Quando proponho esse exercício, as pessoas falam que resolveram os problemas mais fáceis por diversão, sem se importarem com a pontuação. Já vi outras não fazerem nada porque não achavam que valesse a pena.

Eu começo as sessões de treinamento sobre gerenciamento de tempo com exercícios desse tipo para demonstrar como diferentes indivíduos podem olhar para os mesmos quatro problemas e decidir agir de maneiras completamente diferentes quando têm um limite de tempo. Da mesma forma, em ambientes profissionais, todos nós gerenciamos o tempo limitado de maneira única, com diferentes motivações e justificativas. Esse exercício de matemática é um exemplo simples. O trabalho real se torna mais complexo quando levamos em consideração demandas de superiores, pedidos de colegas, prazos, interrupções, prioridades e aumentos de salário com base em desempenho.

O gerenciamento de tempo determina a experiência diária, não só na vida profissional, mas também no que diz respeito à saúde mental. Pessoas que sabem gerenciar bem o próprio tempo relatam maior satisfação com a vida e menos estresse (além de melhores avaliações de desempenho). Um bom gerenciamento de tempo (ser autoconsciente e estratégico em relação a planejamento, priorização e execução de tarefas) melhora a produtividade, controla o caos e protege o seu tempo livre, o que ajuda a evitar o burnout. Um mau gerenciamento de tempo (administrar mal o próprio tempo, fazendo com que o trabalho se torne mais puxado e invada outras áreas da vida) é desagradável e o faz se sentir sempre ocupado, mas sem conseguir progresso algum. Perder o controle das horas que passa acordado pode resultar numa sensação de impotência profunda e na impressão de que perdeu as rédeas da própria vida. É impossível estar com a vida equilibrada quando não temos controle sobre nosso precioso tempo.

Não conseguir gerenciar o próprio tempo nem sempre significa ter muito a fazer e tentar realizar tudo da forma mais eficiente possível. Algumas pessoas sofrem de "cegueira temporal" — não levar em conta ou então fazer uma estimativa incorreta de quanto tempo uma tarefa vai levar, de forma intencional ou não —, o que prejudica a própria capacidade de controlar o tempo. Quem sofre desse problema planeja acordar às 8h para chegar ao escritório por volta das 9h sem considerar os vários fatores em jogo (trânsito, clima ou um contratempo com a roupa) e presume que tudo vai correr bem. No trabalho, aceita tarefas sem saber direito o que envolvem. "Claro, posso cuidar disso", "Posso ajudá-lo com prazer", "Pode deixar, vou acrescentar isso à minha lista". Mas **a ignorância não é uma bênção; a clareza que é.** Quando aceitamos tarefas sem levar em conta os detalhes e a maneira que afetam nossos compromissos preexistentes, corremos o risco de nos sobrecarregarmos e sofrermos de burnout. Sabendo exatamente como gastamos o nosso tempo, é possível determinar com mais cuidado o que podemos ou não fazer.

Durante boa parte da minha vida, tive o problema oposto à cegueira temporal; o meu relacionamento com o tempo era muito tenso e íntimo. Quando a situação complicava, eu me estruturava. Planejava o dia minuto a minuto, sem deixar espaço para erros humanos. Se algo dava errado, era como assistir a dominós caindo. Eu lotava a agenda e achava que isso era gerenciar bem o tempo. Recebia muitos elogios por ser eficiente, mas, na verdade, não passava de uma executora organizada e confiável num relacionamento tóxico com a minha agenda dividida por cor. Eu tinha um péssimo gerenciamento de tempo — não fazia distinção entre as coisas que me pediam; simplesmente arrumava espaço para tudo até não ter mais vida. Eu não tinha nenhum senso de autopreservação e nunca priorizava a recuperação. Enquanto tivesse tempo, eu estava disponível (e tudo e todos se aproveitavam dessa disponibilidade).

O gerenciamento de tempo é como uma balança: de um lado, temos a cegueira temporal, e, do outro, a hiperprogramação. O ideal é viver na zona intermediária. Ficar perto demais de qualquer extremo resultará em burnout. A falta de noção de tempo significa que não sabemos quando ele está se esgotando. Tentar controlá-lo de forma excessiva leva as pessoas a confiarem demais na própria capacidade de manipulá-lo. Se você gerencia o seu tempo sem muito critério, corre o risco de ter burnout por excesso de compromissos e falta de controle. Se, pelo contrário, o gerencia de forma muito rígida, também arrisca ter burnout por excesso de compromissos e muita pressão sobre si mesmo. Lembre-se: o burnout acontece quando o estresse e a exaustão se prolongam por muito tempo. A forma como ocupamos o nosso tempo e como lidamos com os itens na nossa agenda tem um grande impacto nos níveis de estresse.

Para construir uma relação ponderada com o tempo, você precisa ser capaz de considerá-lo com clareza, sem se deixar ser controlado por ele. Um ótimo gerenciamento de tempo exige algumas habilidades-chave: priorização, gerenciamento de condições e execução. Você precisa das três habilidades para ser o mais eficiente possível. Quando notei os erros no meu gerenciamento de tempo (já chorei vezes demais por atrasos de trem), comecei do zero. Eu precisava assumir menos compromissos sem sacrificar o progresso. Comecei a pegar o jeito e a priorizar o que realmente fazia diferença, recusando distrações disfarçadas de oportunidade. Descobri quais condições de trabalho me permitiam produzir mais em menos tempo. Fiz mudanças aparentemente pequenas que aumentaram a minha produtividade, melhoraram a qualidade do trabalho e me permitiram viver a vida.

A primeira tarefa foi determinar o que de fato fazia diferença. Vamos falar de priorização e como isso pode melhorar ou arruinar a sua rotina.

PRIORIZAR É UM ESPORTE DE CONTATO

Nós temos um "orçamento de decisões" diário — um estoque limitado de energia cognitiva para tomar decisões diariamente — e, quando gastamos tudo, passamos por um processo de fadiga cognitiva.

ORÇAMENTO DE DECISÕES

Precisamos saber priorizar de modo que possamos gastar esse orçamento de decisões com prioridades. Você sabia que, quando Obama foi presidente dos Estados Unidos, ele tinha um guarda-roupa cápsula com os mesmos ternos, pois "tinha muitas outras decisões a tomar"? Quando gastamos energia demais com decisões triviais, consumimos o orçamento de decisões e corremos mais risco de secar a fonte antes de tomarmos as decisões significativas. Esquentamos a cabeça com o que comer no café da manhã ou com o que vestir para trabalhar, passamos minutos revisando um e-mail que já estava bom no primeiro rascunho, respondemos a mensagens quando há coisas mais importante a se pensar… desperdiçamos o orçamento de decisões antes mesmo de o expediente começar e, à tarde, já estamos cansados. Ao fim do expediente, depois de um dia inteiro de trabalho intenso, estamos cansados demais para lidar com um desenvolvimento profissional extra ou planejar o dia seguinte. Nos convencemos a não ir à academia, ter aquela conversa difícil com um amigo ou preparar um jantar mais complicado. A alternativa a essa fadiga é saber quais são as verdadeiras prioridades, para garantirmos nossa disposição para tomar decisões.

Dada a natureza do meu trabalho, recebo muitas solicitações informais — pessoas pedindo para "trocar uma ideia", amigos ou familiares detalhando um estressor e querendo conselhos. Todas essas solicitações de atenção são diferentes, mas, quando chegam no início de um dia de trabalho agitado, tenho uma escolha a fazer. Devo começar a trabalhar nas verdadeiras prioridades profissionais do dia ou me dedicar aos pedidos inesperados? A resposta é começar pelo trabalho remunerado, mas, quando encaramos a mensagem de uma pessoa querida pedindo ajuda, é difícil ignorar e priorizar o que precisa ser priorizado. Se você atende uma ligação ou ajuda um amigo a reescrever um e-mail para o chefe repetidas vezes, terá desperdiçado energia que deveria ser gasta com resultados mais valiosos. Não me leve a mal: há um momento para ter o máximo de distrações e ser o mais útil possível, mas não é quando você está no meio de um processo de burnout, ocupado e precisando ter pulso firme sobre as próprias prioridades.

Embora muitas vezes seja fácil diferenciar distrações e prioridades, nem sempre é tão simples decidir o que vem primeiro. O que fazer quando temos um número esmagador de itens *obrigatórios*?

Vejamos o exemplo de Holly, que já foi cliente minha. Holly é uma pessoa muito ativa que trabalha como gerente de projetos e lidera uma equipe. Quando me procurou, estava enfrentando dificuldades para equilibrar a felicidade dos subordinados diretos e a satisfação de clientes e gestores. Como você pode imaginar, cada um desses grupos apresentava um conjunto de demandas diferentes que pareciam igualmente importantes. Apesar de ter avisado aos gestores que ela e a equipe estavam no limite, eles não paravam de aumentar a carga de trabalho. Numa tentativa de evitar que os subordinados diretos se sobrecarregassem, Holly foi assumindo o trabalho adicional por conta própria. Como esse trabalho era voltado para os clientes, ela não podia se dar ao luxo de deixar algo passar. Se algum serviço deixasse de ser feito, os clientes notariam e criticariam com razão. Holly não queria que a experiência dos clientes fosse impactada negativamente por aquela carga de trabalho insustentável, o que resultava em horas extras para garantir que não passasse a impressão de atraso. O trabalho dela não envolvia apenas priorizar tarefas; era uma questão de organizar prioridades concorrentes.

Pense no desafio de organizar prioridades concorrentes como navegar num barco danificado. Você precisa chegar a determinado destino, mas as velas estão rasgadas e há um buraco no casco. Seria necessário lidar com o buraco primeiro, porque de nada adianta ter velas funcionais se o barco está afundando. Ao examinar as prioridades, é preciso distinguir quais são buracos e quais são velas rasgadas.

Para Holly, o "buraco no casco" que comprometeria qualquer trabalho era os seus superiores não acreditarem que a carga de trabalho da equipe era inadministrável. A pilha de tarefas só crescia. Ela podia ter a equipe perfeita e ser o mais eficiente possível com os projetos dos clientes (velas impecáveis), mas não adiantaria nada se o volume continuasse insustentável (buraco no casco). Assim, a prioridade — a tarefa *mais* importante e urgente — era convencer os gestores dos limites da equipe. Entraremos em mais detalhes sobre como expressou esses limites no capítulo dedicado a isso, mas, em resumo, ela delimitou os parâmetros da equipe com mais firmeza do que antes e garantiu que os funcionários recebessem a ajuda necessária para apoiar a carga de trabalho.

Ao priorizar o conserto do buraco (a carga de trabalho incontrolável), Holly conseguiu melhorar o fluxo de trabalho diário da equipe e a experiência de longo prazo dos funcionários. Depois de ter lidado com esse buraco, ela pôde partir para o conserto das velas (garantir eficiência e coesão entre os integrantes da equipe). As ferramentas de gerenciamento de tempo ajudarão você a otimizar o seu desempenho, mas é preciso conhecer a ordem de operações — buracos primeiro, velas depois — ao determinar prioridades.

Vamos nos aprofundar no tema e ver como você pode priorizar as diversas demandas concorrentes que fazem parte do seu dia.

FERRAMENTAS PARA PRIORIZAÇÃO

Arrastando-se até a sua mesa de trabalho às 8h59, você se joga na cadeira ao som das mensagens que não param de chegar.

Há e-mails não respondidos do dia anterior que exigem ações; mensagens instantâneas que você teme abrir porque, uma vez abertas, tornam-se problema seu; alguns projetos em andamento que precisam ser concluídos em breve; e uma série de reuniões para as quais você ainda não se preparou. Sem um plano, decide abrir as mensagens instantâneas primeiro e se arrastar pela primeira hora de trabalho. Segue em frente, escolhendo itens com base na senioridade ou na persistência do remetente. Quando pisca, já são 15h e faltam poucas horas para buscar os filhos na escola, encontrar um amigo para tomar um drinque ou ir para casa e começar a preparar o jantar. O que você conseguiu fazer no dia além de apagar os inúmeros incêndios na caixa de entrada? *Todos* nós já passamos por esse tipo de situação — perdemos de vista as nossas prioridades por conta de exigências contínuas e imprevisíveis do nosso tempo.

É por isso que sugiro que você comece seus dias com uma **reunião matinal**. Trata-se de uma breve reunião consigo mesmo para organizar os pensamentos antes de "logar" e começar oficialmente o expediente. Para evitar que a caixa de entrada se torne uma lista de tarefas, anote tudo que precisa ser feito numa página em branco e comece a identificar os itens mais importantes do dia. Essa reunião não precisa durar mais do que uma música animada (recomendação não solicitada de música animada — "Smooth", do Santana, é um clássico). Uma reunião matinal permite que você se organize e responda com confiança quando um colega ou gestor perguntar sobre disponibilidade e prioridades.

Após preparar essa lista de tarefas, use um dos três sistemas de priorização para ajudá-lo a enxugar a lista de afazeres.

A matriz de Eisenhower

Foi popularizada por Stephen Covey no best-seller *Os 7 hábitos das pessoas altamente eficazes*, e é um método acessível que pode ser aplicado em qualquer área da vida. Se você é viciado em gerenciamento de tempo, talvez já tenha ouvido falar do assunto. A tabela categoriza os itens por urgência e importância.

A MATRIZ DE EISENHOWER

	URGENTE	NÃO URGENTE
IMPORTANTE	PRIORIZAR	PLANEJAR
NÃO IMPORTANTE	FAZER, DELEGAR, RESERVAR UM TEMPO, DEFINIR EXPECTATIVAS	AUTOMATIZAR, ELIMINAR, DELEGAR, TERCEIRIZAR

Essa matriz é como rodinhas de bicicleta para a priorização. Ela o ajudará a adquirir o hábito de ouvir um pedido e avaliar com rapidez sua urgência e importância, de modo que possamos decidir como — e em que momento — abordá-lo.

Nem toda tarefa é importante ou urgente. Acreditar que tudo é importante o suficiente para ser feito e urgente o suficiente para ser priorizado é o motivo pelo qual muitos de nós, acometidos pelo burnout, nos pegamos pensando: "Não tenho um segundo de paz."

Depois de usar essa matriz com frequência, você vai descobrir que gastar tempo com tarefas que caem na metade superior é o ideal. Você prioriza o quadrante urgente/importante e planeja no quadrante importante/não urgente. Itens urgentes e não importantes vão causar mais angústia porque atrapalham o trabalho mais importante que deveria ser feito. Para combater o estresse repentino de tarefas urgentes/não importantes, você pode *fazê-las, delegá-las, reservar um tempo para fazê-las mais tarde* e/ou *definir novas expectativas* para que isso não continue acontecendo. (Caso você seja vítima do mau gerenciamento de tempo de outra pessoa e receba tarefas urgentes de última hora o tempo inteiro, pode ser que precise conversar com ela a respeito desse hábito, porque isso afeta sua capacidade de fazer direito o seu trabalho.) Faça tudo que estiver ao seu alcance para *não* gastar tempo ou energia na categoria não urgente/não importante: *automatize, terceirize, minimize, delegue, pause* ou *elimine*. Revisitaremos essas ferramentas de gerenciamento de tempo mais para a frente neste capítulo.

Se você não tem o privilégio de reduzir o tempo dedicado a tarefas não urgentes/não importantes — por causa da sua posição na hierarquia corporativa ou porque essas atividades fazem parte da descrição do cargo —, a próxima recomendação é **conter, planejar e lembrar**.

Vamos começar por *conter*: será que as tarefas exaustivas podem ser agrupadas para que pareçam menos incessantes? Por exemplo, se você detesta marcar reuniões o dia todo, todo santo dia, tente agendar todas as reuniões logo pela manhã. Quando surgir um pedido para uma nova reunião à tarde, anote para agendá-la na manhã seguinte. *Planeje*: será que pode criar um intervalo previsível para tarefas recorrentes, de modo a reduzir o incômodo? Por exemplo, responder a e-mails e mensagens instantâneas no início de cada hora, e não no momento em que chegam, o que pode ajudá-lo a reduzir as distrações e a tornar as correspondências imprevisíveis mais previsíveis. Por fim, **lembre-se** de que você pode ser excelente no seu trabalho sem internalizar os estressores que surgem mil vezes por dia e que essa fase de tarefas intensas e exaustivas deve ser temporária.* Use a criatividade para tornar esse período suportável.

Blocos de tempo

A segunda ferramenta que você pode usar para priorização é a de **blocos de tempo** — uma ferramenta visual que ajuda a garantir que a maneira como você gasta o tempo esteja alinhada com as metas que deseja priorizar. **Se eu tivesse um relatório impresso de como você utiliza as horas, deveria conseguir identificar quais são suas prioridades.**

A ferramenta é simples: reflita a respeito de suas prioridades e organize-as em forma de blocos na agenda para que visualize como está utilizando o seu tempo.

BLOCOS DE TEMPO

A técnica dos blocos de tempo tem sido uma ferramenta de apoio para líderes muito antes dos calendários do Outlook. Na verdade, o primeiro usuário conhecido do método foi Benjamin Franklin. Os blocos de tempo podem ser usados como uma

---

* Se a maior parte desse trabalho faz você ter vontade de arrancar os cabelos e não for temporário, fica aqui o empurrãozinho para que você leia o capítulo chamado "Quando se afastar", mais para o fim do livro.

etapa posterior à matriz de Eisenhower (basta inserir os itens dos quadrantes o mais estrategicamente possível), ou como uma forma independente de organizar o dia.

Além disso, os blocos de tempo têm o benefício de reduzir a ansiedade pelas tarefas que estão por vir. Alguma vez ao acordar, você já se pegou pensando em tudo o que tem para fazer? Quando tem um monte de responsabilidades e não tem certeza de quando serão cumpridas, o peso pode ser esmagador. Uma alternativa melhor é usar a reunião matinal consigo mesmo para processar tais pensamentos, identificando as prioridades e organizando-as em forma de *blocos* na agenda. Assim, quando se preocupar com algo por antecipação, poderá se tranquilizar sabendo que reservou um bom espaço para se dedicar a isso mais tarde. É o equivalente mental de compartimentar um estressor e contê-lo no tempo que você dedicou a lidar com ele.

As perguntas que surgem com mais frequência sobre os blocos de tempo são:

"E se meu cronograma vive mudando?"

Se as circunstâncias mudarem, não tenha medo de mudar com elas. Sei que é frustrante quando algo não sai como planejado, mas, em vez de assumir um mindset "tudo ou nada" quando o cronograma muda e abandonar os planos, faça a mesma pergunta que fizemos quando discutimos os mínimos: "Qual é a segunda melhor opção?" Se a agenda mudou e o plano A não vai dar certo, passe para o plano B.

"E se outras pessoas não respeitarem os meus blocos de tempo?"

Reflita sobre os motivos pelos quais outras pessoas não respeitem a sua organização. Elas marcam compromissos durante os seus blocos de tempo? Se possível, estabeleça um limite para protegê-los melhor (falaremos mais dessa ideia no capítulo sobre limites). Se isso não funcionar, tente ser criativo na hora de incorporar os blocos, talvez programando-os para o início da manhã ou para o fim do dia, quando as chances de serem substituídos são menores. Se continuar sendo um problema *mesmo assim* (e você estiver frustrado, e com razão), odeio ter que dizer isso, mas talvez você precise aceitar que os blocos não serão respeitados no seu ambiente de trabalho. Decida se esse tipo de desconsideração é algo com o qual você é capaz de conviver ou se isso o desgastará tanto ao longo do tempo que o levará ao burnout.

"E se eu tiver dificuldade de me ater aos blocos?"

Se sempre precisa de mais tempo do que está se dando, defina blocos maiores ou se acostume a pausar e retomar a atividade num momento mais adequado. Quando o meu tempo num bloco acaba, termino meu pensamento e anoto onde parei e o que tenho que fazer depois. Assim, quando retorno ao bloco, consigo me lembrar do que estava acontecendo sem precisar de tanto tempo para recuperar onde parei.

Tente organizar seu tempo em blocos por uma semana. Crie blocos na agenda para reuniões, projetos, e-mails e, sim, até para o almoço, em vez de saber que tudo precisa ser feito e não ter certeza de quando vai cumprir cada item.

A próxima ferramenta é para os puristas. Para o pessoal das listas. É o sistema mais adaptável porque, quando se trata de fazer listas, você é quem melhor conhece a si mesmo e sabe como categorizar os diferentes tipos de trabalho que realiza.

As boas e velhas listas

"Responder ao e-mail do Jim", "Desentupir o ralo do chuveiro", "Enviar o projeto" e "Ligar para mamãe" não devem estar na mesma lista. Misturar tarefas sem levar em conta a área da vida ou a importância não lhe permite ser o mais eficiente possível.

A organização das listas importa. Ao ver esses itens lado a lado, talvez você escolha o que fazer primeiro com base no que sente, no que lhe parece mais fácil ou na simples sequência de tarefas, em vez de enfrentar primeiro a mais importante. Divida seu trabalho em listas que reforcem as prioridades.

Lista de afazeres: Os itens que *precisam ser feitos no dia*. As verdadeiras prioridades.

Lista secundária: Todas as outras coisas que ainda quer ou precisa fazer, mas que não são tarefas urgentes. Aqui é o espaço para detectar itens distrativos que ameaçam nos desviar das prioridades. Voltar a uma mensagem, fazer o upload de um documento que esqueceu, devolver uma encomenda — podem ser tarefas mais fáceis de marcar como feitas ou mais divertidas, só que precisam ser abordadas com atenção.

Quando não sabemos como passar de uma prioridade para uma lista secundária, sabotamos o "estado de fluxo". Trabalhar em estado de fluxo significa estar focado numa tarefa (a neurociência chegou a mapear a aparência do cérebro humano nesse estado). A forma mais comum de descrevê-lo é dizer que está tão concentrado que "perdeu a noção do tempo". O que realmente interrompemos ao sair desse estado para fazer algo menor é a verdadeira produtividade. O objetivo é reservar os itens da lista secundária para um momento mais oportuno. Sabe o conceito de orçamento de decisões? Se temos apenas uma quantidade limitada de energia para dar, queremos ter certeza de que estamos trabalhando das prioridades mais altas às mais baixas.

Os itens da lista secundária devem ser dispostos em ordem decrescente de importância *para quando chegar o momento de realizá-los*. Um estudo a respeito do custo das interrupções no contexto de trabalho descobriu que, após apenas vinte minutos de desempenho interrompido, as pessoas já relataram estresse, frustração, esforço e pressão significativamente maiores. As interrupções — da lista secundária ou não — diminuem a nossa eficiência e afetam a memória de trabalho. Isso acontece porque ela — que retém as informações relevantes e necessárias para a tarefa à nossa frente — fica sobrecarregada quando acumulamos itens, como responder a um colega que quer saber como consertar a impressora ou ter que "entrar rapidinho numa chamada". (Já ouviu falar de "cérebro de mãe"? É uma expressão usada para descrever lapsos na memória de trabalho das mães, resultante das constantes interrupções que acompanham a maternidade.) A troca de tarefas e a multitarefa resultam em perda de tempo (levamos mais tempo para recuperar a concentração e fazer o que começamos) e imprecisão — pesquisas mostram que pessoas que mudam de uma tarefa para a outra ou fazem várias ao mesmo tempo cometem mais erros. (Desculpe, multitarefas.) Distrações prejudicam resultados e impactam não só a velocidade e a precisão do nosso desempenho, mas também a qualidade da experiência. Por isso que as prioridades precisam estar em primeiro lugar; os itens da lista secundária vêm em seguida.

Lista da vida: Aqui falamos sobre itens pessoais que queremos priorizar. "Tomar café da manhã", "Passar tempo ao ar livre", "Treinar", "Beber dois litros de água", "Fazer a lista de compras", "Retornar a ligação do meu pai" — são itens tão importantes quanto tarefas profissionais. Enquanto a lista de afazeres e a lista secundária refletem a qualidade de trabalho, esta reflete a qualidade de vida. Muitos de nós presumimos que nos lembraremos de cumprir tais itens e não os anotamos. Ao termos uma lista para isso, aumentamos a probabilidade de nos lembrarmos e priorizarmos esses itens. Muitas vezes, essas pequenas tarefas determinam se chegaremos ao fim do dia sentindo que cuidamos de nós mesmos ou não.

Também recomendo a criação de uma **Lista para o futuro**, para anotar quaisquer coisas que não precisem ser feitas *imediatamente*. Uma tarefa como limpar a despensa pode ficar encalhada na lista de afazeres para sempre; o objetivo é evitar isso. Essas listas não devem ser longas nem sufocantes. Se uma tarefa tem um prazo específico, ponha um lembrete no calendário para voltar a ela quando a data chegar; não permita que permaneça numa lista ativa e cause culpa desnecessária.

Esses métodos de priorização são um ótimo começo para descomplicar uma agenda cheia. Faça uma combinação deles com base na sua situação e os desenvolva a partir daí.

O próximo passo é reconhecer *como* você trabalha melhor. Nem todas as condições de trabalho são iguais, portanto, vamos descobrir quais circunstâncias são necessárias para garantir um bom desempenho seu. Este é um espaço livre de julgamentos — aceito, até, se você render melhor numa praia com uma margarita na mão.

CONDIÇÕES (OU "NÃO POSSO TRABALHAR ASSIM")

"Passei os últimos dois anos atendendo chamadas no banheiro para que o meu marido pudesse atender as dele na sala", contou minha amiga Laura, uma recrutadora bem-sucedida que morava num lindo loft quando a covid-19 se espalhou pelo mundo. Ela e o marido amavam o espaço... *até* a pandemia começar e eles perceberem que um loft era um layout desafiador para duas pessoas que participavam de chamadas on-line várias horas por dia. As conversas se transformaram em disputas acirradas para saber quem comandava o espaço e como um distraía o outro. Os dois decidiram que Laura faria as chamadas do banheiro, pois tinha mais chamadas por dia e queria que o marido tivesse liberdade de andar pela casa quando não estivesse ocupado com esse tipo de atividade. Como era de esperar, não foi um arranjo benéfico para a produtividade dela.

As condições em que trabalhamos têm impacto na qualidade. Do ambiente à hora do dia e ao que você está vestindo ou ouvindo, elas influenciam a produtividade. Não adianta ter uma lista de afazeres equilibrada se as condições de trabalho o impedem de fazer o que precisa ser feito.

Onde você trabalha melhor? Que tipo de ambiente preserva o seu foco e reduz distrações? Luz natural, ar fresco, temperaturas normais — já foi comprovado que esses fatores têm influência positiva na experiência de trabalho de um indivíduo. As preferências de cada pessoa em relação ao ambiente de trabalho podem ter um efeito importante no desempenho. Você trabalha melhor usando roupas confortáveis ou roupas sociais? Concentra-se melhor com silêncio, música ou conversas de fundo? Produz mais quando está perto de outras pessoas que também estão trabalhando ou prefere trabalhar sozinho? Consegue ficar perto do celular ou precisa deixá-lo em outro cômodo?

Já ouviu falar que "vestir-se melhor faz você se sair melhor" ou foi instruído a "vestir-se para o emprego que deseja"? Eu já e, ainda assim, de alguma forma rendo mil vezes mais quando me visto como uma estudante universitária faminta. Rendo muito mais quando estou numa cafeteria, usando fones de ouvido com cancelamento de ruído e vestindo um conjunto de moletom — essas são as condições ideais de produtividade para mim. Entretanto, podem ser o pior pesadelo de outra pessoa.

A primeira vez que notei o contraste gritante nas preferências de ambiente das pessoas foi quando houve um grande esforço de um antigo escritório em que trabalhei para criar "uma excelente experiência para os funcionários", apoiando-os sempre que possível. Mais tarde naquele mesmo dia, coloquei os fones de ouvido para me concentrar na conclusão de um projeto, e alguém da equipe veio até a minha mesa e perguntou, em tom de brincadeira, se usar fones de ouvido criava "uma excelente experiência para o funcionário". Respondi: "Para mim, sim." Nós dois rimos, mas aquilo demonstrou que o que cria uma excelente experiência para uma pessoa não criará para todas.

Timing é tudo

Além das preferências relacionadas ao ambiente de trabalho, é importante saber quais atividades você realiza melhor em diferentes momentos do dia. De forma geral, há quatro tipos de trabalho:

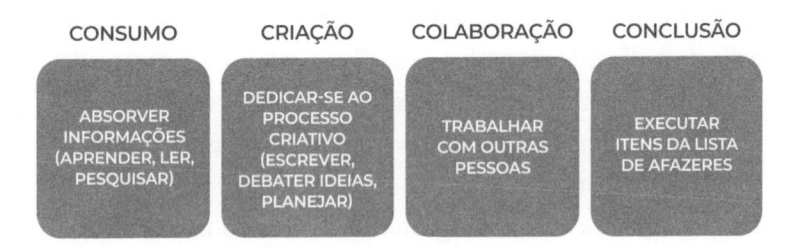

CONSUMO	CRIAÇÃO	COLABORAÇÃO	CONCLUSÃO
ABSORVER INFORMAÇÕES (APRENDER, LER, PESQUISAR)	DEDICAR-SE AO PROCESSO CRIATIVO (ESCREVER, DEBATER IDEIAS, PLANEJAR)	TRABALHAR COM OUTRAS PESSOAS	EXECUTAR ITENS DA LISTA DE AFAZERES

Eu, por exemplo, sou mais eficiente nas atividades de criação e conclusão pela manhã, acompanhada de uma xícara de café e músicas animadas. Entre 13 e 15 horas, já me sinto imprestável para essas coisas. Já tentei realizá-las nesse período e é sempre uma batalha difícil e infrutífera. Em contrapartida, gosto de colaborar durante a tarde. Reuniões nesse período me revigoram e aproveito melhor o meu tempo.

Compreender quando e como você trabalha melhor é essencial para se preparar para o sucesso quando chegar a hora de executar essas tarefas. **É melhor trabalhar a 100% durante uma hora do que a 30% por três horas.** Muitos de nós temos a crença equivocada de que a quantidade supera a qualidade no universo do gerenciamento de tempo. Ser autoconsciente e estratégico na forma de abordar os vários tipos de trabalho lhe poupará tempo e melhorará sua experiência geral.

Os meus clientes vivem me dizendo que rendem melhor num determinado período, mas que esse período muitas vezes é interrompido. Por isso, é *essencial* prestar atenção a quando você se sai melhor em cada tipo de trabalho, para que possa preservar esse tempo para a atividade correspondente (na medida do possível).

William, membro da equipe com a qual trabalhei para aprimorar habilidades de gerenciamento de tempo e reduzir o burnout, explicou aos colegas que realiza melhor as tarefas de consumo e conclusão de manhã cedo. Ele trabalhava com controle de qualidade, cargo que exigia muita leitura e composição de relatórios — atividades que fazia com uma xícara de café e a mente fresca. Quando deixava essas tarefas para o final do dia, ele se distraía com mais facilidade e o ritmo diminuía. Ele também prefere colaborar à tarde, após concluir os relatórios.

Ao informar as melhores horas de trabalho, William reforçou a importância de respeitar o bloco de tempo que ele e os colegas reservavam na agenda para um "trabalho focado". A equipe dele também concordou em não marcar possíveis compromissos naqueles períodos, quando ele estava realizando um trabalho específico. Em troca, todos respeitavam o fato de que as respostas a e-mails e mensagens instantâneas também poderiam ser adiadas para depois do bloco de tarefas ser concluído. Também concordaram em não fazer reuniões antes das 10h e ter certos horários do expediente reservados para perguntas, em vez de atendê-las ao longo do dia todo, preservando assim as melhores horas de trabalho de forma geral. Três meses depois, relataram ter dias de trabalho *muito* mais satisfatórios e produtivos.

Analise o seu dia de trabalho e identifique os principais tipos de atividades que realiza. Use as quatro categorias que descrevi ou crie as suas. O que você costuma fazer e quando isso é feito com mais eficiência? Em quais condições?

A seguir, pense no que precisa fazer para que o dia de trabalho esteja mais alinhado com as suas preferências. Talvez precise ajustar os horários do expediente (se possível) para se adequar aos seus horários mais produtivos, ou reconhecer os momentos nos quais a sua produtividade é mais baixa, concentrando-se na sua lista secundária. Assim, vai ter mais chances de avançar nessas tarefas do que nas outras.

É prudente evitar, com certa antecedência, possíveis ameaças à sua produtividade. Você precisa pôr o celular no modo "não perturbe" durante certos horários ou enquanto realiza certos trabalhos? Ou avisar aos colegas que gostam de interromper (aqueles que não se importam em bater papo no meio do expediente) que não está disponível em determinados momentos? Sente a necessidade de usar fones de ouvido com cancelamento de ruído para não ouvir o cachorro choramingando por atenção do outro lado da porta? Experimente por um mês. Crie as condições *perfeitas* para você e veja os impactos no seu desempenho e na sua experiência.

LUZ, CÂMERA, EXECUÇÃO

Você tem um *monte* de trabalho a fazer, então vai até um estabelecimento tranquilo que vende um latte caríssimo. Organiza a agenda, abre o laptop e põe os fones... e acaba rolando o feed do celular por meia hora antes de começar a trabalhar de fato. Preparou o terreno para o sucesso, mas tem dificuldade de execução. *Todo mundo* já passou por isso... talvez até hoje de manhã.

Executar tarefas, mesmo em condições ideais, pode exigir certa determinação, mas, em pleno burnout, o desafio aumenta de modo exponencial. Isso acontece porque o burnout prejudica áreas do cérebro envolvidas na execução de tarefas. Pesquisas mostram que uma pessoa com burnout apresenta afinamento no córtex pré-frontal, a área responsável pela tomada de decisões complexas. Esse tipo de desgaste pode levar a problemas de memória, dificuldade de atenção e a distúrbios emocionais. Em outras palavras, o burnout pode fazer com que até as pessoas mais eficientes lutem para cumprir tarefas básicas. (Não se preocupe — essas mudanças podem ser revertidas assim que o burnout passa.)

Essa fadiga cognitiva e angústia emocional exacerbam a nossa vulnerabilidade a outras ameaças à execução, como se sentir sobrecarregado, ser perfeccionista ou apresentar resistência às tarefas, o que tende a piorar sob pressão. Qual seria o fator comum em cada uma dessas três ameaças? Não querer encarar os afazeres porque lhe parecem *enormes*. Imagine-se sentado à mesa daquela cafeteria tranquila. O trabalho está ali, bem na sua frente, e você sabe que, assim que começar, vai ter que terminar. É fácil não querer começar.

Uma maneira de dividir tarefas grandes para que pareçam menores é **trabalhar em sprints**. Um **sprint** é um período de

15 a 50 minutos durante o qual você define objetivos e mantém foco total, seguido por uma pequena pausa. As pessoas muitas vezes subestimam o que podem realizar em determinado período. Talvez você imaginasse que determinada tarefa levaria o dia todo. Mas, quando o chefe de repente diz que precisa daquilo em duas horas, você consegue entregá-la na hora pedida. Ao pensar em enviar e-mails de lembrete para reuniões, imagina que vai ser uma atividade chata, tediosa e demorada. Experimente ajustar um cronômetro de 35 minutos e dizer a si mesmo que *precisa* enviar (ou ao menos rascunhar) *todos* os e-mails até o final do sprint — aposto que você vai conseguir.

Imagine-se dizendo a alguém para correr ao redor de uma pista por uma hora. Não importa a velocidade, basta permanecer em movimento durante esse tempo. A pessoa correrá num ritmo lento. Agora, imagine-se pedindo que ela corra duas voltas. Com um objetivo claro e de curto prazo, a pessoa correrá mais rápido. Ao estruturar uma tarefa dessa maneira — específica e delimitada —, você aumenta a clareza a respeito do que é esperado e a urgência da conclusão. Sem essas duas coisas, o ritmo de conclusão é o de alguém que tem uma hora para se manter em movimento na pista. **Clareza e urgência nos forçam a manter o *foco*, e foco é ouro no gerenciamento de tempo.**

Enquanto trabalha em sprints, minimize as possíveis distrações: deixe o celular do outro lado da sala e tenha uma lista secundária à mão para anotar pensamentos que lhe venham à mente e que não tenham relação alguma com a tarefa proposta. O intervalo de sprint vai depender das demandas do dia e de quanto tempo você é capaz de manter o foco. Não há necessidade de ter vergonha do intervalo que escolher; a ideia é apoiar você. Muitos indivíduos brilhantes que já atendi realizam tarefas diárias em períodos de 25 minutos, pois 16 partes pequenas são muito mais fáceis de administrar do que um único bloco de oito horas.

Isso não significa que o que se produz em 25 minutos seja o produto final; basta continuar trabalhando na mesma tarefa em blocos de tempo gerenciáveis até atingir a qualidade desejada. Não utilizamos os sprints para economizar, e sim para criar foco e urgência enquanto realizamos uma tarefa que, caso contrário, poderia ser protelada. Assim, garantimos dar 100% de nós pelo tempo que for possível, e não nos obrigamos a trabalhar por longos períodos com baixa eficiência.

Entre os períodos de sprint, faça pausas programadas que de fato sejam revigorantes. Mídias sociais, por exemplo, não permitem que nossa mente descanse. Em vez disso, aproveite esses pequenos intervalos de dois a cinco minutos para se afastar da mesa, respirar fundo, beber um copo d'água, dançar ao som de uma música que você adora para recuperar a energia, alongar-se ou ir para uma área externa. Jogar conversa fora com uma colega que chega de surpresa não é uma pausa; é uma interrupção. A diferença entre as duas coisas é que **uma pausa é um intervalo de descanso que você controla**, e uma interrupção foge do controle e não é relaxante. Pode parecer que, ao fazer pausas a cada 30-60 minutos para se recompor, seu dia se torne menos produtivo, mas dedicar atenção prolongada a uma única tarefa pode reduzir a sua eficiência. Já minipausas melhoram a concentração quando você retoma de onde parou. Se a tarefa for muito exaustiva (exige um foco intenso), fazer pausas ainda maiores trará benefícios ao seu desempenho depois.

É mais fácil fazer certos tipos de trabalho em sprints do que outros. Um assistente social não pode parar no meio de uma visita domiciliar porque o tempo do sprint acabou; no entanto, pode completar os relatórios em sprints. Um psicólogo não pode parar no meio de uma sessão, mas pode completar e enviar recibos em sprints. Faça o que puder, quando puder.

Comece sem medo da imperfeição

Dois obstáculos comuns à execução de trabalhos são o perfeccionismo e a procrastinação. O perfeccionismo pode ser um trunfo — muitos perfeccionistas são naturalmente motivados e engajados. Eles fazem pelo prazer de fazer e muitas vezes não precisam de incentivos externos para completar as tarefas (o sonho de todo gestor). O desejo por padrões altíssimos, porém, também prepara o terreno para mau gerenciamento de tempo e burnout. Na verdade, pesquisas apontam que pessoas com "perfeccionismo mal adaptativo" — o que significa que possuem padrões tão elevados que chegam a ser inalcançáveis e são movidas mais pelo medo da crítica do que pelo prazer do sucesso — têm níveis mais altos de burnout do que os não perfeccionistas, em parte porque gastam tempo "aperfeiçoando" tarefas e não ficam satisfeitas com os resultados — um desgaste emocional estressante. Não é necessário ser um perfeccionista em tempo integral para cair em armadilhas. Eu mesma sei que não preencho todos os requisitos, mas também releio e-mails cinco vezes antes de enviá-los. (E não postaria um vídeo se o meu esmalte estivesse descascado, nem tiraria fotos dentro de casa se estivesse bagunçada, e também regravo áudios dez vezes se achar que estou divagando... Bom, talvez eu seja perfeccionista...)

Pode ser tentador adiar tarefas que você sabe que precisa fazer bem, por um desejo de perfeição. Por isso, a procrastinação não é um traço incomum dos perfeccionistas. Há diversas formas de procrastinar, inclusive ao ser produtivo em outras áreas em vez de se concentrar no que precisa ser feito no momento. Esse tipo de procrastinação é tão comum que existe até uma palavra elegante para descrevê-lo: "procrastividade" — é quando você se parabeniza por ter varrido o chão e lavado a roupa, por mais que devesse estar se preparando para a reunião da manhã seguinte. Não há dúvida de que você foi produtivo, mas às custas de um progresso real naquilo que *deveria* estar fazendo.

A maioria dos perfeccionistas acha que o primeiro rascunho precisa ser bom o suficiente para se assemelhar à versão final. Se for o seu caso, não se pressione dessa maneira. A primeira tentativa de qualquer coisa pode ser imperfeita. Na verdade, quanto menos polidas você espera que as primeiras fases de progresso sejam, mais fácil será se dedicar a essa tarefa. *Comece sem medo da imperfeição* e vá aprimorando o trabalho a partir daí.

Muitas vezes, começar é a parte mais difícil, então obrigue-se a começar (por mais que seja com um pequeno passo). Um primeiro rascunho imperfeito concluído num sprint o preparará para um sucesso bem maior do que a procrastinação contínua e as expectativas iniciais de perfeição. Gostaria de esclarecer que "começar sem medo da imperfeição" é somente uma filosofia, contrária a outra filosofia popular: "Acerte de primeira." Cada uma pode ser verdadeira em diferentes circunstâncias e para diferentes pessoas. Se, no final de um longo dia, ainda houver mais trabalho, escolha entre fazer um rápido sprint para começar de maneira imperfeita logo de cara e terminar no dia seguinte ou deixar tudo para o dia seguinte. Essa decisão dependerá do que você acreditar que o beneficiará mais naquele momento. Começar algo, por mais imperfeito que seja, vai facilitar a retomada do trabalho no dia seguinte? Ou o resultado seria melhor se você simplesmente começasse e terminasse a tarefa de uma só vez depois?

Outro aspecto importante a levarmos em conta é o estado de espírito. Todos já passamos pela situação de encarar a tela do computador sabendo que não estamos prontos para realizar tal tarefa. Se tiver flexibilidade, mude os planos e faça uma atividade que possa completar com mais facilidade naquele instante — uma caminhada, um cochilo revigorante, beber um cappuccino, ligar para um amigo —, de modo a modificar o estado de espírito antes de seguir em frente. O principal é conhecer a si mesmo, entender a necessidade da sua capacidade de atenção e respeitar o que o seu cérebro é capaz de fazer no momento.

Agora que está preparado para lidar com a priorização, com o gerenciamento de condições e com a execução, vamos ver algumas ferramentas adicionais de gerenciamento de tempo que vão ajudá-lo a reduzir o burnout e melhorar a eficiência.

CINTO DE FERRAMENTAS DO GERENCIAMENTO DE TEMPO

Quando Cara veio se consultar comigo, ela parecia uma panela de pressão prestes a explodir. Tinha um emprego lucrativo e gratificante na área de tecnologia, e o trabalho paralelo — vender livros colecionáveis — estava começando a colher frutos. Ela estava entusiasmada com esse crescimento, só que, a partir de então, passou a ser uma pessoa com dois trabalhos. Não queria abrir mão de nenhum dos dois, o que significava que precisava dar um jeito de gerenciar com eficácia o próprio tempo. O trabalho formal já funcionava à perfeição, portanto, ela decidiu testar várias ferramentas de gerenciamento de tempo no negócio paralelo.

Saquei o meu canivete suíço de ferramentas e começamos o trabalho. Primeiro, Cara *agrupou* os dias de encomenda/garimpo de livros para que fizesse essas atividades um ou dois dias por mês, em vez de ao longo da semana. Isso a ajudou a concentrar esforços e o estresse em momentos específicos. Depois, *automatizou* o processo de leilão para os clientes, de modo que eles fossem redirecionados para uma página secundária do site que realizava os leilões de forma automática, em vez de ela gerenciar os lances. A automação economizou horas de trabalho e esforço. Em seguida, ela decidiu *delegar* tarefas administrativas a um assistente contratado e *terceirizar* o passeio do cachorro para um passeador de cães, liberando um pouco mais de tempo. No fim das contas, Cara conseguiu gerenciar o crescimento do seu negócio paralelo sem comprometer o emprego principal e a vida pessoal. Além do mais, como bônus, essas mudanças lhe devolveram tempo suficiente para que ela pudesse voltar às aulas de cerâmica que havia abandonado quando estava no modo de sobrevivência.

A beleza dessas ferramentas é que são adaptáveis a qualquer circunstância. Vamos dar uma olhada em cada uma delas para que você possa entender por que e como operam milagres.

> **FERRAMENTA: AGRUPAMENTO**
> *Agrupe afazeres semelhantes, pois são necessários menos recursos cognitivos para completar itens similares do que alternar tarefas distintas e recomeçar do zero toda vez. A alternância de tarefas pode diminuir nossa atenção aos poucos.*

No trabalho, pode ser comum prosseguir uma variedade de projetos em andamento. Em vez de enviar e-mails de acompanhamento esporadicamente, dedique um tempo específico para enviá-los todos de uma vez, enquanto já está no embalo da atividade. Em casa, você comprou brócolis suficiente para jantar durante a semana inteira. Você poderia lavar, picar e cozinhar o brócolis todas as noites na hora de comer — ou poderia lavar e picar tudo de uma vez e depois só cozinhá-lo no momento de comer. Dá um pouco mais de trabalho no começo, mas você reduzirá o tempo gasto com a tarefa no geral.

Faz mais sentido executar ações parecidas quando já estamos no espaço físico ou mental para realizá-las. Não percebemos a energia necessária para iniciar e terminar uma tarefa. Ao agrupar as atividades, podemos reduzir a energia perdida com interrupções e retomadas e completar o que for preciso enquanto já estamos naquele estado mental.

> **FERRAMENTA: DELEGAÇÃO OU TERCEIRIZAÇÃO**
> *Contrate alguém (ou peça) para fazer algo que você mesmo teria que fazer.*

Digamos que você tenha uma semana atarefada e não queira nem ter que pensar em fazer o jantar. Planeje obter ajuda com antecedência — o seu cônjuge pode planejar e cozinhar as refeições da semana, assine um serviço de kit de refeições que faça esse trabalho ou talvez peça o seu prato preferido no restaurante da esquina. Não tenha medo de pedir ajuda se precisar otimizar o seu tempo. Você pode até acreditar que seria mais eficiente fazendo tudo sozinho, mas é preciso concentrar a energia em coisas que *realmente* exigem sua atuação e delegar o que os outros podem fazer.

> **FERRAMENTA: AGENDAMENTO**
> *Faça algo num horário consistente para reduzir a ansiedade de não saber quando será concluído e evitar a procrastinação por tempo indefinido.*
>
> Talvez você não goste de limpar, mas fique nervoso diante de um espaço desarrumado. Em vez de esperar a situação ficar insustentável (o fundo do poço para mim foi ser obrigada a comer salada com hashis porque não havia garfos limpos), inclua dez minutos de arrumação no cronograma todas as noites, às 20h, ou estabeleça que, depois do jantar, é hora de todos tirarem dez minutos para arrumar as coisas. Inclua esse elemento na rotina num período consistente e previsível, para não precisar fazer isso toda vez.

> **FERRAMENTA: AUTOMAÇÃO**
> *O "toda vez" pede uma automação. "Toda vez que alguém fizer essa pergunta..." ou "Toda vez que eu precisar encomendar esse produto..." são oportunidades para criar algum atalho: crie um modelo, adicione um Questionário de Dúvidas Frequentes à sua assinatura de e-mail, crie um diretório, desenvolva um treinamento em vídeo para não precisar explicar a mesma coisa repetidas vezes. Inscreva-se num serviço de assinatura, configure pagamentos automáticos e com antecedência porque sabe que é algo que precisará ser feito mais tarde. Como acontece com o agrupamento, se dedicar um pouco mais de esforço no início, poderá poupar esforço depois.*

Costumo enviar os mesmos vinte e-mails regularmente. "Obrigada pelo interesse", "Obrigada por me contratar", "Aqui estão os próximos passos", "Envio em anexo os formulários solicitados", "Aqui está o link para a chamada de vídeo". Por menor que seja o e-mail, tenho cada um desses modelos salvos para poupar o tempo que eu demoraria para redigi-los do zero. Essa automação não só me economiza esse tempo, como reduz a minha resistência em respondê-los, pois sei que cada resposta já está 70% completa e só preciso editar informações específicas. Não há nada pequeno demais que não possa ser automatizado.

> **FERRAMENTA: DESOBSTRUÇÃO DE GARGALOS**
> Anote os pontos problemáticos que atrasam ou comprometem seu trabalho sempre que se deparar com eles.

Num dia gelado de janeiro de 2017, o meu diretor levou uma matéria impressa para a reunião matinal da equipe. A matéria falava sobre "parar a linha de produção" e destacava uma fábrica cuja qualidade dos produtos estava caindo. Após uma investigação cuidadosa, ficou evidente que os funcionários não sentiam ter autoridade para interromper a linha de montagem se um erro fosse cometido. Se algo desse errado na fase 3, então as fases 4, 5, 6, 7 e por aí vai seguiriam agravando o erro inicial. A solução foi incentivá-los a interromper a linha de montagem quando um erro ocorresse. Cada fase foi equipada com um botão que, ao ser pressionado, literalmente interromperia a linha de produção, permitindo a correção do erro.

Apesar do temor de alguns de que tais paralisações pudessem desacelerar a montagem geral, na verdade, a qualidade dos produtos e a experiência dos funcionários melhoraram. O diretor leu a matéria para a equipe a fim de enfatizar que queria que assumíssemos a responsabilidade pelo nosso trabalho. Se algo poderia ser aprimorado, tínhamos autorização para agir.

Que tipo de problemas poderiam ser corrigidos no seu trabalho? Quem precisaria lhe dar permissão para parar a linha de montagem e fazer uma mudança? Dou todo o meu apoio para que você articule as melhorias que gostaria de ver, bem como para a(s) pessoa(s) afetada(s) no processo. É provável que você vá compartilhar com ela(s) o objetivo de aumentar a eficiência e a qualidade.

Por exemplo, pode ser que, toda vez que você inicie um projeto, precise da aprovação de uma pessoa difícil de contatar. Por isso, as coisas só começam a andar depois de semanas ou até meses. Em vez de xingar Roger em voz baixa toda vez que ele demorar duas semanas para responder a um e-mail, pergunte se ele se sentiria confortável ao delegar a aprovação para alguém mais acessível. Se for algo que não seria bem recebido, tente, em vez disso, agrupar pedidos de aprovação num e-mail semanal ou solicitar um horário regular de reunião com Roger para conseguir essas aprovações.

A princípio, peça essas mudanças em caráter temporário, porque as pessoas tendem a aceitar mais facilmente mudanças temporárias do que permanentes. Durante esse período, reúna dados para defender os benefícios da mudança: redução de etapas, número de pessoas (positivamente) afetadas, progresso dos projetos, dinheiro ganho ou poupado — o que for mais convincente para provar que o novo método funciona e deve permanecer.

> **FERRAMENTA: QUEM, QUANDO, ONDE, COMO**
> *Seu "o quê" é a tarefa, e a tarefa nem sempre é flexível. Supondo que o seu "o quê" o deixa louco e não vai mudar tão cedo, examine o quem, o quando, o onde e o como para descobrir se existe um jeito alternativo de abordar esse "o quê". Seria possível mudar as pessoas envolvidas na tarefa? O horário da tarefa pode ser alterado? A maneira como as faz pode ser adaptada?*

Melanie, coordenadora de uma ONG de grande porte, odiava fazer recibos, porque se acumulavam no fim do mês e ela levava horas para organizá-los e processá-los. Então, ela decidiu fazer a simples mudança de processar as faturas toda sexta-feira de manhã em vez de deixar para o fim do mês (agendamento/agrupamento e uma mudança de quando), configurar um cronômetro de cinquenta minutos para terminar tudo e evitar distrações ou tédio (uso de sprint e mudança de como). Melanie se recompensava com um café gelado da cafeteria local ao fim do período de cinquenta minutos (gamificação/romantização) e, *voilà*, o processamento de recibos já não era mais um problema. Construir pequenos sistemas em torno de itens desagradáveis para deixá-los mais agradáveis faz grande diferença. Transformar tarefas que você odeia em algo trivial através do uso criativo do quem, quando, onde e como é uma habilidade que lhe será benéfica dentro e fora do escritório.

Reflita sobre as tarefas que mais o desgastam. Será que alguma dessas ferramentas pode ajudá-lo a melhorar sua experiência? Tente anotar as ferramentas num post-it e mantenha-o à vista. Assim, da próxima vez que encontrar dificuldade de gerenciar o próprio tempo, consulte-as.

GERENCIAMENTO DE ENERGIA: O IRMÃO PERDIDO DO GERENCIAMENTO DE TEMPO

"Depois de preparar meus filhos e mandá-los para a escola pela manhã, metade da minha energia já se foi e o trabalho ainda nem começou", confessou Lucy, mãe de três. Essa queixa não envolvia uma questão de gerenciamento de tempo, mas de energia. Ela já utilizava ferramentas como automação e agrupamento para gerenciar e maximizar o tempo, mas, ao entrar no escritório todos os dias, já estava emocionalmente esgotada por ter que orientar os filhos na rotina matinal deles. Sentia que, embora tivesse *tempo* para lidar com as prioridades, lhe faltava *energia* para completar tudo.

O gerenciamento de energia é a observação e a regulação da energia despendida no decorrer do dia. Energia é o esforço cognitivo, emocional ou físico que exercemos. Se o dia já começa com um e-mail urgente e você pula da cama para apagar esse incêndio às pressas, deu início ao dia com um grande consumo de energia.

Ou, se as últimas quatro horas do seu expediente forem estressantes, você chega ao fim do dia e se arrepende de ter topado jantar com amigos. Você já tinha reservado tempo para o encontro na agenda, mas está sem energia.

Cada responsabilidade ou tarefa exige diferentes quantidades de energia. Você perceberá diferentes níveis de esgotamento enquanto trabalha com alguém que ama em vez de alguém de quem não gosta, ou enquanto trabalha num projeto que se enquadra à sua área de *expertise* em vez de um projeto que exige habilidades fora da sua zona de conforto. A taxa de burnout é mais elevada quando fazemos tarefas que odiamos em relação a atividades com as quais não nos importamos. Quando temos noção de como gastamos tempo e energia, podemos aproximar o que temos a oferecer e nossos limites com muito mais precisão.

O burnout é o que acontece quando esgotamos nossa energia repetidas vezes e não conseguimos recarregá-la. Para curar o burnout, ou até preveni-lo, devemos estar cientes do gerenciamento da nossa energia e do gerenciamento do nosso tempo. A energia é para o tempo o que o pacote de queijo é para o macarrão. Não adianta cozinhar a massa à perfeição; sem o queijo, ela nunca será aquele delicioso e satisfatório macarrão com queijo. Toda vez que temos tempo, mas não energia, nos portamos como uma massa sem graça.

Quanto mais você souber sobre o que suga sua energia e o que a impulsiona, melhor vai estabelecer prioridades, planejar a recuperação e evitar se exaurir. No caso de Lucy, ela concluiu que, enquanto tivesse filhos pequenos, precisaria fazer o máximo possível para que o início do dia fosse tranquilo. Precisava de uma ou duas horas para se recuperar e saborear um café enquanto respondia a e-mails para conseguir se reequilibrar. Quando for impossível impedir tarefas que suguem suas forças, contrabalance-as com ações que a reponham. Muitas vezes, o gerenciamento de energia se resume a como estamos nos gerenciando; outras vezes, os maiores drenos serão *outras* pessoas. Ou, como eu gosto de chamá-las: vampiros de energia.

VAMPIROS DE ENERGIA SUGAM A POSITIVIDADE DO SEU SANGUE

Assim que vejo, de canto do olho, um colega de trabalho se aproximando, me pergunto se já é tarde demais para me esconder debaixo da mesa e fingir que não estou.

— E aí, tudo bem? — pergunta Kent, o colega espantosamente sociável que adquiriu o hábito de visitar minha mesa para bater papo comigo em algum momento do dia.

— Tudo — respondo, sorrindo na direção dele sem desviar o corpo do computador ou tirar os dedos do teclado, na esperança de que ele perceba que estou ocupada demais para conversar.

Kent continua a conversa fiada (nunca saberei se ele escolhe ignorar a minha linguagem corporal ou se não se toca mesmo).

Depois de me dar muito mais detalhes do que eu gostaria de saber sobre o que ele almoçou, Kent se afasta e segue em direção à próxima vítima. Assim que vai embora, eu solto um grande suspiro e começo a batalha árdua de fazer o meu cérebro voltar ao modo trabalho. Além de ter perdido o tempo que passei jogando conversa fora com Kent, também perdi o ímpeto, o foco e o tempo que levo para voltar ao fluxo.

Kent é um exemplo de vampiro de energia. Já dá para ter uma ideia de como algumas interações diárias com pessoas desse tipo podem bagunçar sua produtividade, paz e qualidade do trabalho. Elas querem apoio emocional para questões que lhe causem angústia profissional, um nível de contato interpessoal que não se alinha com o nosso estilo de trabalho, ou talvez só não seja o tipo de pessoa que gostamos ou nos esgote. Independentemente do motivo pelo qual esses indivíduos o drenem, você precisa limitar a sua exposição a eles. Os limites que estabelecer não precisam ter relação com a pessoa em si, mas com os recursos limitados que *você* tem no trabalho e a sua necessidade de protegê-los. Por exemplo, em vez de dizer o que está pensando ("Pare de ficar rondando minha mesa; você está me esgotando"), tente dizer algo menos direto, mas ainda eficaz: "Detesto ser chata, mas *preciso* terminar uma tarefa, então não posso conversar agora. Sinto muito."

Digamos que você já tenha tido sua reunião matinal, então sabe como quer que o dia seja. Se sentir que existe o risco de encontrar um vampiro de energia, tenha uma estratégia em mãos para não ser sugado. Talvez uma de suas prioridades do dia envolva uma reunião com alguém que fala muito. Ser proativo pode significar começar a reunião dizendo: "Oi! A minha agenda está bem apertada hoje, então tudo bem se eu conduzir rapidamente os objetivos desta reunião?" Assim que receber o sinal verde, obtenha o que precisa da reunião e peça licença para sair. Se você recebe muitas ligações de amigos ou visitas, tente começar cada uma dessas interações com: "Oi! Em que posso ajudar?", em vez de: "Oi! Como vão as coisas?" Dessa maneira, você vai direto ao ponto da solicitação em vez de puxar assunto. Pode ser uma abordagem mais direta do que você está acostumado, mas, se a alternativa é uma interação desnecessariamente longa que suga sua energia limitada, então ser direto muitas vezes é mais favorável.

Agora, um comentário a respeito de cultivar e manter relacionamentos com colegas de trabalho: fazer networking é benéfico. Mas, pelo bem da sua sanidade, concentre-se em diferenciar bons momentos para se conectar com as pessoas de momentos ruins. Se a sua mente vai acelerar enquanto conversa com a colega Cassie sobre o restaurante que ela foi na noite anterior e você já está atrasado para um compromisso depois, talvez não seja a melhor hora para ouvi-la ranquear as melhores tortas de limão da cidade. (É uma informação importante, eu concordo, mas há um momento adequado para isso.)

Essa abordagem direta em relação aos colegas e à distração que eles causam é difícil para pessoas extrovertidas, mas é a melhor maneira de reduzir o bate-papo desnecessário para que você faça o seu trabalho, gerencie o tempo e se cure do burnout. Se tudo der certo, as pessoas vão dizer o que precisam e você pode lhes avisar que, seja o que for, está na sua lista de afazeres. Lembre-se: você não está dizendo "Odeio falar com você"; só está informando que não está disponível para mais coisas naquele momento.

Muitas tensões resultam de expectativas que não são evidentes — alguém que vem tagarelar quando você não tem tempo, pois não comunicou que está ocupado; ficar no trabalho até as 19h porque não sabe como é a cultura do escritório ou o que o seu chefe espera; participar de reuniões sem saber se precisa mesmo estar ali. Busque expectativas em cada interação ou tarefa e, depois, tente conter a energia que você dedica a essa expectativa.

Talvez o vampiro de energia sejam reuniões desnecessárias que sabotam a sua capacidade de trabalhar de forma eficiente. Existem muitas maneiras de aumentar a eficiência das reuniões: criar uma pauta clara, fazer solicitações diretas e contar com um mediador rigoroso que administre bem o tempo são as mais úteis. Se não tiver controle sobre esses elementos e só puder controlar a si mesmo, *contenha* as chances de uma reunião esgotá-lo dizendo de antemão que tem um "compromisso inadiável", mantendo a câmera desligada (se for uma reunião via Zoom e for permitido), pedindo ao mediador para falar/perguntar primeiro, confirmando se a sua presença de fato é necessária ou se um membro de confiança da sua equipe pode comparecer e anotar tudo para você.

Pode parecer que são práticas grosseiras, mas são abordagens claras e firmes. Você pode ser firme e *ao mesmo tempo ser amigável*! Não estou mentindo! É possível até incluir um "sinto muito", caso isso o deixe mais confortável. Tenha em mente que essas práticas de combate aos vampiros de energia vão ajudá-lo a reduzir o número de vezes que você trabalha até tarde por não ter tido tempo para completar suas tarefas por causa de outras pessoas ou reuniões. Você está priorizando a si mesmo — sua energia, seu tempo — em detrimento de convites sociais e ineficiências que lhe foram impostas. Está garantindo que terá energia para fazer o trabalho para o qual foi contratado.

Quanto mais transparente você for sobre as suas prioridades e as condições que lhe convêm, mais eficiente será. Utilize as técnicas de gerenciamento de tempo para garantir o investimento de tempo e energia da forma mais estratégica possível. ***Esta é sua vida, e ela está acontecendo agora.*** **Não depois que a tarefa estiver concluída, não após você alcançar certo objetivo, não depois de se aposentar, e sim agora.** Otimizar a maneira de gerenciar tempo e energia garante que você gaste o seu tempo da forma mais significativa e cuidadosa possível. Seria uma pena chegar ao fim da vida e sentir que o seu tempo nunca foi realmente seu.

É impossível realizar tais gerenciamentos de forma eficaz se você não se sentir à vontade para expressar quando chegou ao limite. Para se acostumar a reconhecê-los e a estabelecê-los, você precisa desenvolver um relacionamento forte e saudável com os limites.

CAPÍTULO 6

Limites

Isso tinha que ser matéria de escola

Quando me procurou, Tina, uma representante comercial que sofria nas mãos de um gestor workaholic, estava prestes a pedir demissão por impulso. Ela trabalhava em um escritório, rodeada de workaholics concentrados em "fazer acontecer" e que, ao que parecia, não tinham vida pessoal. O conceito de "horário de trabalho" era uma ilusão — Tina recebia e-mails do gestor desde as 6h até ele ir dormir. Mesmo quando ela sentia que poderia encerrar o trabalho por volta das 18h, a expectativa de receber mais tarefas urgentes a deixava nervosa. O estresse intensificou tanto seu hábito de roer a unha que os dedos estavam destruídos e digitar doía; a maioria das interações que tinha com o parceiro acabava em brigas exaustivas; e ela não conseguia se lembrar da última vez que tinha almoçado de verdade, em vez de optar por comer fatias de frios enroladas. Ela mal tinha tempo livre, e o pouco que tinha era gasto temendo o trabalho. O pior era que Tina não desgostava do emprego. Era interessante e dinâmico, e ela gostava de trabalhar com a maioria dos clientes, mas as expectativas do gestor e a cultura do ambiente de trabalho a impediam de aproveitar o dia a dia.

Qual foi a gota d'água? Tina, que não fumava, cogitou comprar um vape para aliviar o estresse. Foi então que a "ficha caiu": ela estava considerando adotar um hábito nocivo para sobreviver a um *emprego*. "Como foi que cheguei aqui e como faço para sair?", perguntou-se. Tina se viu numa situação familiar para muitos de nós: não sabia se deveria lutar com todas as forças para impor limites onde estava ou se precisava encontrar um novo cargo, chefe, equipe ou até empresa. Ela resolveu ficar mais três meses no trabalho, com limites bem definidos, e, se o burnout não melhorasse, iria embora. (Sei que três meses pode parecer pouco tempo para a maioria das pessoas, mas eu garanto que, quando seu emprego faz você querer se jogar na frente de um ônibus todos os dias, não é.)

A persistência do burnout ocorre quando não há limites para sua causa. Não ter (ou ter poucos) limites em relação ao trabalho ou a pressões sociais garante que esses estressores tomem conta de tudo. A relação entre a falta de limites e o burnout ficou ainda mais evidente durante a pandemia em 2020, quando muitas pessoas passaram a trabalhar remotamente e a fronteira entre a vida pessoal e profissional se dissolveu. As interrupções se acumulavam: ajudar os filhos com as aulas on-line da escola entre uma e outra reunião de trabalho, tentar se concentrar em meio às chamadas de vídeo do parceiro no outro cômodo, fazer hora extra durante e após o jantar para pôr o serviço em dia, resolver os próprios problemas técnicos durante o horário de almoço. Pesquisadores associaram esses tipos de interrupção, também conhecidos como "violações de limites", ao número elevado de casos de burnout. Agora que já nos ajustamos à nova norma do home office — ou até já voltamos a trabalhar no escritório —, muitos continuam a operar sem a segurança de limites concretos para proteger tempo, energia, saúde e sanidade.

Como não temos controle sobre os limites de outras pessoas (nem os limites de uma empresa ou cultura), é essencial sermos hábeis e nos sentirmos à vontade em estabelecer limites próprios. Então, por que algo tão decisivo para nosso bem-estar é tão difícil de dominar? Bem, há algumas razões. A demarcação de limites tem duas partes:

1. Conhecer, expressar e defender seus limites.
2. Administrar a experiência, as emoções e as percepções dos envolvidos.

Cada uma dessas partes apresenta desafios próprios.

As pessoas costumam ter dificuldade com a primeira parte porque não identificaram as próprias necessidades, não sabem como expressá-las ou não desenvolveram a confiança necessária para defender limites. Elas enfrentam dificuldades com a segunda parte porque se sentem responsáveis por gerenciar as experiências das outras pessoas — em outras palavras, o medo de desagradar a alguém ou de serem vistas com maus olhos as impede de estabelecer limites. Esse medo pode ter sido reforçado por experiências com pessoas que ignoraram, criticaram ou se revoltaram contra limites estabelecidos no passado.

A DEMARCAÇÃO DE LIMITES TEM DUAS PARTES

Conhecer, expressar e defender os próprios limites

Administrar a experiência, as emoções e as percepções dos envolvidos

Antes de começar a trabalhar em cada uma dessas partes, lembre-se: limites são só restrições. Todo mundo tem restrições, pois os recursos que temos a oferecer são limitados. É necessário saber regulá-los. Tempo, energia, dinheiro, atenção, tolerância... *tudo* tem um limite antes de começarmos a usar nossas reservas, ficarmos ressentidos e sentirmos como se perdêssemos o controle da nossa vida. Quando reconhecemos que temos poucos recursos e que impor limites é nossa melhor chance de honrá-los, tudo se torna bem menos pessoal e mais fácil de defender. O primeiro passo é entender a limitação dos nossos recursos e como expressá-la e mantê-la.

RECURSOS

RESERVAS

DESCOBRINDO E HONRANDO SEUS LIMITES

O grande alerta para Tina, que indicou que seu limite havia sido ultrapassado, foi cogitar um vício em nicotina. No entanto, pequenos alertas já estavam acontecendo. Durante nossos encontros, era visível que ela estava ansiosa, conferindo o celular a cada minuto para garantir que não tinha perdido uma ligação, uma mensagem ou um e-mail do gestor. Quando eu perguntava o que ela ia fazer depois do trabalho, ela dizia coisas do tipo: "Vou só ficar de olho nos e-mails enquanto assisto a uma série." Esse comportamento resultava em uma combinação insatisfatória de não relaxar de verdade e não fazer progressos significativos no trabalho. Se eu perguntasse se ela estaria livre para uma chamada na semana seguinte, Tina folheava a agenda antes de responder que poderia arrumar um tempo se "realocasse alguns compromissos". Esses alertas não são tão flagrantes quanto se esquecer de um prazo ou torcer para ficar doente para poder tirar uns dias de folga, mas são indicadores de que, mesmo assim, está na hora de estabelecer uma barreira.

Para reconhecer e honrar limites, existem três etapas principais.

1. **Ter autoconsciência o bastante para saber quais são seus limites.**

    Perguntamos "Quando devo estabelecer uma barreira?" como se não sentíssemos que mente, corpo e agenda não refletissem o tempo e a energia que temos disponíveis — ou não — na realidade. Tina estava dando sinais de que estava na hora de estabelecer um limite e não percebia. Saber quando impor uma barreira não é tão confuso quanto você imagina: os indicadores internos e externos estão lá. *Internamente*, a necessidade de determinar até onde dá para ir pode se manifestar como uma resposta física ao estresse (aumento da frequência cardíaca, respiração acelerada, cabeça a mil por hora), aversão ou ressentimento ao receber uma solicitação, ansiedade, vontade de fugir ou paralisia. *Externamente*, essa necessidade pode ser vista em uma agenda superlotada, ao não comparecer a eventos, nos erros que normalmente não cometeríamos, na falta de tempo livre durante o dia ou quando os outros percebem que parecemos distraídos ou ocupados. Sei que, quando preciso controlar minha expressão facial porque minha cara de "Argh, não tenho tempo para isso" ameaça fazer uma aparição, está na hora de estabelecer um limite dizendo não.

Assim que você perceber esses sinais, pergunte-se: "Para que tipo de coisas *estou* disponível? Para que tipo de compromissos tenho recursos?" Quando Tina os reconheceu, os atribuiu à carga de trabalho e ao gestor. No entanto, depois de uma reflexão mais profunda, ela notou que a carga de trabalho era administrável, mas as mensagens e solicitações constantes e imprevisíveis estavam drenando tempo e energia mais do que qualquer outra coisa. Para recuperar o controle, Tina precisava dizer ao gestor até onde conseguia ir.

2. **Ser capaz de expressar recursos e barreiras.**
Tina avaliou sua carga de trabalho, marcou uma reunião com o gestor para estabelecer novos parâmetros de trabalho e avisou que estaria indisponível durante certos horários do expediente para poder se dedicar ao grosso do trabalho; que depois das 18h não responderia a e-mails e mensagens não urgentes; e deixaria claro quando não tivesse mais capacidade para novos pedidos. Ela reforçou essas mudanças definindo blocos na própria agenda e configurou uma resposta automática para e-mails recebidos após as 18h, instruindo que o remetente ligasse em caso de emergência ou então esperasse uma resposta na manhã seguinte.

O gestor de Tina reagiu como muitos gestores workaholics reagem: insistindo veementemente que nunca esperaria que os funcionários tentassem acompanhar seus próprios hábitos excessivos. A sinceridade de um gestor em relação a essas expectativas e o respeito pelos limites variam. No caso de Tina, ela levou as palavras do gestor ao pé da letra e impôs limites novos. A situação melhorou o suficiente para que ela aguentasse mais seis meses. No entanto, ela se cansou de lutar contra a cultura. Aquela empresa valorizava funcionários superativos, e Tina estava pronta para trabalhar em um lugar que desse mais valor ao equilíbrio entre trabalho e vida pessoal.

Já trabalhei em uma equipe que respeitava os limites uns dos outros e tinha plena noção de qual tipo de problema era digno de interromper o dia de folga de alguém. Quando comecei a trabalhar lá, tive uma dúvida que só poderia ser respondida por alguém que estava de férias. Entrei em contato com a pessoa e ela me retornou — provavelmente por educação, porque eu era nova —, mas, quando fiz uma pergunta subsequente, ela não me respondeu. Fiquei com vergonha e confusa, porque a equipe com quem eu trabalhava anteriormente não via nenhum problema em ser contatada quando estava de folga. (Tenho certeza de que eles tinham, sim, problemas, mas todo mundo respondia aos pedidos, não importava se estivessem trabalhando ou não, então as demandas nunca paravam.)

Na minha nova equipe, aprendi por meio de um *limite ativo* que a pessoa com quem eu havia entrado em contato não trabalhava durante as férias. **Um *limite ativo* é uma ação ou um comportamento que reforça um limite. Um *limite declarado* é uma expressão escrita ou verbal de um limite.**

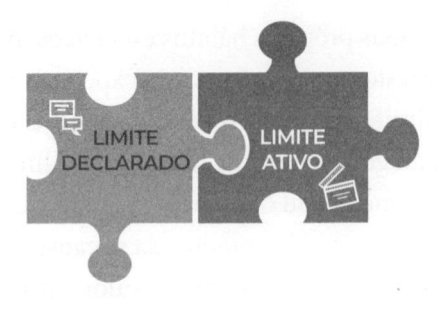

Nesse caso, como não havíamos conversado sobre o assunto antes, uma demonstração ativa — não responder à pergunta subsequente enquanto estivesse fora do escritório — transmitiu o limite não declarado. Declarar um limite sem um reforço ativo muitas vezes é ineficaz (a pessoa seria considerada uma "frouxa"). Agir sem tal declaração, no entanto, pode parecer passivo-agressivo. É importante se acostumar a usar ambas as coisas — limite ativo e declarado — juntas.

Vamos supor que você tenha adquirido o hábito de trabalhar no horário de almoço e isso o deixa ressentido e irritadiço pelo resto do dia. Você poderia *declarar* o limite marcando uma pausa ao meio-dia e avisando à equipe que está decidido a começar a aproveitar o horário de almoço. Você poderia estabelecer um limite *ativo* recusando ou redirecionando reuniões não essenciais marcadas para esse período, saindo ou indo para outra sala ou dando uma saída rápida da empresa para desligar um pouco a mente. Para cada limite que você reconheça que deve estabelecer, pense em como pode declará-lo *e* reforçá-lo com ações para que seja o mais firme possível. (Prepare-se para aprender alguns roteiros e ferramentas acessíveis mais adiante!)

Pois bem, todo esse processo de declarar e reforçar não vale nada sem:

3. **Ter confiança para manter esse limite.**
Para estabelecer limites, precisamos acreditar que temos esse direito — e é aí que muita gente se atrapalha. As pessoas podem até saber quando precisam de um limite e como gostariam de estabelecê-lo, mas sentem uma insegurança tão destruidora que são incapazes de mantê-lo.

Grande parte do desafio está no mindset. Durante boa parte da vida, muitos de nós (as mulheres, em especial) somos incentivados a apresentar à sociedade nossa versão mais obediente e complacente. Quando entramos na vida adulta, ninguém nos chama para conversar e diz: "Se tentar satisfazer todo mundo o tempo todo, vai ser devorado." Mas é verdade! Há muito o que fazer e você é um só. Você tem recursos limitados a doar, então será necessário estabelecer e manter limites. É simplesmente uma questão de bom gerenciamento de recursos.

Se, como a maioria das pessoas, você tem dificuldade de estabelecer e manter limites, lembre-se: eles não são algo tão pessoal quanto imaginamos e, quanto mais os despersonalizamos, mais fácil é consolidá-los. Pense na seguinte analogia: você tem dez fichas e precisa de três para si. Alguém lhe pede cinco fichas; agora, restam apenas duas para distribuir. Outra pessoa chega e pede três fichas. Mas, como só lhe restam duas, o limite é ter só mais duas fichas para dar. Não precisa se sentir mal de dizer a alguém que só tem duas — esse número máximo é a realidade da situação. Você pode até falar para a pessoa voltar no dia seguinte, quando você terá fichas de sobra novamente e poderá dar uma.

Aqueles que não acreditam que têm o direito de expressar esse limite vão sacrificar uma ficha pessoal para que o requerente possa ter três no mesmo instante. (Caso seja seu caso, não estou aqui para julgar, mas você precisará mudar isso.) Se adquirir o hábito de dar fichas pessoais, logo descobrirá que as pessoas não vão parar de pedir por mais, quer você tenha três fichas ou nenhuma a oferecer. Não pensamos em nossos recursos como fichas porque parece simples demais, mas essa analogia demonstra como definir um limite pode ser descomplicado.

Pense em suas horas de trabalho. Se tem quarenta horas numa semana e trinta e cinco já estão comprometidas, quando alguém lhe propõe um projeto que levará vinte horas, você tem que dizer com todas as letras que, infelizmente, não tem vinte horas para oferecer. É um cálculo simples. Não tem nada a ver com o que você acha da pessoa e não se trata de um reflexo de habilidades ou entusiasmo. Você tem cinco horas livres nessa semana. Converse com seu gestor e veja se consegue reorganizar as tarefas para acomodar o novo pedido ou informe que só conseguirá finalizar o projeto na semana seguinte. Mas é impossível fazer vinte horas extras surgirem em um passe de mágica. Não dá para aceitar cegamente só porque se sente mal e depois doar quinze horas de seu tempo livre ao projeto.

O problema é que, às vezes, nós aceitamos cegamente. Dizemos coisas como "Eu arrumo um tempinho", como se fosse possível encontrar tempo livre escondido debaixo de pedras em um parque. Se você estiver mesmo determinado a curar seu burnout, esse comportamento precisa parar agora. Em vez disso, analise quanto tempo tem e decida se pode oferecer esse recurso. Avalie limites como pessoa e como profissional, confie que são razoáveis e sinta-se confiante em mantê-los.

Adquirimos confiança por meio da experiência porque, quanto mais estabelecemos limites, mais provas temos de que é possível agir dessa maneira e tudo vai ficar bem. Vamos nos sentir mais confortáveis ao defini-los. Claro, é intimidador entrar no escritório do gestor e dizer que você não tem vinte horas na semana para completar o projeto. A confiança, contudo, para fazer isso deve estar enraizada na crença de que está fazendo um pedido razoável e gerenciando seu tempo limitado da maneira mais consciente possível. **Você não precisa esperar as coisas ficarem *péssimas* para se sentir no direito de estabelecer e manter um limite.** Não precisa ter uma dezena de motivos pelos quais não pode trabalhar sessenta horas naquela semana (ou em qualquer semana, aliás). Ser uma pessoa que impõe os próprios limites com confiança não vai prejudicar sua carreira — é mais provável que acelere o caminho para o sucesso.

PARE DE GERENCIAR A EXPERIÊNCIA DOS OUTROS

"Se eu não for à festa, as pessoas vão ficar chateadas", "Se eu não topar, vão achar que sou preguiçoso", "Se eu não ____, vão dizer que eu ____". Parece familiar? Esses são apenas alguns exemplos de como, na prática, assumimos a responsabilidade pelos pensamentos, sentimentos e experiências dos outros para administrar a percepção que têm de nós ou garantir que nunca sintam nenhum desconforto ou se chateiem.

O intuito deste capítulo não é encorajá-lo a ser um tremendo babaca que não se importa com ninguém além de si mesmo. Mas é possível ter consideração com as pessoas e ainda assim ter limites.

Se não acredita que pode fazer as duas coisas ao mesmo tempo, talvez tenha o perigoso hábito de se anular em nome das necessidades dos outros. Normalmente, as pessoas fazem isso para não "arrumar problemas". Não queremos fazer ninguém se sentir mal, não queremos parecer difíceis, não queremos começar uma discussão — mas, muitas vezes, isso significa sacrificar a própria paz pela paz dos outros.

ATENCIOSO E
CONFIANTE

BABACA   FROUXO

A demarcação de limites pode parecer um jogo social horrível. Um sim parece nos aproximar das pessoas e dizer não é como construir um muro à nossa volta. A relação complicada que temos com limites começa desde cedo. Muitos de nós aprendemos que obediência e complacência equivalem a amor e respeito. Quando uma criança é desobediente, na maioria das vezes, é tachada de "difícil" e punida com o que parece ser uma perda de amor e conexão. (Ou seja: qualquer criança que já tenha levado um gelo depois de ter feito algo que irritou um responsável.) Quando um adolescente não é complacente, em geral é considerado desrespeitoso, e não alguém que está tentando entender as próprias necessidades. A falta de conformidade é vista como falta de respeito em praticamente todos os espaços que ocupamos desde a infância até o começo da vida adulta. Quando não somos complacentes, muitas vezes ouvimos mensagens de desdém ou culpa: "Eu faço tanto por você...", "Se você ligasse a mínima..." ou "Vou me lembrar disso da próxima vez que quiser alguma coisa...".

Crescer dessa maneira nos desconecta de nós mesmos. Como a consideração pelos sentimentos dos outros é uma ideia enraizada em nossa mente desde sempre, perdemos a noção de nossos próprios desejos, superestimamos nossa responsabilidade pelas emoções alheias e subestimamos a capacidade de autorregulação das pessoas. A ideia de que cada um é responsável pelas próprias emoções é chamada de "responsabilidade emocional". Entretanto, quando assumimos a responsabilidade pelos sentimentos dos outros, podemos acabar desenvolvendo uma culpa infundada e a falsa crença de que é nosso dever resolver tudo para todos. **Não cabe a você folhear o *manual do proprietário* alheio para tentar solucionar problemas.**

Às vezes, no entanto, as pessoas evitam estabelecer limites porque não confiam nos outros. Elas não acreditam que os outros sejam compreensivos o bastante para aceitar um "não" ou não conseguir o que desejam. Em alguns casos, pode até ser verdade — um amigo carente, um gestor exigente, um cliente difícil, uma empresa em que dizer "não" pode deixar todo mundo de queixo caído, pois a cultura do local é assim. Contudo, essas são as exceções, não a regra. Normalmente, as pessoas conseguem entender os limites de cada um sem que seja necessário escrever uma dissertação para justificá-los.

Certa vez, quando eu estava começando em um novo cargo e precisava estabelecer um limite com a equipe, acabei me explicando além da conta por medo de que eles não fossem entender. Uma colega de trabalho riu e disse: "Não precisa me explicar. Também trabalho aqui." Óbvio! Essa pessoa já estava vendo a situação com os próprios olhos; eu não precisava me justificar excessivamente e pedir mil desculpas por ser razoável. Essa conversa me fez acreditar que as pessoas sabiam lidar com a demarcação de limites, o que, por sua vez, facilitou o processo.

Muita gente tropeça no processo de estabelecer limites porque tem medo de como os outros vão reagir. Tina poderia ter hesitado indefinidamente, mas queria uma resposta para a pergunta: "É possível trabalhar aqui e manter meus limites, ou minhas necessidades jamais serão atendidas?" **É natural ter medo de desagradar aos outros, mas isso não é motivo para sofrer por tempo indeterminado.**

O MEDO SUBJACENTE: REJEIÇÃO E PERDA DE IDENTIDADE

O medo de desagradar aos outros e ser rejeitado existe desde que o mundo é mundo. Como discutimos na seção sobre burnout social, somos criaturas sociais que têm uma necessidade biológica e fisiológica de aceitação. "Por favor, goste de mim!" não é apenas vaidade — pode parecer uma questão de vida ou morte, e por um bom motivo: em termos evolutivos, precisávamos da aceitação dos outros para termos uma comunidade que garantisse a sobrevivência. Portanto, as emoções desencadeadas pela rejeição e pela crítica — vergonha, ciúmes, culpa, tristeza e constrangimento — são respostas arraigadas e comuns. Na verdade, o simples ato de imaginar, antever ou se lembrar de uma rejeição passada já pode desencadear uma forte resposta emocional. Estudos a respeito do impacto da rejeição social no cérebro chegaram até a revelar que a dor emocional de ser ignorado ou abandonado pode ser tão intensa quanto a dor física (e tais ocorrências ativam as mesmas regiões do cérebro). Portanto, se você já sentiu repetidas vezes que estabelecer limites resulta em rejeição, vai levar um tempo para se sentir confortável com essa situação, mas *é* possível. E, sem sombra de dúvida, vale o esforço. **Não acordamos um belo dia prontos para desagradar aos outros; na verdade, acordamos cansados de nos desagradarmos.** Muitas vezes ignoramos nossa falta de limites até que o custo de não os ter supere os benefícios.

Talvez a flexibilidade com o horário de trabalho tenha funcionado bem no início de sua carreira. Fortaleceu sua reputação e fez de você alguém "fácil de trabalhar" e "cooperativo". Agora, anos depois, isso acabou virando a norma e você não sente mais distinção entre trabalho e vida pessoal. Você já superou a fase de "mostrar seu valor" e está na terrível fase "isso está custando minha paz". E não está sozinho nessa! Um estudo recente que analisou sobretudo profissionais que trabalham de casa descobriu que aqueles que não têm uma distinção firme entre trabalho e vida pessoal eram menos felizes e mais emocionalmente exaustos do que indivíduos com limites entre vida pessoal e profissional mais consistentes. Talvez, responder aos e-mails do chefe às 22h tenha feito de você uma pessoa "confiável" e atender todas as ligações de amigos e familiares o tenha transformado no confidente favorito de todo mundo. Você não quer perder esse status, mas agora, em vez sentir orgulho ao ver a tela do celular acender, você fica ansioso porque não quer ficar no telefone e prefere investir tempo e energia em outra coisa.

É aqui que os limites e a identidade de uma pessoa se entrelaçam. Uma das minhas melhores amigas é a pessoa mais generosa que conheço — ela faz de tudo nos aniversários de todos, busca as pessoas no aeroporto, ajuda a terminar o trabalho dos outros e está sempre disponível para o que qualquer um precisar. Como amiga próxima, percebo o quanto essa natureza generosa é gratificante para ela. Ela tem muitos relacionamentos profundos. Mas também vejo como a generosidade consome seu ânimo e como ela se decepciona quando outras pessoas não retribuem esse tratamento. Quando essa amiga minha teve uma breve crise de burnout social, perguntei por que ela não recuava e se doava menos. Ela respondeu: "Sou conhecida por isso. Se eu não continuar, sabe-se lá o que pode acontecer." É assim que ela sempre se comportou nos relacionamentos. Caso estabelecesse limites de uma hora para a outra, será que perderia amigos? Será que as pessoas que dependem dela sofreriam? Será que a veriam com maus olhos? Passaria a ser conhecida por qual característica? O medo do desconhecido afetava seu coração generoso, mas exausto.

O medo de estabelecer limites tem muito a ver com a possibilidade de enfraquecer relacionamentos e status ou o receio do que os outros vão achar. Não tenho como fazer uma afirmação genérica de que nada de ruim vai lhe acontecer só para confortá-lo. O que posso fazer é prometer que as pessoas que o amam e respeitam confiarão que você está fazendo o melhor que pode e que tem um bom motivo para demarcar uma fronteira, especialmente se comunicar isso com gentileza. **Pessoas sensatas que não o consideram apenas um cesto de recursos à disposição delas não se incomodarão se você estabelecer limites.** Se elas querem seu bem, tanto na esfera pessoal quanto na profissional, então *vão* compreender.

Quando sofremos de burnout, precisamos aprender a abraçar o "egoísmo saudável" — um respeito por nossas necessidades, alegrias e liberdades, bem como por nosso próprio crescimento. O egoísmo saudável é o extremo oposto do "altruísmo patológico", um desejo de agradar que sempre põe as necessidades dos outros acima das nossas — quando fazer o bem acaba sendo prejudicial. Ser altruísta demais quando os recursos já estão chegando ao fim afeta a qualidade de vida e nos leva mais rapidamente ao burnout. Ter tato social e saber interpretar o clima é uma coisa; assumir total responsabilidade pelo clima e por como todos se sentem no ambiente é outra bem diferente.

SENTINDO O CLIMA

— Você reparou que a Marge disse "Tudo bem" com uma voz estranha depois que eu disse que não viria na sexta-feira?

Ao ouvir essa pergunta da minha colega, inclinei a cabeça enquanto voltávamos para nossas mesas depois da reunião de equipe.

— Como assim? — perguntei.

Ela olhou nervosamente ao redor e repetiu:

— Ela disse "Tudo bem" de um jeito meio brusco.

— Não percebi, mas, se de fato fez isso, ainda assim disse que está tudo bem — comentei no tom mais tranquilizador que consegui.

Com um suspiro profundo e um "É verdade" pouquíssimo convincente, minha colega se jogou na cadeira. Como eu a conhecia bem, suspeitei que ela ficaria remoendo aquela interação o dia inteiro.

Esse é um exemplo de como saber sentir o clima deixa de ser benéfico e passa a ser prejudicial. É o momento em que uma palavra atravessada pode arruinar o restante do dia. Essa pressão para tentar prever as necessidades alheias e sentir o clima é comum entre pessoas que cresceram em lares onde se planejar em função de opiniões, sentimentos e experiências dos outros era uma maneira de se proteger. Se a necessidade de discernir o humor de alguém pelo som dos passos foi sua realidade, eu sinto muito. Você não merecia passar por isso. Lamento que tenha tido que desenvolver essa habilidade como mecanismo de sobrevivência. Espero que você tenha construído uma nova vida em que esteja sempre rodeado de pessoas com as quais não precise fazer esse tipo de coisa.

Estabelecer limites fica muito mais fácil quando não tentamos prever dez realidades diferentes (o que já é pedir demais, porque não temos nenhuma bola de cristal) e, em vez disso, podemos nos perguntar confortavelmente: "Estou respeitando meus limites e o que tenho a oferecer?" Tenho certeza de que todos nós já passamos pela experiência de estar em uma reunião em que alguém apresenta uma nova ideia de projeto e depois se angustiar com o silêncio que se segue à pergunta: "Alguém pode assumir isso?" Se você for como eu, já começa a sentir culpa e, no mesmo instante, a criar histórias. "Todo mundo deve estar pensando que eu deveria me oferecer, já que estão mais ocupados do que eu. Eu deveria assumir o projeto. Estou me sentindo mal pelo desconforto dos outros, então é melhor me oferecer logo, só para acabar com esse silêncio constrangedor." Quer saber de uma coisa? A pessoa que se sente mais culpada ou é mais empática não precisa assumir todos os fardos. Ninguém está pensando isso de você; é mais provável que seus colegas estejam pensando coisas bem parecidas sobre si mesmos e torcendo para não terem que assumir a nova tarefa. Tentar prever todas essas coisas não passa de um trabalho mental extra que você não precisa ter. Esses pensamentos inúteis não devem ser o árbitro de sua decisão.

A realidade objetiva é que se trata de um projeto que exige três horas. Você tem três horas livres? Faz mais sentido aceitar esse projeto ou manter esse tempo disponível para uma tarefa que esteja mais alinhada com sua função? É fácil acabar se perdendo na confusão interpessoal dos limites — ou seja, como os outros podem se sentir em relação a si mesmos ou a você —, só que, quanto mais conseguirmos focar no pedido em si, mais fácil é estabelecer o limite e não ter a sensação de que estamos esnobando alguém no processo. Você tem uma quantidade limitada de tempo e energia. **Os limites são um reflexo de sua capacidade, não de sua competência.**

MAS O QUE OS OUTROS VÃO ACHAR?

Como diz o ditado, se soubéssemos com que frequência as pessoas pensam na gente, não nos preocuparíamos com o que elas pensam. Na maioria das vezes, as pessoas se preocupam com a própria vida. Se eu disser a um colega que não posso participar de uma reunião às 18h porque meu expediente acaba antes, desconfio que ele possa ficar aborrecido pelo tempo que levará para agendar no próximo horário disponível, mas depois voltará a se preocupar com o que vai fazer para o jantar. Ninguém passa horas a fio pensando em você (e isso deveria ser libertador!). Não dá para viver a vida com medo do que os outros vão achar.

A ideia dos limites é preservar sua sanidade, não machucar os outros. Se preservar sua sanidade machuca os outros, então há um desequilíbrio de responsabilidades. Ainda pode ser difícil estabelecer limites, ainda mais no ambiente de trabalho (o que é irônico, porque deveria ser o lugar mais natural para se estabelecer limites transacionais), então vamos nos aprofundar um pouco mais.

LIMITES PROFISSIONAIS (*SUOR DE NERVOSO*)

No capítulo sobre gerenciamento de tempo, falamos sobre minha cliente Holly. Ela estava com dificuldade de regular a carga de trabalho, pois o gestor havia se comprometido com tarefas adicionais em nome dela — tarefas que ela e a equipe não conseguiriam dar conta de cumprir. Apesar de seus protestos, os superiores não pareciam acreditar que ela ou os subordinados dela haviam atingido seu limite. Conforme o estresse não parava de se acumular e a carga de trabalho só crescia, Holly se deu conta de que, além de uma priorização incisiva, ela também precisaria estabelecer limites. Por mais intimidador que fosse, ela marcou uma reunião para conversar com o chefe. Holly disse o seguinte:

"Atualmente, estou trabalhando oitenta horas por semana. Minha carga de trabalho está insustentável, mas, como a função que eu desempenho envolve contato direto com a gerência e os clientes, tenho que fazer hora extra para não passar uma imagem de incompetência, quando na verdade estou sobrecarregada. Já comuniquei isso antes, e não quero que as pessoas só me levem a sério quando as coisas começarem a ruir. Como podemos reduzir esse volume de trabalho? Qual é o prazo para que isso seja feito?"

O objetivo de Holly com essa conversa ficou bem claro: "As coisas estão insustentáveis do jeito que estão. Como e quando a situação mudará?" Para evitar que esse prazo fosse adiado por tempo indeterminado, ela fez questão de agendar reuniões de acompanhamento. Se essa pergunta não pudesse ser respondida, então era justo presumir que não havia planos para que a carga de trabalho mudasse tão cedo.

Embora seja natural ter medo de que os outros possam interpretar uma conversa assim como se você estivesse dizendo "Não sei fazer meu trabalho", você precisa acreditar que é uma pessoa razoável fazendo um pedido razoável. Nosso tempo e energia diários são limitados. Você não está expressando tal limite para se fazer de difícil, e sim porque se respeita e quer fazer bem o seu trabalho — e sua carga atual não lhe permite nada disso.

No caso de Holly, os gestores resolveram aumentar a equipe para compensar o aumento da carga de trabalho. A situação piorou antes de melhorar, porque, de repente, ela teve que arrumar tempo para treinar novos funcionários, mas, nos meses seguintes, a pressão foi diminuindo aos poucos até ser muito mais fácil lidar com as atribuições. **Muitas vezes, temos que escolher entre ter uma conversa difícil ou ter uma vida difícil.** Muita gente escolhe a segunda para não precisar ter a primeira. **Sempre, *sempre* escolha a conversa difícil.**

A maioria das pessoas não estabelece limites por odiar o trabalho. Na verdade, elas fazem isso porque *gostam* do trabalho e querem que dê certo. O resultado de não protegê-lo com limites muitas vezes envolve se ressentir da situação e ter que deixar o cargo. Se as opções são ter uma conversa difícil ou obrigar a empresa a arrumar outra pessoa para a vaga quando você pedir demissão depois de seis meses, tenho certeza de que, sabendo que contratar e treinar novos funcionários são atividades custosas para as organizações, eles prefeririam que você tivesse a conversa difícil.

O GUIA À PROVA DE LÁGRIMAS PARA ESTABELECER LIMITES DE CARGA DE TRABALHO

Como agir numa conversa sobre limites de carga de trabalho? De forma muito objetiva. Primeiro, divida o trabalho em partes tangíveis. Tente criar um esquema de tarefas atuais, quanto tempo cada uma leva e como isso se encaixa na programação. Ter um elemento visual desse tipo ajuda a fundamentar uma conversa sobre carga de trabalho em recursos concretos, em vez de conceitos menos mensuráveis, como capacidade ou "disponibilidade". A verdade é que você é capaz de quase tudo, mas essa não é uma boa maneira de medir.

Conversas sobre "disponibilidade" costumam ser ambíguas e enganosas. "Você tem disponibilidade?" é uma maneira sutil e imprecisa de avaliar a capacidade, e é impossível responder a essa pergunta com precisão até que você a transforme em uma questão mais direta e focada. O que de fato está sendo perguntado é "Você tem cinco horas esta semana para trabalhar neste projeto?", "Está disposto a dedicar duas horas por semana, ao longo do próximo ano, para ser o ponto de apoio para os novos contratados?" ou "Pode fazer parte deste comitê que requer uma hora por mês após o expediente?". Quanto mais clara for a solicitação, mais clara poderá ser a resposta. E só podemos dar uma resposta adequada se tivermos uma boa compreensão do que ocupa nossa agenda no momento.

Se você se sente soterrado em meio às responsabilidades, faça um esquema da carga de trabalho como mencionado, marque uma conversa e explique como está passando cada hora da semana e quais mudanças gostaria de fazer. Inclua um planejamento solicitado para implementar essas mudanças, para que você não fique à beira do burnout (e, se já tiver chegado lá, não deixe de perguntar se existe algo que possa ser retirado da carga de trabalho por enquanto). Você pode até chegar preparado com uma lista de itens que não se alinhem com seus objetivos mais importantes e como acha que poderia lidar com eles (isto é: pausar, simplificar, delegar ou automatizar). Em vez de simplesmente apresentar um problema ao seu gestor, você apresenta um problema *e* uma solução. Se não conseguirem chegar a uma solução na reunião inicial, marque uma reunião de acompanhamento para saber quando o tema será discutido novamente e não viva em um limbo interminável.

DEIXE AS COISAS DEFEITUOSAS QUEBRAREM

Imagine que você é professor de ensino fundamental e percebe que um dos guardas de trânsito não apareceu para trabalhar um dia. Por bondade, você assume o dever, avisa a escola e não se importa de chegar em casa uma hora mais tarde do que o normal. Você sente que fez uma boa ação. No dia seguinte, você repara que o guarda de trânsito não foi substituído e assume o trabalho novamente, avisando à administração da escola que eles precisam enviar um substituto. Em troca, você recebe uma resposta vaga de que eles estão procurando alguém para preencher a função, mas que estão muito gratos por sua ajuda. No quinto dia como guarda de trânsito, você fica ressentido: já não parece mais uma boa ação. Na verdade, sente que estão lhe passando a perna.

Essa é uma versão do que muitas vezes vivenciamos no trabalho. Há tantas peças em movimento, tanta gente e tanto a fazer para manter a roda girando que, quando surge um problema para o qual existe um quebra-galho conveniente, ninguém prioriza uma solução de longo prazo porque você já está lidando com o problema. Uma das lições mais difíceis de aprender e pôr em prática é que, muitas vezes, **as pessoas não acreditam que algo esteja defeituoso até que quebre.**

A empresa não vai consertar o software que seu assistente Tom está se esforçando para operar manualmente porque o trabalho ainda está sendo feito. Ninguém vai contratar o funcionário extra de que sua equipe tanto precisa, pois, todas as tarefas ainda estão sendo entregues (por mais que todo mundo esteja fazendo hora extra para isso). "Não se mexe em time que está ganhando" não é uma expressão usada apenas em relação à receita favorita de uma avó; é também uma filosofia que muitas indústrias abraçam. Só que o time *não* está ganhado! Precisa ser mexido! Se não vai ser mexido até sofrer uma derrota real — e não uma simples ameaça de derrota —, então é hora de recuar, lavar as mãos e deixar acontecer. (Dentro do que for razoável. Use o bom senso.)

Você já viu aqueles vídeos de esposas que entram em "greve" e não limpam a casa, em uma tentativa de *mostrar* a bagunça aos maridos, em vez de só falar do assunto? Essa é a versão profissional desse exemplo. Tenho uma amiga que estava tão atolada que chegou ao ponto de não distribuir certas tarefas que precisavam ser concluídas até determinada data. Ela levou uma "bronca" por ter deixado a peteca cair, mas conseguiu o apoio que vinha pedindo.

Permitir que as consequências naturais sigam seu curso é difícil, porque muitas vezes requer deixar alguém ou algo fracassar. Não é fácil ver algo em que você trabalhou e com o qual se importa ir por água abaixo. Há também o medo adicional de pegar mal se permitirmos que algo dê errado. Não queremos nosso nome associado a problemas, mas eles não acontecem no vácuo. Você já deve ter levantado essa questão antes e foi ignorado, outras pessoas reconhecem o problema, os funcionários que vieram antes de você passaram pela mesma dificuldade ou a situação está numa longa lista de problemas que "não podem ser resolvidos agora" e sua organização está só vendo por quanto tempo consegue empurrar o caso com a barriga sem precisar encontrar outra solução. Se a empresa depende do esforço humano para preencher lacunas do ponto A ao ponto Z, não é um problema individual; é um problema sistêmico e estrutural.

Pode ser tentador continuar agindo como rede de segurança, seja por parecer garantir estabilidade no emprego, seja por não suportar a ideia de deixar que algo dê errado. Só que você está sendo punido pelos problemas dos outros. Imagine-se dizendo repetidas vezes a uma pessoa que o fogão está quente. Por algum motivo, ela não acredita em você e insiste em querer pôr a mão. Você segue se interpondo entre ela e o fogão e acaba se queimando no processo. Ao assumir o papel de intermediário, você impede que o outro aprenda. Depois de cumprir seu dever de deixar bem claro quais são os perigos envolvidos, talvez a solução seja deixar a pessoa aprender da maneira mais difícil. Deixar que as consequências naturais sigam seu curso não é falta de caráter. Essas consequências ocorreriam de qualquer jeito, com ou sem você; você só está se retirando da equação pelo tempo que for necessário para que a pessoa vivencie o problema por conta própria.

Pense no colega que espera até as 16h30 para pedir sua ajuda com algo. Se toda vez que isso acontece você fica frustrado, mas acaba ajudando mesmo assim, ele aprende que pode continuar fazendo esse tipo de coisa. (Estou partindo do princípio de que você sabe a diferença entre um pedido raro e acidental e uma pessoa que não aprende e faz desse tipo de comportamento um hábito.) Considere a ideia de dizer: "Tenho compromissos às 17h30 todas as noites; quando recebo pedidos no fim do dia, muitas vezes só consigo atendê-los na manhã seguinte." Ou: "Você se importaria de me avisar até as 15h se vai precisar de apoio? Quando recebo pedidos depois disso, não posso garantir que conseguirei priorizá-los até o dia seguinte." Pode ser que seu colega não goste muito de ouvir isso, mas, da próxima vez que precisar de ajuda, vai pedir mais cedo ou vai saber que, talvez, a solução só venha no dia seguinte. Para reforçar esse limite declarado com uma ação, você vai ter que manter sua palavra da próxima vez que o colega tentar violá-lo. Não é fácil, mas **as pessoas aprendem como devem nos tratar com base em como nós nos permitimos ser tratados.** Talvez você tenha que provar algumas vezes que está falando sério antes que o colega acredite.

Quanto maior a distância hierárquica entre você e a pessoa com quem está definindo o limite, maior pode ser a frustração. É intimidador impor um limite com uma pessoa cinco níveis acima de você, que não sabe seu nome nem o que você faz. Você tem que se lembrar de que, não importa com quem esteja falando, limites dizem respeito a recursos e para que tipo de coisas você está disponível. Pode até ser que algum superior não respeite ou não goste de ver que você está estabelecendo um limite, mas não é possível rebater o argumento de que o dia tem um número limitado de horas. "O relatório que você está pedindo é um trabalho que leva duas horas" é um limite inegável. "Estou disponível para participar de uma reunião neste sábado, mas não para todos os sábados" também é razoável. Talvez tenha que ceder ao pedido nas primeiras vezes para demonstrar que "colabora", mas, se o pedido incômodo se tornar uma expectativa regular, precisará encontrar palavras para expressar seus parâmetros. Se acha isso aterrorizante, fique tranquilo, nem tudo é oito ou oitenta. Não é uma questão de "Sim, farei o que você está me pedindo" ou "Não, não vou fazer isso de jeito nenhum". Existe um meio-termo que segue mais ou menos a seguinte linha: "Vou fazer o que estão me pedindo para ter uma noção melhor do que está sendo solicitado e, a partir daí, tentar elaborar uma forma alternativa de atender às necessidades de todos sem ter que me sobrecarregar para sempre." Você não está tentando bancar o difícil; ainda está determinado a fazer o que precisa ser feito, mas está, ao mesmo tempo, respeitando seus limites, protegendo responsabilidades existentes e tentando evitar o burnout (e pedir demissão por impulso). É insustentável ignorar limites e necessidades. Você vai acabar infeliz, eu garanto.

O próximo passo natural é aprender como, de fato, estabelecer esses limites. Então, vamos analisar alguns métodos universais que podem ajudá-lo a expressar suas restrições.

KIT DE FERRAMENTAS DE LIMITES

Aqui estão quatro ferramentas práticas para ajudá-lo a estabelecer limites:

1. **Criar espaço**

    Imagine-se na seguinte situação: você está em uma reunião de equipe e, perto do fim, alguém pergunta:

"Você vai ao happy hour depois do trabalho?" Ao levantar a cabeça, vê que todos os seus colegas estão na expectativa da resposta, e sente aquele impulso automático de dizer "sim", por mais que não soubesse do happy hour e tivesse planejado um descanso muito necessário após o trabalho. **Em vez de aceitar um pedido na hora, acostume-se a criar um espaço para pensar no assunto antes de se comprometer.** Nesse caso, você poderia muito bem responder: "Ah, eu não sabia do happy hour. Preciso conferir minha agenda e depois aviso."

São raras as ocasiões em que precisamos responder na mesma hora. Criar espaço é uma ótima maneira de evitar se comprometer mais do que deveria. Outra maneira de dar a si mesmo um momento para organizar as ideias é fazer uma pergunta adicional. Se uma pessoa pede que você participe de um novo projeto, tente perguntar: "Quais são suas expectativas?" Isso lhe dá um momento para pensar e mais informações que podem ajudá-lo a tomar uma decisão embasada e estratégica.

Um benefício secundário de criar espaço é dar a si mesmo uma chance de se regular emocionalmente antes de responder. É fácil confundir intensidade com urgência ou ficar sobrecarregado no trabalho. Ser capaz de perguntar "Posso tirar um tempinho para levar em conta como isso afeta meus prazos atuais?" e respirar fundo antes de responder pode reduzir o estresse pela metade.

Quando você recebe um pedido e sente indícios de que talvez seja necessário impor um limite (temor, respiração acelerada, necessidade de reorganizar compromissos aos quarenta e cinco do segundo tempo), tente criar espaço antes de responder. Pense nisso como um jeito de recuar e se recompor. Também serve de preparo para estabelecer limites. Por mais que dizer "Posso conferir minha agenda e responder depois?" não estabeleça o limite de forma explícita, prepara o terreno para que você dê seguimento e diga: "Dei uma olhada e não tenho disponibilidade para assumir ____ no momento", "Após conferir minha agenda, só consigo concluir essa tarefa na quinta. Ainda funciona para você?" ou "Posso confirmar que estou disponível para ajudar com *A*, mas não tenho disponibilidade para *B* e *C*".

Você não está se fazendo de difícil. É apenas uma demonstração de que leva as suas responsabilidades a sério.

2. **Usar declarações em primeira pessoa**

Considere a declaração: "Você me microgerencia e precisa me dar espaço para que eu possa trabalhar." Como pode imaginar, as pessoas não costumam estar muito abertas a feedbacks negativos não solicitados. Embora a declaração seja clara (e provavelmente verdadeira), não podemos nos dar ao luxo de sermos tão diretos em nossas relações profissionais ou pessoais.

Um jeito menos rude de sugerir uma mudança é usar declarações em primeira pessoa — tirando o foco do outro e trazendo-o para si. Em vez de "Você me microgerencia", experimente "Eu trabalho melhor quando tenho autonomia" ou "Prefiro trabalhar por períodos ininterruptos e responder às mensagens nos intervalos entre esses períodos". Ao expressar uma necessidade, *você* precisa ser o foco, não a outra pessoa. Quando o cerne da questão é você, suas necessidades ou mudanças, é mais fácil conversar sobre limites sem sentir que precisa convencer o outro do comportamento que ele apresenta ou de mudá-lo. Pesquisas também já mostraram que quem faz mais declarações em primeira pessoa é considerado menos hostil e mais propenso a solucionar problemas. **Não devemos estabelecer limites para mudar as pessoas, e sim para mudarmos nossa forma de *interagir* com elas.**

Digamos que você e um colega de trabalho tenham o costume de conversar no meio do dia para se atualizar sobre o andamento dos projetos em que estão trabalhando. Você gosta daquilo, mas repara que ele sempre transforma a conversa em uma sessão de desabafo, e não tem energia para lidar com isso no meio do expediente. Um exemplo de declaração em primeira pessoa para criar um limite poderia ser: "Reparei que nossas conversas às vezes terminam em desabafo e acho que isso está afetando minha postura em relação ao trabalho, então vou tentar não fazer isso por um tempinho e ver se ajuda." Da próxima vez que um assunto assim surgir, reforce o limite de forma leve: "Espere! Estou tentando reclamar menos, vamos mudar de assunto!" Você não está sendo grosseiro e pode até dizer isso com um sorriso. Acrescente, se necessário: "Sei que é chato, mas preciso tentar porque minha postura em relação ao trabalho está péssima." A leveza pode ajudar a aliviar a tensão em conversas que, normalmente, seriam tensas e difíceis. Se *ainda* assim ele forçar a barra, diga em tom de brincadeira: "Preciso me afastar, tenho que ser forte, desculpe."

Também é possível usar uma declaração condicional, ou uma declaração "se-então". "Se *isso* acontecer, então *aquilo* acontece." "*Se* gritar comigo, *então* vou me retirar até que você esteja em condições de ter essa conversa de maneira razoável." "*Se* me mandar mensagem no meio de uma reunião, *então* responderei assim que ela acabar." "*Se* me mandar um e-mail às 16h, *então* é mais provável que eu só consiga responder no dia seguinte." Muitos limites podem ser estabelecidos dessa maneira. Na verdade, pesquisas mostram que crianças de apenas 3 anos são capazes de entender declarações "se-então". Se uma criança de 3 anos compreende esse tipo de declaração, tenho fé de que os adultos com quem você interage também conseguem. (E, caso genuinamente não consigam, nenhum limite verbal o salvará dessa pessoa — você terá que criar o limite físico do espaço.)

As declarações em primeira pessoa e as "se-então" também podem ajudá-lo fora do ambiente de trabalho. Talvez você sinta necessidade de ter um momento de silêncio para si mesmo depois do expediente, mas não sabe uma forma carinhosa de dizer "Você depende de mim para se divertir e precisa me deixar em paz por uma hora para eu relaxar por conta própria" ao seu companheiro. Em vez disso, poderia dizer: "Estou percebendo que preciso de mais tempo para mim para relaxar, então vou para nosso quarto ler por uma hora todas as noites. Você me ajuda a manter esse compromisso?" Dessa forma, o foco é você e — um bônus extra! —, ao pedir a ajuda do outro para cumprir seus compromissos, ele se sentirá útil, e não privado de alguma coisa.

Você também pode usar uma declaração "se-então" para evitar perguntas pessoais invasivas na próxima reunião familiar. Em vez de sucumbir ao medo e à ansiedade, decida que "se alguém me perguntar sobre ____, vou responder ____ e me retirar". Estabelecer limites nos preserva. Sem eles, podemos nos sentir impotentes diante dos estressores. Quando nos sentimos confiantes definindo limites, temos menos medo do que pode acontecer, porque sabemos que, não importa o que aconteça, poderemos nos expressar e nos retirar, se necessário.

3. **Afirmar o óbvio**

    Vamos supor que, toda vez que você trabalha com um colega, ele espera até o último minuto para enviar o material necessário, forçando você a trabalhar fora do seu expediente para completar o projeto — o que gera ressentimento de sua parte. Afirmar o óbvio para estabelecer um limite pode ser mais ou menos assim: "Antes, você mandava todo o material por volta das 16h. De agora em diante, será que poderia enviá-lo até o meio-dia?" Sem excesso de explicações, sem rodeios; basta usar o óbvio para expressar seu pedido. **Afirmar o óbvio exclui a necessidade de elaborar uma maneira complexa de apresentar um problema.**

    Você não precisa encontrar as palavras perfeitas para explicar o que já aconteceu. A pessoa estava envolvida na situação e não ficará surpresa ao descobrir que você teve que fazer hora extra. Você não está exagerando e dizendo a ela que o atraso na entrega do material é um incômodo; está deixando o óbvio falar por si só. Embora muitas pessoas estruturem esses limites como *o pedido + o motivo*, sugiro que **pense nisso como *o óbvio + o pedido*, deixando que o óbvio sirva de motivo.**

Essa abordagem prática é útil quando se trata de estabelecer limites em relação a como o trabalho é feito. Quantas vezes você já teve dificuldade de dizer aos colegas que acha que a estratégia proposta por eles não vai funcionar? O óbvio é um ótimo substituto para conversas difíceis e desnecessárias que muitas vezes nos desviam da busca por uma solução.

"Da última vez que fizemos o projeto dessa maneira, o resultado foi ____. O que podemos fazer para garantir um resultado diferente desta vez?"

"Com base no tempo que este trabalho ocupou antes, provavelmente levará até ____. É um prazo aceitável?"

"A melhor forma de prever como as coisas vão sair no futuro é ver como foram no passado e no passado ____. Como podemos garantir resultados diferentes?"

Adapte essas ideias para sua situação. Personalidade, mercado e tempo de experiência terão impacto direto na margem que você tem para afirmar o óbvio, mas, num nível básico, qualquer um pode usar essa ferramenta. Não me entenda mal: nem sempre o óbvio deixa as pessoas *felizes*, mas afirmá-lo lhe dá a chance de redefinir expectativas e se posicionar sem sentir a necessidade de explicar seus sentimentos a respeito da experiência. Enquanto proferir uma declaração em primeira pessoa faz de *você* o foco, afirmar o óbvio põe a *situação* no centro. Quer você esteja apontando fatores óbvios na situação atual, quer a partir de situações anteriores (compromisso de tempo, disponibilidade de recursos, prazos), este método o ajudará a definir um limite sem bagagem emocional.

4. **Definir expectativas e chegar a um consenso**
Esta ferramenta é útil para pessoas de tipo A e tipo B que trabalham juntas. Pessoas de tipo A são aquelas que estão sempre à frente do projeto, garantem que tudo seja feito com antecedência e assumem responsabilidade por todo mundo que esteja associado ao trabalho (em outras palavras, tendem a esperar que os outros atendam a seus padrões). Pessoas de tipo B costumam ser mais tranquilas. Para elas, os prazos são mais como sugestões firmes, e o ritmo de trabalho é mais lento do que o dos colegas de tipo A. Um tipo não é melhor do que o outro, contanto que o trabalho seja concluído. No entanto, quando esses dois tipos de personalidade trabalham juntos, muitas vezes surgem tensões.

As pessoas de tipo A querem garantir que as de tipo B façam o que precisam fazer, e o pessoal de tipo B quer que as de tipo A não perturbem. Declarações em primeira pessoa e afirmar o óbvio podem funcionar nesses casos, mas, muitas vezes, uma estratégia mais útil é definir expectativas e chegar a um consenso. Por exemplo, se você é de tipo A, está prestes a trabalhar em um projeto com uma pessoa de tipo B e não acredita que ela terminará o trabalho, você pode dizer: "Para economizar tempo e reduzir idas e vindas, gostaria de deixar claro que precisarei de ____ até ____. Isso funciona para você?" Assim que o colega concordar, mande-lhe um e-mail reforçando o acordo. Embora uma pessoa de tipo B ainda possa considerar a postura autoritária, a clareza inicial evita o microgerenciamento posterior (algo que esse tipo de pessoa *realmente* detestaria) e a ansiedade ou a discórdia que surgiriam na ausência de expectativas claras.

A segunda parte desta ferramenta é tão importante quanto a primeira: você precisa do acordo da pessoa com quem está definindo expectativas. Estabelecer expectativas sem a adesão de todas as partes envolvidas é o mesmo que mandar nas pessoas. (Eu concordo que isso é bem mais fácil, mas, infelizmente, nem sempre é eficaz.) *Colaborar* é de fato ver e ouvir a pessoa com quem se está trabalhando e garantir que ela concorde, para que a dinâmica siga respeitosa.

LIMITES PARA GRUPOS DE RISCO

E se estiver inseguro em definir expectativas? Funcionários juniores, recém-contratados, membros de um grupo marginalizado — por diferentes razões, esses grupos podem sentir uma camada adicional de medo ao se expressarem no ambiente de trabalho. Pode ser que pessoas em grupos de risco não se sintam bem-vindas ao criar limites ou já tenham tido experiências negativas ao tentar estabelecê-los no passado. Esse medo é ainda mais acentuado se o local de trabalho não tiver uma cultura que apoie limites ou inclusão.

Mulheres, pessoas não brancas, pessoas com deficiências, mulheres com filhos, indivíduos plus-size e membros da comunidade LGBTQIA+ têm mais chance de passar por pequenas agressões ou até por discriminação explícita no local de trabalho do que outros grupos. Sendo assim, é útil que essas pessoas aprendam a estabelecer limites com confiança, para que possam se proteger, se necessário. Quantas vezes uma pessoa não branca já foi designada para um comitê de diversidade e inclusão sem que perguntassem se ela queria ou tinha tempo? Quantas mulheres em um ambiente dominado por homens já tiveram que tomar notas das reuniões? Em quantas entrevistas de emprego as mulheres já tiveram que responder às perguntas (ilegais) "Você tem filhos?" ou "Planeja ter filhos?". A coisa nem sempre é tão fácil quanto comunicar uma expectativa de ser tratado com igualdade, não é?

Para início de conversa, experiências anteriores podem ter induzido você a acreditar que definir um limite ou uma expectativa levará a um resultado negativo, como ser considerado difícil ou desordeiro. Uma pesquisa global da Deloitte Women @ Work de 2022 revelou que 16% das mulheres, sobretudo de minorias étnicas, não denunciavam assédio ou agressões por temerem que isso tivesse efeitos colaterais na própria carreira. Elas tinham medo de serem tachadas de *encrenqueiras* se definissem limites. Separadamente, embora não seja um fato isolado, mulheres não brancas também são mais propensas a sofrer de burnout em comparação às que não pertencem a nenhuma minoria. Qualquer discriminação com base em gênero é um fator de risco para o burnout, independentemente da etnia.

Será necessário mais do que estabelecer limites pessoais e profissionais para mudar esses sistemas, mas, de qualquer maneira, saber até onde você consegue ir pode protegê-lo e beneficiá-lo. Quando falamos de forma direta sobre expectativas e limites, não estamos sendo rudes, e sim deixando claro o que é e o que não é aceitável para nós.

Erin L. Thomas — a vice-presidente de diversidade, inclusão e pertencimento da Upwork — me contou um dos primeiros conselhos que dá para pessoas de grupos identitários marginalizados: questione se você internalizou os papéis que a sociedade lhe impôs, como ser a mulher negra super-humana e sempre solidária que *precisa* ser resiliente em relação às demandas. Ela incentiva as pessoas a "se recalibrarem para um padrão mais saudável, de modo que possam encontrar o equilíbrio". Esse processo pode demorar muito, muito tempo, mas é um passo importante para aprender e honrar seus limites.

Thomas destacou a importância de se atentar a duas áreas quando se trata da necessidade de estabelecer limites:

1. Falta de visibilidade, reconhecimento e/ou acesso a oportunidades;
2. Falta de respeito ou segurança.

Se essas questões estiverem comprometendo sua experiência profissional, é seu direito se defender. "Na dúvida, compartilhe e se posicione." Você é sua primeira linha de defesa. A grande dúvida é: como estabelecer um limite de forma segura e eficaz? "O cálculo varia de pessoa para pessoa", afirma Thomas — a cultura do escritório, o estilo de comunicação, a confiança nos canais formais —, mas você ainda pode levar em conta outras opções, também oferecidas por Thomas: "As pessoas se concentram em apenas uma abordagem, mas existem várias maneiras de lidar com uma situação, desde se recolher e traçar um plano para lidar com o problema por conta própria até se expressar abertamente, buscar apoio informal ou conduzir a questão pelos canais de denúncia obrigatórios."

- **Treine em particular.** Treine situações em que você estabelece limites para que se acostume a se expressar — pode ser sozinho ou com um colega ou amigo de confiança.

Assim, da próxima vez que for interrompido e tiver que intervir com um "Com licença, vou só concluir meu raciocínio e depois passo a palavra para você", você se sentirá mais confortável.

- **Busque apoio.** Peça a colegas de confiança que endossem você em reuniões e ajudem a esclarecer os fatos — "Amanda dedicou muito tempo para aprimorar a apresentação inicial" —, para que haja uma percepção mais precisa de suas contribuições. Vamos supor que você fez uma sugestão ou finalizou um projeto pelo qual outra pessoa recebeu o crédito. Os colegas que aceitarem de bom grado defender sua causa podem estar preparados para lhe dar apoio ou para pôr os pingos nos is em tempo real. "Ótima sugestão, Amanda; gosto de onde você quer chegar com isso", "Quando Amanda apresentou essa ideia na última reunião, lembro de ter achado inovadora", ou "Foi Amanda que liderou aquele projeto, então pode agradecer a ela!".

Se precisa estabelecer um limite difícil, mas não tem certeza se é importante o bastante para ter o respeito das pessoas, outra tática que recomendo é descobrir que pessoa próxima está disposta a ser sua "cc". Sua "cc" é aquela pessoa que topa apoiá-lo e quem você pode incluir nos e-mails, se necessário, para fortalecer um argumento. "Frank, que nos lê em cópia, gostaria de ser informado para que também possa ver o material que você vai enviar na sexta." Se o destinatário considerava sexta-feira um prazo negociável, deixará de achar. Ninguém quer passar atestado de puxa-saco incluindo os outros nas interações, mas, às vezes, uma testemunha e um pouco mais de responsabilização são necessários. Nessas situações, os Franks ajudam com prazer — é o trabalho de mentoria mais fácil que existe. Apoiar um funcionário em ascensão pelo pequeno preço de ser copiado em um e-mail de vez em quando? Ajudar dessa forma envolve pouco ou nenhum inconveniente para Frank, mas é importantíssimo para a pessoa que o recruta. Caso você seja líder, também pode oferecer esse serviço aos membros de sua equipe como um gesto de solidariedade.

- **Faça perguntas.** Caso você tenha sido convidado para participar de um painel e suspeite que seja um caso de tokenismo — ter sido chamado apenas para criar uma ilusão de diversidade —, peça esclarecimentos. Qual é o meu papel nesse painel? O que se espera que eu faça para me preparar para a ocasião? Como me encaixo nesse grupo? Como isso beneficia meu time? Às vezes, tirar essas dúvidas já é suficiente para transmitir sua mensagem. Quando as perguntas forem respondidas, você poderá decidir se precisa estabelecer limites.
- **Considere canais formais.** Especialmente quando se trata de questões de respeito e segurança, não ignore a opção de levar sua experiência a um líder de confiança, ao RH ou ao diretor de diversidade, se a empresa tiver um. Uma vantagem de seguir esse caminho é que a responsabilidade da situação passa para as mãos da empresa. Thomas explica que muitas pessoas gastam energia tentando decidir se os incidentes justificam estabelecer limites ou fazer uma denúncia. Ela insiste que, caso você esteja tendo uma experiência abaixo do esperado e uma série de limites violados está prejudicando o seu desempenho, isso não é um problema *seu*, e sim da empresa. É o caso de levar o assunto aos canais cuja responsabilidade é encontrar uma solução. "Descobrir como tornar o ambiente de trabalho

mais seguro e igualitário não é trabalho seu, e sim do RH ou do jurídico", afirma Thomas. "Seu trabalho é compartilhar a experiência." Se não se sente à vontade com a ideia de usar os canais disponíveis, pode optar por uma saída mais informal e relatar a experiência numa pesquisa de funcionários ou buscar apoio social e criar um plano para lidar com qualquer situação que possa surgir.

- **Crie um registro.** Independentemente da maneira como você lida com a situação no momento, é uma boa ideia manter registros de interações e conversas.

As pessoas determinam a cultura, então é nossa responsabilidade coletiva contribuir para um local de trabalho seguro, respeitoso e inclusivo. Você pode ser um aliado, dando apoio ativo a um grupo marginalizado do qual não faz parte de diversas formas: camaradagem, participação ativa em grupos de recursos para funcionários, disponibilizar-se para ser copiado nos e-mails de quem precisar. Caso esteja em uma posição de liderança, divulgue políticas que estabeleçam as bases para práticas de trabalho saudáveis e demarcação de limites. Criar esse tipo de apoio social ajuda a aliviar o peso emocional causado pela discriminação e pode fazer com que os grupos marginalizados se sintam menos intimidados ao impor limites.

QUANDO NÃO TEMOS ESCOLHA

Quando ouvi um líder responder a "Preciso de apoio, minha equipe está muito ocupada" com "Todo mundo está ocupado" pela primeira vez, meus olhos quase saíram das órbitas. Muitas indústrias e empresas dependem do excesso de trabalho dos funcionários para manter a roda girando. Muito se fala sobre "suar a camisa" e "fazer por merecer", mas isso só mascara a dura realidade: é coisa demais. Se não fosse, não haveria tantas pessoas fazendo as mesmas reclamações.

Como podemos estabelecer limites em ambientes que não são propícios a isso?

1. Esclareça para si mesmo o que precisaria mudar para não se esgotar.
2. Veja se existe um prazo para esse tipo de mudanças.
3. Se houver um prazo, faça um acompanhamento quando for apropriado; se não houver, aceite que talvez essa seja a função.
4. Avalie como você se sente a respeito da sua função: se já sabe que não é sua praia e precisa sair, comece a tomar medidas para isso (entraremos em mais detalhes no capítulo sobre o momento de se afastar). Se por enquanto você não pode sair e os limites só proporcionam alívio até certo ponto, utilize outros pilares contra o burnout (mindset, cuidados pessoais, gerenciamento de estresse e de tempo) para suportar no meio-tempo. Pode ser que você não consiga transformar as circunstâncias na situação dos seus sonhos, mas pode, pelo menos, torná-las mais suportáveis.

GERENCIAMENTO EMOCIONAL: COMO SE PROTEGER

Rachel trabalhava na indústria farmacêutica e tinha um chefe tão instável que fazia Michael Scott — o gerente fictício da série

The Office: Vida de escritório — parecer aceitável: de pavio curto e imprevisível. Muitas vezes, ela saía das reuniões com o chefe sentindo a necessidade de se deitar em posição fetal num lugar tranquilo. Todos os subordinados diretos admitiam entre si que ele causava altíssimos níveis de estresse.

Rachel é uma funcionária dedicada que queria agradar ao chefe, mas o temperamento instável que ele sempre apresentava a atrapalhava: tinha dificuldade de manter as próprias emoções sob controle e trabalhar. Em pouco tempo, percebeu que precisava dar um jeito de estabelecer limites emocionais com o chefe, pois absorver a energia dele e participar de reuniões sem uma armadura mental a deixava exausta. Se você já trabalhou com alguém cuja regulação emocional é tão precária que acaba virando um problema de todos, esta seção é toda sua.

Rachel precisava de um limite emocional para ajudar a criar uma distância entre ela e os sentimentos do gerente. Em vez de levar as ondas de irritação, raiva ou negatividade para o lado pessoal, ela repetia para si mesma antes, durante e depois das reuniões: "Os sentimentos dele não são meus sentimentos."

O OUTRO E OS SENTIMENTOS DELE	VOCÊ E SEUS SENTIMENTOS
NEGATIVIDADE / IRRITAÇÃO / FRUSTRAÇÃO / CRÍTICA / TRISTEZA / INFELICIDADE	CALMA / CONSIDERAÇÃO

"OS SENTIMENTOS DO OUTRO NÃO SÃO MEUS SENTIMENTOS."

Rachel precisava lembrar que absorver e tentar gerenciar os sentimentos dele não é o que faz dela uma boa funcionária (e nem faz parte da descrição de seu cargo); o que faz dela uma boa funcionária é ser competente no serviço, e isso ela é.

Se você tem colegas que não conseguem regular as próprias emoções ou se trabalha com clientes que exigem muito apoio emocional e você tem uma tendência a absorver os sentimentos das pessoas à sua volta, corre o risco de sofrer de fadiga por compaixão. Esse tipo de fadiga acomete quem gerencia e cuida emocionalmente dos outros, e pode resultar em esgotamento físico e emocional. É comum em áreas em que o funcionário lida com uma variedade de emoções e necessidades, como enfermagem, ensino e serviço social. Mas pode acontecer em qualquer situação profissional na qual uma pessoa sensível tem contato regular com alguém que parece exigir mais compaixão e, francamente, mais energia. (A fadiga por compaixão também é mais comum em quem está enfrentando um burnout, porque, se já estamos física e psicologicamente esgotados, temos menos recursos disponíveis para usar.) A compaixão é um recurso limitado, assim como o tempo, a energia ou o dinheiro. O gerenciamento emocional só se estende até certo ponto antes de atingirmos o limite.

Assim como Rachel, você tem que relaxar e separar as partes logísticas de seu emprego do trabalho emocional que está realizando. Caso esteja internalizando e assumindo a responsabilidade por cada estressor emocional que encontra, você só está prejudicando a si mesmo. Esgotar todos os seus recursos rápido demais e virar uma pessoa emocionalmente exausta compromete a capacidade de atuar e outras áreas que necessitam de atenção. Embora possa parecer altruísta internalizar as emoções alheias, exagerar na dose acaba limitando nossa capacidade de estar presente e ajudar o máximo possível de pessoas. E é mais provável que ter compaixão por si mesmo alivie a exaustão emocional e reforce a ideia de que **os sentimentos do outro não são seus sentimentos.**

LIMITES PESSOAIS: LIMITES EM SUA VIDA PESSOAL

Quinn, filha única de uma mãe exigente, foi criada sob amor condicional. Caso não visitasse a mãe sempre que tivesse um dia livre, se vestisse como ela preferia, participasse das atividades extracurriculares que ela mais respeitava, enfrentaria uma onda desproporcional de decepção, raiva ou tristeza. A mãe de Quinn era adepta de chantagens emocionais do tipo "Depois de tudo o que fiz por você... você é tão ingrata... devo ser a pior mãe do mundo mesmo...". Crescer nesse tipo de ambiente fez de Quinn uma adulta que tentava agradar a todos e que tinha dificuldade de defender as próprias necessidades, além de *definitivamente* resistir à ideia de estabelecer limites que pudessem chatear alguém. Ela atraía amigos e parceiros que se aproveitavam dela, a criticavam e, de maneira geral, reforçavam a crença de que, quando ela não fazia o que eles diziam, seu valor diminuía. Esse mindset era um peso na mente, no corpo e no espírito dela, mas a alternativa — correr o risco de chatear os outros — parecia impensável. Estabelecer limites pessoais é intimidador porque as pessoas que fazem parte de sua vida podem machucá-lo de um jeito que não acontece no escritório. Podemos procurar um novo emprego, mas não podemos arrumar uma nova mãe.

"Fazer do trabalho sua identidade" é um conceito aceito que, como cultura, finalmente começamos a discutir e combater. Mas é uma prática tão comum quanto fazer dos relacionamentos nossa identidade. Há quem permita que os relacionamentos — a forma como os outros nos veem e o que nos falam sobre nós mesmos — determinem o valor próprio. O desenvolvimento da autoconcepção começa na infância, quando a gente começa a receber feedback dos outros. Quando levamos guloseimas para a sala de aula e recebemos atenção positiva dos colegas, ou quando ajudamos a professora e ela nos diz que somos atenciosos, interpretamos esse feedback da seguinte maneira: quando fazemos coisas pelos outros, somos atenciosos e benquistos. A partir daí, podemos começar a acreditar que o oposto também é verdade: quando não fazemos coisas pelos outros, não somos tão benquistos. É assim que nossa identidade começa a depender do que os outros pensam da gente. Se deixarmos isso continuar, a situação se transforma numa vida inteira em prol de agradar a todos e permitir que as necessidades, os sentimentos e a percepção alheios ditem nossa vida.

Como saber se é necessário estabelecer um limite pessoal? Reflita se você está fazendo algo por causa de fatores motivacionais positivos ou negativos. Fatores motivacionais positivos incluem amor, empolgação ou desejo genuíno. Por exemplo: "Quero terminar este livro porque é muito bom" ou "Quero ir ao jantar de família porque sinto falta das pessoas e quero passar um tempo com elas". Fatores motivacionais negativos envolvem culpa, medo e decepção. Por exemplo: "Eu não gostei desse livro, mas vou ler inteiro porque o comprei" ou "Deveria ir ao jantar de família; caso contrário, vão reclamar e me fazer sentir culpa por não ter ido". Ao esclarecer qual é a motivação, você perceberá com mais clareza o que faz para evitar culpa e o que o faz se sentir *bem*.

Há também uma diferença entre priorizar os outros quando temos recursos de sobra e priorizar os outros à custa dos poucos recursos que nos restam. Os períodos de burnout costumam ser um dos únicos momentos em que as pessoas que tentam agradar a todos se permitem estabelecer limites. Elas chegam à conclusão de que a situação finalmente ficou "ruim o suficiente" e que não têm escolha a não ser expressá-los: "Sinto muito, não quero ser rude, mas estou tão sobrecarregado no momento que vou ter que dizer não." Muita gente tem dificuldade de justificar e de manter esse limite até chegar a certo nível de desespero.

O que muita gente que tenta agradar a todos descobre assim que chega ao fundo do poço é que as pessoas não vão parar de pedir coisas. Por exemplo, talvez você tenha dito ao seu companheiro que quer assistir ao programa a sós, com seu petisco favorito, e foi para outro cômodo com o lanche na mão. Caso ele vá atrás de você e comece a falar de uma conversa que teve no trabalho, você vai precisar reafirmar seu limite: "Você se importaria de ter essa conversa depois de eu assistir ao meu programa? Quero saber sobre seu dia, mas primeiro preciso relaxar." "Eu preciso desconectar um pouco a mente antes de poder lhe dar atenção total. Posso procurar você depois?"

A pergunta que você precisa fazer a si mesmo não é "Quanto eu tenho que dar?", e sim "Quanto tenho que dar sem comprometer o que é importante para mim?". Tecnicamente, você poderia reorganizar o fim de semana inteiro porque um amigo está de mudança e mandou um SOS no grupo de amigos para ver quem poderia ajudar, mas isso também exigiria que você abrisse mão da manhã de sábado tranquila com a qual sonha a semana inteira, o passeio despreocupado à feira ou o almoço que já tinha combinado com sua mãe. Existem muitas oportunidades para mostrar que você se importa com as pessoas que fazem parte de sua vida. E aposto que já se mostrou presente na maioria delas. Seu amor por essas pessoas não será questionado se você disser um não de vez em quando.

Sinta-se à vontade para definir limites pessoais tendo em mente que eles fortalecem relacionamentos, não o contrário. **Limites não são uma forma de rejeição, e sim um convite para manter um relacionamento firme sem ressentimentos.**

PESSOAS DIFÍCEIS
(TODOS NÓS TEMOS ALGUMAS AO NOSSO REDOR)

Para muitos que sofrem de burnout social, pessoas difíceis são a fonte do desgaste. Elas são emocionalmente instáveis, imaturas ou autoritárias. Também tendem a odiar quando lhe impõem limites e os colocarão à prova. Quando alguém questiona um limite, pode parecer que está dizendo "Sei mais do que você" ou "Você deveria viver a sua vida seguindo meu conselho, em vez da opção que escolheu". Na maioria das vezes, **as pessoas que têm problemas com seus limites são aquelas que se dão bem quando você não define nenhum.** Quando você se sentir tentado a ceder a essas afirmações, lembre-se: **as pessoas são como são porque já fizeram isso antes e deu certo.** Alguém que ouve um limite e continua forçando a barra já conseguiu derrubar os limites de outras pessoas antes.

Mesmo diante de um limite violado, pessoas gentis costumam deixar de reforçá-los por excesso de empatia: "Ele só é assim porque ____", "Ele cresceu ____, então não é culpa dele". **Só porque você sabe por que alguém é do jeito que é, não significa que esteja tudo bem.** "Ele só me liga chorando e dizendo que sou uma decepção porque a mãe dele o tratava assim e ele ainda não conseguiu superar." Ok... e você não acha que ele deveria melhorar? Se não permitiria que um amigo fosse tratado desse jeito, não deveria se sujeitar a esse tipo de tratamento.

Existem certos tipos de pessoas na vida que tendem a necessitar de limites:

- Carentes: esperam mais de nós do que podemos oferecer;
- Bullies: forçarão a barra se não fizermos o que eles querem;
- Imprevisíveis/abusivas: nos tratam de forma injusta e nos deixam sempre em estado de alerta;
- Sentem-se no direito de exigir: tentam pôr na sua cabeça que é surpreendente você ter a audácia de não estar tão disponível quanto gostariam;
- Indutoras de culpa: usam a culpa como arma para conseguirem o que querem de você.

Não estou dizendo que essas pessoas não possam ser boas companhias ou que não se importem com você à maneira delas. Só que, normalmente, elas apresentam sérias exigências emocionais e uma necessidade de limites firmes de sua parte. Se você não puder ser irredutível e se tratar de um relacionamento voluntário (como amigos ou um parceiro), sugiro que você procure a saída mais próxima. Se for o caso de um relacionamento involuntário (como um parente ou alguém com quem você divide moradia), reconheça quando seus limites estão sendo violados e tenha algumas estratégias na manga para estabelecê-los (declarações em primeira pessoa, respostas "se-então", afirmar o óbvio, definir expectativas).

"VÁ TROCAR DE ROUPA, SENÃO VOU LEVAR UMA BRONCA DA SUA ABUELITA"

A cultura norte-americana é bastante individualista. Nos orgulhamos de nossa independência. Muitas vezes, nossos laços familiares são frágeis. Por outro lado, em culturas coletivistas, como na Ásia, África e América do Sul, relacionamentos interpessoais são primordiais, e muitas vezes espera-se que os membros da família (principalmente as crianças) reflitam tradições e valores culturais de gerações passadas; sua identidade individual e suas necessidades não estão acima do grupo — são parte do todo. Se você vem de uma cultura coletivista, não é incomum que tenha dificuldades com limites, ainda mais no contexto familiar.

Eu venho de uma cultura hispânica e minha família é *muito* próxima. Acho que não há nenhuma pessoa de nossa árvore genealógica que já não tenha abrigado outros parentes em algum momento. Precisa de um carro emprestado? *É claro. Vai passar aqui em cinco minutos? Tudo bem, vou preparar algo para beliscarmos.* Eu vou para o exterior; conhecemos alguém na Espanha? *Ah, temos uns primos distantes que nunca vi na vida. Podemos passar uma semana com eles.* Alguém é contra o comprimento de sua saia ou o tamanho do decote? Você vai saber. Alguém acha que deveria ter mais filhos ou não gostou do que você postou nas redes sociais um mês atrás? A pessoa vai falar isso na cara — provavelmente na frente de um grupo.

Esse estilo de vida é permeado de amor — sempre vai ter alguém para cuidar de você e sua rede de apoio é extensa. Mas, se planeja fazer escolhas que batam de frente com as opiniões do grupo, é melhor se munir de limites. É difícil começar a estabelecer limites com pessoas próximas se você nunca fez isso antes, mas é essencial para proteger sua saúde mental.

Certa vez, atendi uma moça encantadora chamada Pamela, que estava aprendendo a se virar pós-faculdade como enfermeira de pronto-socorro. Pamela veio de uma cultura coletivista, assim como eu. Além de ter que se adaptar ao trabalho estressante, os pais tinham expectativas irreais em relação à frequência de ligações. Quando ela não atendia às chamadas deles — porque estava trabalhando —, eles a faziam se sentir culpada quando se falassem. Às vezes, falavam em tom de "brincadeira" que ela não tinha tempo para eles, mas perguntavam quando a veriam de novo, já que ela vivia *ocupadíssima*, e compartilhavam histórias dos filhos de amigos que ligavam e visitavam os pais com mais regularidade. Pamela precisava de limites para ajudá-la a definir expectativas.

Depois de pensar sobre a frequência com que *gostaria* de falar com os pais (um fator motivacional positivo, e não um negativo, como culpa), ela acabou dizendo a eles que ia ligar todos os domingos de manhã, para que pudessem tomar um café virtual juntos, e os visitaria a cada dois meses. Ela também comunicou que os amava e que queria compartilhar a vida com eles, mas, caso começassem a pegar no pé dela, Pamela ia apontar o problema e mudar de assunto. Repito: o objetivo dos limites não é mudar o outro. Talvez eles ainda puxassem assuntos desagradáveis, mas ela sabia que, *se* isso acontecesse, *então* teria uma resposta que a protegeria. Com o tempo, seu limite declarado e reforçado foi absorvido, e a frequência com que ela encerrava as ligações com dor de barriga reduziu significativamente.

Foi uma decisão assustadora para Pamela, a sensação era de que poderia prejudicar o relacionamento com os pais. Mas, se formos sinceros com nós mesmos, **muitas vezes as relações que temos medo de comprometer já estão comprometidas, só que de uma forma diferente.**

FRASES E TONS: VOZ DE ATENDIMENTO AO CLIENTE *VERSUS* VOZ DE CEO

Pense em qual seria sua opinião sobre duas pessoas que precisam sair mais cedo de uma reunião. A primeira pessoa afirma, confiante: "Infelizmente, vou precisar me retirar mais ou menos quinze minutos antes. Farei questão de revisar os tópicos da reunião para ter certeza de que não perdi nada." Visivelmente nervosa, a segunda pessoa declara: "Mil desculpas, será que teria problema se eu saísse quinze minutos antes? Tenho outro compromisso e tentei reagendar, mas não consegui. Se não for possível, vou tentar me reorganizar. Sinto muito pelo transtorno." O objetivo é ter a confiança da primeira pessoa. **Impor seus limites de forma adequada já é meio caminho andado para reforçar suas palavras.**

Você se impõe com voz de atendimento ao cliente ou voz de CEO? A voz de atendimento ao cliente é fina, faz tudo parecer uma pergunta e transmite um tom complacente de quem pede desculpas. Já a voz de CEO tem um tom mais grave, termina as frases com uma entonação mais assertiva e exala autoridade e confiança.

Só de ouvir o tom e a escolha de palavras de alguém, já dá para saber se essa pessoa pode ser manipulada. Dá para ouvir pelo tom como ela sente muito por ocupar espaço. Estudos revelaram que a qualidade vocal e o tom de voz causam uma impressão maior do que o conteúdo do que é dito, que mulheres que terminam frases como se fossem perguntas geram menos credibilidade e que, quanto mais grave a voz de um homem, mais dinheiro ele ganha. (Loucura, eu sei, mas é verdade.)

Há evidências demais para ignorarmos o fato de que o tom e a elocução influenciam a credibilidade da mensagem. Demorei muito para aprender a me impor. O objeto com o qual eu mais me identificava era o capacho. Mas fui desenvolvendo coragem quando comecei meu próprio negócio. Antes, eu podia me apequenar porque *era* pequena no plano geral da empresa. Pensando hierarquicamente, meu cargo era baixo, eu podia me esconder atrás do meu gestor e eram raras as ocasiões em que eu tinha que me impor. Entretanto, quando comecei meu próprio negócio, foi um batismo de fogo. Eu mesma me representava, e isso me forçou a parar de ser tímida e começar a ocupar espaço.

Como discutimos no início deste capítulo, há limites declarados e ativos. Posso até sugerir frases para você usar e declarar esses limites, mas também é preciso coragem para reforçá-los com seu tom e suas ações. Aqui estão algumas ferramentas para estabelecer limites pessoais:

Redirecionamento: Ajustar o pedido para algo dentro de sua capacidade.

"*Infelizmente, não vou conseguir ir a* ____, *mas adoraria* ____."

"*Lamento, tenho que priorizar* ____ *nesse dia, mas se você estiver livre na sexta, será que poderíamos* ____?"

Não é tudo ou nada. Você ainda pode satisfazer o relacionamento, por mais que não seja com o pedido original. É um ótimo jeito de evitar pedidos que o esgotem e favorecer aqueles que se adaptem melhor ao seu gosto. Por exemplo, se uma amiga vai dar uma grande festa e você sabe que odeia esse tipo de evento e mal conseguiria conversar com ela lá, sugira tomarem um café ou um drinque na semana seguinte. Talvez haja uma grande reunião de família da qual você sentiria culpa se não participasse, e não existe um substituto fácil para isso. Você poderia decidir ir e só passar uma hora no evento. Apareça e abrace todo mundo, mas depois retire-se antes que se sinta esgotado.

Explicação geral: Expressar que, por motivos pessoais, você estará ausente por um tempo indefinido. É útil em períodos agitados.

"Oi! Estou passando por um período atribulado no trabalho, então estarei no modo antissocial até ____. Quando eu sair dessa, adoraria ____."

"Oi! Não queria que você achasse que estou te ignorando, então já aviso que estarei ausente por mais ou menos três meses, enquanto lido com uma fase bem atarefada! Amo você, te vejo quando essa fase passar <3"

"Não estou disponível" não significa "Eu te odeio", e pessoas sensatas sabem disso! **Se um relacionamento só funciona quando você está disponível no tempo da outra pessoa, então só vai durar enquanto você tiver recursos para oferecer.** Definir expectativas nos relacionamentos pode ser bem útil para reduzir possíveis estressores sociais.

"Não" é uma frase completa: Por mais que a gente ame ter um motivo formulado, nem sempre uma explicação é necessária.

"Droga. Não vou poder ir, mas espero que você se divirta!"

"Infelizmente, depois de conferir minha agenda, descobri que não posso ir :("

E, é claro, você pode muito bem usar as ferramentas que já aprendeu para estabelecer limites pessoais (aí vai um resumão):

Criar espaço: "Me dê um tempinho para pensar e depois eu respondo."

Usar declarações em primeira pessoa: "Não vou poder atender ligações no expediente porque é difícil voltar a me concentrar depois. Se eu não atender sua chamada, ligo de volta assim que puder :)"

Usar declarações "se-então": Saber que se tia Mandy mencionar ____, então vou abrir um sorriso e dizer: "Ah, na verdade, não quero falar sobre isso, você me dá licença?" Em seguida, me afasto.

Afirmar o óbvio: "Toda vez que falamos sobre ____, a conversa termina em discussão. Para evitar brigas, vamos evitar o assunto."

Definir expectativas: "Mas que honra ser chamada para ser sua madrinha de casamento! Quando você tiver um tempinho, adoraria saber quais são as suas expectativas para as madrinhas, para que eu tenha uma noção melhor do que será necessário em termos de agenda e custos antes de aceitar. Quero ter certeza de que posso me comprometer antes de dizer sim!"

Agora, você já conhece seus indicadores pessoais de que um limite precisa ser estabelecido, sente-se à vontade para estabelecer um limite razoável, está disposto a deixar cada pessoa administrar os próprios sentimentos e tem frases e ferramentas à mão para usar quando já deu tudo que podia ter dado. **Estabelecer limites não significa afastar pessoas e se fazer de difícil; os limites são uma bandeira branca que você estende porque se importa a ponto de não abandonar tudo e ir embora.** São sua maneira de preservar a si mesmo, sua qualidade de trabalho e de vida para que possa continuar funcionando adequadamente.

Os limites são cruciais para nos preservarmos diante de estressores. Mas nem sempre podemos nos livrar de uma situação estressante estabelecendo limites. Para ajudar a extinguir a chama que alimenta boa parte do burnout, precisaremos recorrer ao último pilar do gerenciamento de burnout: o gerenciamento de estresse.

CAPÍTULO 7

Gerenciamento de estresse

Quando "lutar ou fugir" vira rotina

Bill me procurou depois que o médico alertou que, se ele não reduzisse o estresse, acabaria no hospital com dores no peito… *de novo*. Sua pressão arterial estava nas alturas, ele vivia ansioso e mal conseguia dormir. Bill tinha fundado uma empresa de investimentos bem-sucedida e administrava milhões de dólares. Seu negócio estava em ascensão, só que o estresse no trabalho vinha lhe afetando a saúde. Bill acordava em pânico no meio da noite para ver os e-mails, trabalhar aos fins de semana já tinha virado rotina e ele estava enfrentando problemas conjugais com o marido por conta daquele estilo de vida sempre on-line. Bill se sentia morrendo aos poucos.

Como já vimos, o burnout é resultado de estresse prolongado. Bill vivia sob estresse constante, sem alívio, e o corpo e a mente dele sentiam as consequências. Quando sentimos o estresse — qualquer coisa que nos preocupe ou chame nossa atenção de repente —, o cérebro reage enviando adrenalina (ou epinefrina, que prepara músculos, coração e pulmões para trabalharem mais), gordura e açúcar (glicogênio, para nos dar combustível para reagir ao estressor), e cortisol ("o hormônio do estresse") ao corpo, mantendo-o em estado de alerta até que a ameaça desapareça. Esse fluxo de hormônios configura o que muitas vezes chamamos de modo "luta ou fuga" — ou uma tentativa de nosso sistema nervoso simpático nos preparar para o estressor.

Quando encontramos um estressor, o corpo busca uma liberação física para essa energia extra, para que possamos retornar ao equilíbrio natural. O problema é que nem sempre podemos reagir aos estressores modernos da forma como nosso sistema primitivo de luta ou fuga nos preparara. Quando recebemos uma quantidade esmagadora de e-mails, não podemos fugir deles. Quando um colega de firma nos culpa por um erro, não podemos lutar com ele. (Quer dizer... até *podemos*, mas é bem provável que o segurança nos retire do prédio pouco depois.) Viver cheio de cortisol e adrenalina sem uma forma de dissipá-los pode nos fazer sentir "no limite" ou "à beira de um ataque", a um passo de nos transformarmos naquele cara que soca a parede.

Sentimentos como medo e raiva alimentam essa chama ("Vou ser demitido!", "Que raiva do Craig, ele estragou nosso trabalho *de novo*!", "Como é que vou terminar tudo isso a tempo?!") e nos mantêm num estado constante de ansiedade que é difícil de desligar. Para surpresa de ninguém, quando enfrentamos o burnout, viver sob estresse prolongado pode ter efeitos graves de longo prazo na saúde. Estresse crônico é um precursor de doenças cardíacas e distúrbios imunológicos porque a exposição prolongada a esse transtorno causa inflamação, desequilibra hormônios e esgota o corpo. A *pior* coisa que podemos fazer é continuar nos expondo a estressores sem nenhum alívio.

Então, como aliviar o estresse? Discutiremos várias táticas ao longo deste capítulo, mas, em resumo, você precisa de a) algum tipo de alívio físico e b) garantias de que está seguro. Alívio físico significa fazer algo para gastar a energia acumulada — exercitar-se para aumentar a circulação sanguínea, pôr uma música animada e dançar, chorar sem reter as lágrimas ou pôr tudo para fora por um momento e socar o travesseiro. As ações físicas ajudam o corpo a processar o estresse e o convencem de que a ameaça já passou, como explica Emily e Amelia Nagoski, autoras de *Burnout: O segredo para romper com o ciclo de estresse* (um ótimo conteúdo sobre estresse). A garantia de que estamos seguros requer afirmação — através de raciocínio lógico, apoio de outras pessoas, ou até mesmo uma mudança de ambiente — de que não existe nenhuma ameaça imediata e que podemos relaxar. Como seres humanos, essas são as respostas fisiológicas *inatas* ao estresse. No entanto, a resposta *condicionada* é reprimir esses impulsos de liberação de estresse porque aprendemos que são inconvenientes ou impróprios.

Podemos ver em crianças versões orgânicas de um processo saudável de liberação de estresse. Por exemplo, uma criança deixa cair um brinquedo que faz um barulho (estressor); a criança se assusta (resposta hormonal ao estresse); chora (uma expressão de suas emoções que reduz a resposta ao estresse); depois, ela pega o brinquedo e volta a brincar (recuperação). O estresse da criança aumenta, ela o expressa e, por fim, o estresse diminui.

Conforme vamos envelhecendo, somos treinados a deixar de lado as respostas naturais em favor de reações socialmente aceitáveis. Por exemplo, quando recebemos más notícias na frente de outras pessoas, espera-se que reprimamos sentimentos para que os outros não percebam nosso desconforto e, depois, desabafemos em nosso próprio tempo. **Na adolescência, nossa resposta ao estresse é tratada como uma escolha, em vez de uma reação humana inevitável.** É claro que não queremos chorar no trabalho ou toda vez que tivermos uma conversa difícil com um amigo, mas são tentativas fisiológicas naturais de aliviar o estresse.

Imagine que você tenha uma jarra que acumula estresse ao longo do dia.

- MUITO ESTRESSADO!
- ESTRESSADO
- NÃO MAIS TRANQUILO
- TRANQUILO

JARRA DE ESTRESSE

Quando você está ciente e gerencia seu estresse, vai esvaziando a jarra ao longo do dia. O ideal é que, no fim do dia, a jarra de estresse esteja praticamente vazia. Quando você não presta atenção ao acúmulo de estresse, encontrará a jarra cheia no fim do dia. Isso pode gerar sentimentos de exaustão, extrema frustração e raiva ao ver que o estresse do trabalho está invadindo seu tempo livre — será preciso usar o tempo *pós*-trabalho para relaxar e esvaziar a jarra. O objetivo deve ser notar o estresse conforme o vivencia e desenvolver estratégias de gerenciamento que o ajudem a liberá-lo em tempo real.

Qualquer trabalhador do mundo de hoje sabe que o estresse é inevitável; a questão é saber *quando* e *como* lidar com isso. É importante aprender como gerenciar três tipos de estresse:

Imediato: Um estressor que precisa de uma resposta imediata.
De curto prazo: Um estressor com um fim à vista.
De longo prazo: Um estressor sem um fim à vista.

O estresse nos alcança com diferentes níveis de urgência. Às vezes, precisamos lidar com ele imediatamente. Em outras, ele paira no horizonte em segundo plano porque não queremos ou não precisamos cuidar disso imediatamente (ou não sabemos como). O estresse muitas vezes é resultado do medo de não termos recursos para lidar com algo — uma conversa difícil, um projeto futuro, um novo emprego. Esse medo prejudica nosso crescimento. Quando temos confiança de que podemos gerenciar o estresse que surge, nos mostramos mais dispostos a deixar a zona de conforto e crescer de maneira assustadora, mas importante. Neste capítulo, vamos garantir que, independentemente das situações em que se encontre, você saberá encarar o estresse de frente.

ESTILOS DE ESTRESSE: QUEM É VOCÊ SOB PRESSÃO?

"Melhor não o incomodar quando ele estiver estressado. Ele vai acabar descontando em você." Eu tinha acabado de entrar em uma nova equipe e esse foi o alerta que recebi a respeito do gestor. É natural que as pessoas fiquem mais irritadiças quando estão estressadas. No entanto, esse gestor tinha fama de "briguento" (ou seja, sua resposta ao estresse era "lutar"). Quando ele estava estressado, qualquer um que se aproximasse demais corria o risco de receber ataques desmedidos. Algumas vezes por semana, meus colegas e eu ouvíamos sua voz exaltada do corredor e sentíamos pena do pobre coitado que estava do outro lado da linha ou que saía do escritório dele mais pálido e suado do que quando tinha entrado. Todo mundo havia aprendido a suportar o comportamento desse gestor. Contudo, com o conhecimento que tenho agora, não consigo deixar de pensar que esses incidentes poderiam ter sido evitados se ele tivesse consciência de sua resposta ao estresse, se ele se importasse com o impacto que isso tinha na equipe (a maioria das pessoas não rende bem diante de sentimentos de medo e intimidação) e se tivesse agido para melhorar isso.

O melhor indicador de como você lidará com o estresse no futuro é como lidou com ele no passado. **Sob estresse, nossa tendência é fazer o que *sabemos* melhor, e não o que *seria* melhor.** As respostas mais comuns ao estresse são lutar, fugir, congelar, mediar ou conectar-se. Familiarize-se com esses tipos de resposta ao estresse para que entenda melhor sua resposta automática a esse tipo de situação e a das pessoas com quem costuma enfrentar momentos estressantes.

Lutar: Você está pronto para enfrentar o estressor no mesmo instante e de cabeça quente; talvez fosse mais vantajoso tirar um tempinho para respirar e organizar os pensamentos antes de reagir.

Fugir: Seu instinto é criar um espaço entre você e o estressor; seria benéfico pedir um pouco de distância, para que a outra parte entenda suas intenções, ou então se acalmar se não puder criar espaço.

Congelar: Fica paralisado em situações de estresse e tem dificuldade de reagir ao estressor no momento; seria vantajoso se distanciar do estressor, comunicar a necessidade de mais tempo antes de responder e tentar se acalmar.

Mediar: Tenta manter a paz e deixar os outros confortáveis; seria bom refletir sobre suas necessidades antes de se oferecer para ajudar outras pessoas.

Conectar-se: Você busca apoio social em resposta a um estressor; seria benéfico se acalmar por conta própria, caso ninguém esteja disponível.

Já trabalhei em uma pequena equipe de pessoas com diferentes estilos de resposta ao estresse. O estilo do meu gestor era lutar, o de meu colega era congelar e o meu era fugir. Após uma reunião estressante em que recebemos tarefas com prazos apertados, o gestor quis pôr a mão na massa imediatamente, meu colega ficou sentado na cadeira, tremendo em silêncio, e eu senti vontade de sair para respirar e organizar meus pensamentos antes de retomar o assunto. Felizmente, reconhecemos o padrão e tivemos condições de discutir nossos estilos de estresse. A solução foi tirar dez minutos para nos acalmarmos após as reuniões, dali em diante. Esse ajuste nos permitiu colaborar com muito mais tranquilidade e eficiência, além de regular melhor o estresse no trabalho.

Seu estilo de estresse é sua resposta natural ao estresse, um comportamento ao qual você foi condicionado (talvez tenha crescido numa família de "lutadores" ou de "conectores") ou que combina com sua personalidade (talvez você seja uma pessoa introvertida, então fugir ou congelar pode ser seu instinto). Quando descobrimos para qual estilo nós tendemos, podemos pensar em como precisamos ajustar nossa resposta quando surgirem novos estressores.

Assim que descobri que meu estilo era fugir, pude me preparar melhor para gerenciar estresses futuros. Agora, quando meu marido e eu discutimos, o primeiro pensamento que me ocorre é "Preciso de espaço, quero sair para caminhar um pouco e, quando voltar, vou poder continuar a conversa com mais consideração",* em vez de tentar ter uma conversa importante

---

* Buscar espaço — para regular as emoções e voltar com uma resposta ponderada — e se fechar, cortando a comunicação e recusando-se a cooperar, são coisas diferentes.

enquanto estou imersa em minha resposta ao estresse. Durante períodos muito estressantes no trabalho, eu tinha o hábito de procurar outro emprego, só para poder escapar dos estressores. Depois, quando os estressores desapareciam, eu lembrava que gostava do meu emprego e não queria sair de verdade. Agora que sei que meu instinto natural é fugir, posso antever minha necessidade de espaço diante de um estresse ou arrumar outras maneiras de me acalmar, se fugir não for a resposta mais adequada. Quando recebo mensagens de ódio na internet, por exemplo, meu instinto era deletar tudo e desaparecer. Agora, me afasto das redes sociais por um tempo, o que me proporciona a mesma sensação de distância entre mim e o estressor e me permite reorganizar as ideias. Às vezes, a tendência à fuga *é* a melhor opção no momento. Outras vezes, pode ser vantajoso buscar formas alternativas de alívio de estresse antes de reagir ao problema.

Qual é o seu estilo de estresse? Como se comporta quando se vê sob pressão? Você se torna combativo? Procura uma escapatória? Congela? Busca apoio social? Qual é o estilo de estresse das pessoas com quem você mais convive — parceiro, gestor, parentes? Quando enfrentar uma situação estressante com eles outra vez, conseguiria reconhecer como as diferentes respostas ao estresse podem afetar a sua dinâmica? Melhor ainda, vocês poderiam ter uma conversa proativa sobre o assunto antes de enfrentarem o próximo estressor juntos?

Quando os estilos de estresse entram em conflito, as relações podem ser prejudicadas. Uma amiga me contou que, ao ter conversas estressantes com o irmão, seu estilo é lutar, enquanto o dele é congelar. Assim que a conversa começa a ficar tensa, a agitação dela cresce e ele se fecha. Quanto mais ela pressiona, mais ele se retrai. Isso resulta numa interação cheia de tensão que não satisfaz nenhum dos dois.

Na maioria das vezes, essas conversas provavelmente têm um propósito, seja combinar onde vão passar o Dia de Ação de Graças, decidir o que comprar de aniversário para a mãe ou simplesmente "Preciso expressar como eu me sinto sobre ____ porque fazemos parte da vida um do outro e é importante para mim". O estilo de estresse de cada um vai determinar como eles lidam com a conversa e como esperam resolver o problema. Minha amiga com tendência a lutar diante do estresse espera uma solução rápida, ainda mais se ela já sabe qual é o resultado ideal. Mas, para o irmão que tende a congelar, pode ser debilitante tentar abordar o problema na mesma hora. Talvez ele não saiba o que esperar da conversa além de torcer para que termine logo, o que o impede de responder de forma eficaz no momento — *E se ele responder antes da hora ou "incorretamente", o que acabaria gerando mais estresse para lidar depois?* Nessa situação, minha amiga "lutadora" poderia diminuir a pressão o suficiente para que o irmão possa considerar as opções com calma — em outras palavras, apresentar a situação e depois lhe dar um tempo para responder, em vez de esperar uma resposta no ato. É irritante ter que criar um plano para o que poderia ser uma conversa rápida? Talvez. Mas, caso você queira os melhores resultados, é útil adaptar as circunstâncias de modo que todos se sintam confortáveis.

Essa tensão pode acontecer entre pessoas com todos os estilos de resposta ao estresse. Alguém cujo estilo é mediar e que deseja amenizar qualquer tensão pode se frustrar com uma pessoa cujo estilo é fugir e precisa de espaço antes de resolver a situação. Uma pessoa que tende a congelar diante de situações estressantes pode ficar chateada com o parceiro que busca apoio, porque sente que ele está convocando um exército de amigos para ficar ao lado dele. E duas pessoas com estilo de lutar muitas vezes estão preparadas para discutir verbalmente até alguém ir embora furioso ou se fechar.

Uma vez que conhecemos os estilos de estresse, podemos ter conversas muito mais abertas sobre instintos e como nos comunicar melhor diante de situações estressantes no futuro. A pergunta mais importante a se levar em conta ao enfrentar um estressor com outra pessoa é: "Quais são minhas expectativas para esta conversa?" Tente dizer em voz alta: "No fim desta conversa, espero ____." Ter um objetivo em mente — por mais bobo que pareça — pode ajudá-lo a reduzir o risco de que a conversa saia dos trilhos de forma pouco produtiva. Esse espaço em branco pode ser qualquer coisa, desde "encontrar uma resolução" até "definir um prazo para uma resposta" ou "saber como abordar este assunto quando surgir no futuro".

Quando percebemos como nos comportamos sob estresse, as chances de fazermos uma pausa, reconhecermos nossas necessidades e seguirmos em frente com mais compaixão por nós mesmos e pelos outros — o que, por sua vez, reduz a pressão da conversa — são maiores. Como podemos perceber que as tensões estão subindo e que o estresse entrou na conversa? Familiarizando-se *bastante* com seus sinais de estresse.

PODE PARAR DE SACUDIR A PERNA?

Muitos de nós só percebemos o estresse quando já estamos no nível vermelho, tentando controlar os danos.

VERDE	AMARELO	VERMELHO
Em paz	Começando a apresentar sinais de estresse	Dominado pelo estresse, em pleno modo "luta ou fuga"

Em nossa cultura cronicamente ativa, já estamos tão acostumados a operar em um nível base de estresse que mal notamos quando começamos a apresentar os sinais — ou, como gosto de pensar, quando estamos no amarelo. Alguém já lhe perguntou coisas do tipo "O que houve?" ou "Por que está estressado?" quando você não se sentia assim até levantarem a questão? Talvez você estivesse sacudindo a perna, suspirando alto ou tenha ficado quieto de repente. Esses são apenas alguns exemplos de sinais de estresse, indicadores de que você está no nível amarelo antes de chegar ao vermelho.

Alguns sinais comuns de estresse incluem:

- Morder o lábio, a boca ou a língua;
- Tensionar os ombros;
- Contrair a mandíbula;
- Franzir as sobrancelhas;
- Mexer nas coisas sem parar;
- Respirar de forma mais curta ou superficial, ou inspirar profundamente em intervalos aleatórios;
- Suar (nas palmas da mão, na testa e nas axilas);
- Sentir dor de barriga ou mudança de apetite.

Todos esses são sinais físicos do aumento do nível de estresse. Eu balanço a perna, esfrego o pescoço ou o peito e mordo a parte interna da boca quando começo a me sentir inquieta. Em um emprego anterior, minha mesa ficava entre um colega que clicava a caneta quando estava estressado e outro que suspirava bem alto toda vez que recebia e-mails de certas pessoas. Quando percebíamos os sinais de estresse uns dos outros, apontávamos na hora e começávamos a rir. (Fique à vontade para brincar de "Adivinhe o meu sinal de estresse" no próximo happy hour da equipe. Com o grupo certo, pode ser uma experiência divertida e reveladora.)

Nossa percepção tardia do próprio estresse pode ser atribuída a algo chamado interocepção — a maneira como sentimos sinais fisiológicos, como fome ou aumento da frequência cardíaca. Em resumo, o cérebro muitas vezes percebe o estresse antes que você se dê conta, e a função dele é prever estressores por instinto de sobrevivência. Assim, ao passar por seu chefe (ou ver uma foto dele), o cérebro pode prever que você entrará em uma situação estressante, com base em experiências passadas (mesmo que você não esteja conscientemente *sentindo* estresse naquele momento), e sua respiração começa a ficar mais superficial ou seu coração bate mais depressa. Na maior parte do tempo, ignoramos esses sinais — enlouqueceríamos se estivéssemos cientes de todas as vezes que nosso coração bate mais rápido. Mas, quando a situação se intensifica, passamos a prestar atenção. Esses pequenos sinais de estresse, como sacudir a perna, são a maneira do corpo começar a agir, porque acha que podemos precisar de energia extra para lidar com o estresse iminente.

Reconhecer sensações corporais que indicam estresse é uma das várias maneiras de nos tornarmos mais autoconscientes. Como a autora Hilary Tindle compartilhou comigo, "a consciência é fundamental, porque se não estamos cientes do que pensamos ou sentimos, fica difícil fazer algo a respeito". Ela recomenda utilizar o triângulo da consciência, uma ferramenta de atenção plena tanto para iniciantes quanto para especialistas, para entrar em sintonia consigo mesmo, caso você não tenha o hábito de fazer isso.

SENSAÇÕES CORPORAIS

TRIÂNGULO
DA CONSCIÊNCIA

PENSAMENTOS   EMOÇÕES

Cada ponta do triângulo (sensações corporais, pensamentos e emoções) é uma maneira de reconhecer um momento de estresse. Você pode perceber, por exemplo, sensações corporais (sinais de estresse), emoções que só experimenta quando está estressado (como raiva ou ressentimento), ou ter pensamentos que indicam que o nível de estresse está aumentando ("Tenho tanta coisa para fazer... quem me dera poder me dividir em dois. Por que ninguém aqui sabe fazer nada?"). Tindle destaca: "A atenção plena nos ajuda a ter mais consciência do *continuum* completo de uma experiência momento a momento. Não se trata de perceber apenas o estresse, e sim de perceber. Ao praticar a observação, podemos começar a notar o belo, o curioso, o inesperado." Esse triângulo auxilia a busca por mais autoconsciência, para que possamos nos entender melhor e nos acalmar diante do estresse.

Hoje em dia, mais e mais pessoas têm contato com o estresse, considerando-se que os níveis deste estão mais altos do que nunca. Os adultos de hoje estão mais estressados do que em qualquer período da história. Uma pesquisa recente da Gallup revelou que, em 2021, os maiores níveis de preocupação, estresse e raiva foram atingidos — a organização começou a rastrear tais experiências em 2006. Precisamos de ferramentas para gerenciar o estresse porque não vamos nos ver livres dele tão cedo. Para vivermos uma vida proveitosa e pacífica, o melhor que podemos fazer é estarmos preparados para lidar com ele quando a hora chegar. Como o estresse é inevitável e, muitas vezes, previsível, começaremos abordando formas de gerenciá-lo proativamente.

GERENCIAMENTO PROATIVO DE ESTRESSE: "VEM AÍ UMA ÉPOCA AGITADA"

Paula era contadora e, quando o período de declaração do imposto de renda se aproximava, já dava para prever que ficaria estressada. Durante todo mês de abril, o expediente dela ficava mais longo, ela passava o tempo livre remoendo estresse de trabalho, e suas práticas usuais de cuidados pessoais — como correr e tricotar — iam por água abaixo. Paula esperava a época agitada passar e, depois de desabar, tentava compensar retroativamente os meses perdidos no modo luta ou fuga, as mensagens ignoradas e a montanha de roupas para lavar. Depois de muitos anos assim, Paula queria achar formas melhores de gerenciar o estresse inevitável. Ela precisava de ferramentas que protegessem seu bem-estar com antecedência, em vez de ser sugada pelo tornado de sempre. Precisava implementar um gerenciamento proativo regular de estresse.

Ela começou analisando seus estressores mais previsíveis e como poderia gerenciá-los. Por exemplo, explicar que estava ocupada para todo mundo que mandava mensagem, ligava e a convidava para programas era uma fonte de estresse fora do trabalho, então decidiu que precisava avisar com antecedência a todos os amigos e familiares que só responderia a ligações ou mensagens quando a temporada de declaração de imposto de renda acabasse. Outro estressor significativo era o fato de o trabalho invadir fins de semana, dando a sensação de que ela *nunca* parava de trabalhar. Em resposta, ela se propôs a sair de casa pelo menos uma vez ao dia nos fins de semana e passar um tempo numa cafeteria local, numa livraria ou fazendo uma caminhada para ajudar a separar trabalho de lazer.

Para cuidar de si mesma fisicamente, ela sabia que precisava ter oito horas de sono, não importava o que acontecesse, e planejar refeições simples, senão não comeria (para relembrar sugestões desse tipo, reveja o capítulo de cuidados pessoais). Por fim, ela precisava priorizar um tempo livre depois do trabalho todos os dias para relaxar. Sua forma favorita de fazer isso era jantar no quintal, lembrando a si mesma de que existe um mundo além do laptop e que essa agitação é temporária. Em circunstâncias normais, Paula poderia se virar sem implementar essas formas de gerenciamento de estresse, mas, em temporada de imposto de renda, quando o estresse profissional explodia, eram medidas necessárias para preservar o bem-estar físico, mental e emocional.

Algumas alternativas adicionais para gerenciar o estresse de forma proativa incluem manter uma rotina matinal e noturna (o corpo humano ama previsibilidade e funciona melhor com um horário regular de sono e alimentação); garantir que os elementos inegociáveis sejam respeitados; conversar com um terapeuta ou profissional de saúde mental; e cercar-se de apoio social. Se não tiver certeza do que precisa, comece a prestar atenção no que o faz se sentir mais relaxado, equilibrado e "seguro" e no que o deixa mais tenso e à flor da pele em períodos de estresse. Considere incorporar movimentação regular, praticar exercícios de respiração para relaxar, caminhar (a natureza acalma o nosso centro do medo e reduz o estresse), fazer pausas durante o dia para não encarar a tela o tempo todo, comer alimentos nutritivos e beber bastante água.

Enquanto escrevo este livro, estou passando por uma época muito atarefada. Como sair de casa faz uma grande diferença para mim em períodos de estresse, sei que, ao terminar de trabalhar, farei uma caminhada até o mercado da rua e me darei um mimo (geralmente, uma água com gás — adoçada, porque eu não me odeio). Para ser sincera, o mimo é o que me incentiva a calçar os sapatos, não a caminhada em si, embora eu saiba que a caminhada é a parte que realmente me faz bem.

O que você precisa fazer para se preparar de modo proativo? Separar as roupas das crianças para a próxima semana, para não ter que as procurar às pressas todos os dias antes da escola? Fazer todas as tarefas domésticas no domingo, para que a casa já fique organizada para a semana? Evitar conversas estressantes até o fim de semana? Muitos estressores podem ser resolvidos com antecedência.

Não há glamour nisso, mas, se você sabe que um projeto importante é sua prioridade pelas próximas duas semanas, é hora de entrar no modo robô dos cuidados pessoais. Isso significa não tomar decisões diárias com base no que você está a fim, e sim no que sabe que precisa. Tenho certeza de que você está *a fim* de ficar nas redes sociais antes de dormir, mas, infelizmente, precisa de mais horas de sono. Tenho certeza de que está *a fim* de tomar um drinque depois do jantar, mas isso piora a qualidade de seu sono e o deixa mais aéreo na manhã seguinte. Tenho certeza de que está *a fim* de encontrar um amigo no único tempo livre que tem neste fim de semana, mas deveria passar esse tempo descansando de verdade. É *horrível* priorizar o trabalho em detrimento dos prazeres da vida, mas, em momentos críticos, voltar ao básico é a melhor maneira de conservar energia. E, quando tudo isso parecer injusto, lembre--se de que é um período temporário.

Esse tipo de preparação não faz o trabalho ser mais tranquilo num passe de mágica; é apenas uma forma de garantir que você, a pessoa que está realizando o trabalho, faça tudo que estiver ao seu alcance para não adicionar estresse à sua jarra. Quando as coisas ficam difíceis, tendemos a voltar aos maus hábitos e nos permitimos pequenos prazeres que acabam nos custando caro. Dormir menos, consumir mais açúcar, usar substâncias que aliviem a tensão, remoer o estresse a ponto de preencher cada tempo livre com trabalho. Lute contra esses impulsos e seja o pai responsável que diz que você não pode dormir na casa do amigo porque tem uma prova importante no dia seguinte.

Nem sempre podemos nos planejar para o estresse. Às vezes, ele surge inesperadamente e temos que reagir mesmo sem ter um plano. O que fazer quando precisamos responder a um estressor no calor do momento?

ESTRESSE IMEDIATO: QUANDO A ÚNICA SAÍDA É SEGUIR EM FRENTE

Recentemente, tive uma crise de ansiedade dentro de um avião. Comecei a sentir um aperto no peito, perdi a audição, a visão ficou turva e minhas mãos e meus pés começaram a formigar, mas, em vez de sucumbir ao pânico (como já havia acontecido antes), coloquei em prática um exercício de respiração enquanto forçava para ter pensamentos reconfortantes. Eu inspirava por quatro segundos, prendia a respiração por quatro segundos, expirava por seis e prendia por mais quatro. Repeti esse padrão até voltar a me acalmar. (Tente só, é uma ótima ferramenta.) Eu marco os segundos com os dedos enquanto repito: "Você está bem, não há nada de errado, é só ansiedade. É só continuar respirando que passa."

Tenho certeza de que, sem essa técnica, eu teria chamado a comissária de bordo para pedir um saco de papel no qual iria respirar. Quando enfrento estressores como falhas técnicas durante uma apresentação importante, críticas destrutivas ou pressão em projetos importantes fora da minha zona de conforto, recorro às mesmas ferramentas: concentro os pensamentos e tento desacelerar a respiração até conseguir determinar qual é o melhor passo a seguir. Alguns dos meus clientes buscam apoio social, preferindo trabalhar na solução de problemas com outros indivíduos. Outros precisam se levantar e se movimentar para clarear a mente e decidir qual vai ser o próximo passo. Quando temos a oportunidade de pedir um momento para nos recompormos, sair de perto do estressor para obter uma nova perspectiva também pode ajudar a aliviar a pressão.

Você pode pensar em lidar com o estresse imediato como se fosse um **Band-Aid do estresse**, algo que possa aplicar rapidamente para seguir em frente. Quando nos vemos estressados, às vezes só temos um segundo antes de precisarmos reagir. Ser capaz de se acalmar física e mentalmente pode fazer a diferença entre explodir e responder com calma. Você já deve conhecer a onda de pânico que pode surgir antes de falar em uma reunião importante. Para combater esse pânico, o Band-Aid do estresse pode ser respirar fundo repetidas vezes (calmante físico) e lembrar a si mesmo: "Eles são apenas pessoas. Eu consigo falar com pessoas" (calmante mental).

Nossa respiração é um dos primeiros elementos a mudar sob pressão, ficando mais rápida e superficial. Quando ficamos nervosos e respiramos rápido (ou até mesmo prendemos a respiração, dependendo do *modus operandi* de nosso corpo), o cérebro só entende que está em um estado de ansiedade, o que acaba alimentando mais ansiedade e liberando hormônios de estresse. Então, em vez disso, desacelere e respire fundo para que o cérebro se tranquilize sabendo que está tudo bem. Curiosidade: respirar fundo estimula o nervo vago, que vai do diafragma até o tronco cerebral, e ativá-lo aciona o sistema de calma. É por isso que nos sentimos imediatamente aliviados quando inspiramos fundo e expiramos por um tempo prolongado (na verdade, a magia acontece na expiração).

Outros truques mentais incluem ouvir música, atividade que altera a química cerebral e nos relaxa (qualquer gênero serve, contanto que *você* considere tranquilo ou inspirador), escrever em um diário para esvaziar a mente (já foi comprovado que o simples ato de escrever sobre sentimentos já eleva o bem-estar), recitar uma frase reconfortante, buscar apoio social ou assistir a algo engraçado ou cativante para distrair a mente. Outras táticas físicas incluem sair de casa, fazer alongamentos ou pular para estimular a circulação sanguínea, tomar um banho (quente ou frio), beber um copo d'água, receber um abraço apertado ou deitar-se num quarto escuro debaixo de um cobertor pesado.

Além disso, pode recorrer ao que aprendeu no capítulo sobre limites para lidar com o estresse. Digamos que esteja tendo uma conversa frustrante e dê para sentir a ansiedade se insinuando. Você vai ficando mais irritado, com uma vontade cada vez maior de chorar, sente vontade de falar mais alto ou se fecha. O melhor passo a seguir pode ser criar espaço dizendo: "Esta é uma conversa importante e gostaria de garantir que aconteça nas melhores circunstâncias, então, vou me afastar por alguns minutos para organizar meus pensamentos e já volto."

Você também pode tentar "afirmar o óbvio" para permitir que as pessoas percebam a situação. Em uma das primeiras conferências das quais participei, uma das palestrantes foi até a frente da sala e, cercada por centenas de rostos ávidos, fez algo que eu não sabia que palestrantes podiam fazer. Ela se sentou no palco e disse: "Estou bastante nervosa. Adoraria se vocês pudessem respirar fundo comigo por um tempo antes que eu me aprofunde no que tenho para compartilhar com vocês hoje." Respiramos fundo, ela começou a apresentação ainda sentada no chão e, conforme o estresse foi diminuindo, ela se levantou para completar o restante do treinamento em pé. Seguir em frente e superar o medo tem seu valor, mas mostrar-se aberto e vulnerável em relação ao que está sentindo, para que outras pessoas possam sentir com você, também é um gesto poderoso.

Mas o que fazer se uma reunião tensa com alguém se transforma em um projeto de três meses com a pessoa em questão? O estressor imediato acaba de virar um estressor de curto prazo.

ESTRESSE DE CURTO PRAZO: É A VIDA, MEU BEM

Os estressores de curto prazo pairam sobre nós. Projetos futuros, conversas difíceis, obras em casa, planejamento de mudança ou de casamento: todos esses são estressores de curto prazo que têm um fim à vista. Somos propensos a remoer esses tipos de estressores porque dá para vê-los no horizonte. Quando já sabemos que uma tempestade se aproxima, tendemos a ensaiar esses problemas e nos afundar num estresse antecipatório mais do que o necessário. Na verdade, essa expectativa pode até piorar o estresse do evento quando ele ocorre.

O cérebro humano é primitivo: não sabe a diferença entre um estressor imaginário e um real. Você já chegou a ter uma discussão falsa no chuveiro? (Tenho quase certeza de que é uma experiência que acontece com todos nós.) Tente se lembrar do momento — você reparou que sentiu uma raiva real, a respiração mudou e a frequência cardíaca acelerou? Isso acontece porque o corpo não sabe que a discussão é falsa — os sentimentos são reais.

Quando ensaiamos o estresse repetidas vezes ou imaginamos os estressores futuros, estamos passando pelo estresse físico do evento várias vezes. Passar por uma avaliação de desempenho uma vez já é ruim o suficiente; por que se submeter a mais dez avaliações de desempenho imaginárias? Novamente, o cérebro se concentra em fazer previsões, e, às vezes, são coisas negativas, então sentimos vontade de planejar para evitá-las ou mitigá-las. Tendemos a prestar atenção e aprender mais com coisas negativas do que com as positivas — também conhecido como viés de negatividade —, e sinto dizer que a evolução nos programou para isso. É claro que se lembrar dos erros passados tem valor, para que possamos evitá-los no futuro. Mas precisamos contrariar a nossa tendência natural de nos concentrarmos no negativo. A boa notícia é que temos mais controle do que imaginamos — determinamos a duração e o impacto de muitos de nossos pensamentos. É por isso que recomendo uma postura blasé, do tipo "é a vida", sempre que possível. Isso nos faz seguir em frente e evita o fundo do poço em que podemos nos meter quando levamos os estressores muito a sério. Essa abordagem não se aplica a dificuldades sérias, mas funciona para muitos obstáculos do dia a dia. Uma avaliação de desempenho negativa, engarrafamento, almoço esquecido em casa, rejeição em um aplicativo de namoro — é a vida, meu bem.

Uma das ferramentas para aliviar o viés de negatividade e gerenciar o estresse de curto prazo é **Fato, Sentimento e História**. Essa ferramenta é usada em várias formas de terapia para esmiuçar uma situação em partes digeríveis. Os *fatos* de uma situação são simplesmente as partes observáveis e diretas. Não são passíveis de interpretação e não têm uma história, são apenas realidades que poderiam ser capturadas por uma câmera. A próxima categoria é a dos *sentimentos* que você tem a respeito da situação. O que sente em resposta aos fatos? A última categoria é a das *histórias* que você conta a si mesmo sobre os fatos da situação e como se sente em relação a elas. Quando os estressores surgem, muitas vezes nos perdemos em meio aos sentimentos e às histórias quando a melhor solução é uma simples resposta direta aos fatos.

Vamos supor que o seu gestor convocou uma reunião com você sem explicar o motivo. Normalmente, ele comunica o objetivo da reunião ao agendá-la, então há muita margem para criar histórias que expliquem o que isso pode significar. Quando você perceber que está começando a entrar em uma espiral de medo, use essa ferramenta para encontrar uma solução.

Fatos da situação: Futura reunião com o gestor.
Sentimentos a respeito da situação: Medo, curiosidade, ansiedade.
Histórias que você está contando a si mesmo sobre a situação: *Será que ele quer me demitir? Cometi algum erro? Talvez ele tenha reparado que ando chegando meio atrasado ultimamente e vou levar uma bronca. E se Tim contou a ele sobre aquela dificuldade que tive no último projeto?*

Sua solução é uma resposta direta aos fatos — e *somente* aos fatos. Você tem uma reunião marcada. Você só precisa comparecer. Só vai saber do que se trata quando entrar na sala e, uma vez lá, pode simplesmente concordar com a cabeça até que ele termine de falar e, depois, pedir um momento antes de dar uma resposta ponderada. Se a expectativa do que pode acontecer for muito pesada, você poderia enviar uma mensagem preventiva ao gestor dizendo: "Estarei lá! Para que eu possa me preparar, sobre o que será a reunião?"

Já deu para perceber que sentimentos e história podem distorcer os verdadeiros fatos de uma situação. O cérebro adora se agarrar a sentimentos e contar histórias. Histórias são envolventes. Ajudam a satisfazer nossa curiosidade e nos permitem considerar possíveis ameaças. De vez em quando, conseguimos prever corretamente as ameaças, mas, na maioria das vezes, só nos preocupamos por nos preocupar. Ensaiar o estresse dessa maneira resulta em um trabalho emocional desnecessário — o gerenciamento dos próprios sentimentos e os de outras pessoas —, o que é, por si só, um fator que leva ao burnout.

O relatório "Mulheres no ambiente de trabalho" da McKinsey determinou que funcionárias realizam mais trabalho emocional do que funcionários. A pesquisa também descobriu que gestoras se dão ao trabalho de tomar medidas como conferir se está tudo bem com os funcionários e oferecer apoio emocional com mais frequência do que os gestores. Em um esforço para serem sensíveis e facilitar a vida de outras pessoas, elas tendem a tapar buracos, seja participando de comitês não obrigatórios no trabalho, seja indo a eventos porque se sentiriam mal caso ninguém fosse. Também doam tempo e energia — a consumidores, colegas de trabalho ou clientes — em situações em que os homens nem pensariam duas vezes antes de recusar.

Por um lado, não surpreende ninguém. "Desde a Revolução Industrial, homens brancos e ricos estruturaram a sociedade de modo que pudessem ser os portadores de poder fora de casa, como assalariados e líderes políticos. Ideias falsas que definem as mulheres como pessoas naturalmente melhores em atividades como cuidar e maternar — e que, portanto, prefeririam estar em casa — apoiaram essa divisão", declara Lisa C. Huebner Ruchti, professora do departamento de mulheres e estudos de gênero da West Chester University. Embora as expectativas sociais de gênero tenham evoluído, é difícil quebrar hábitos antigos. A sociedade ainda nos faz acreditar que mulheres são mais gentis, mais cuidadosas e biologicamente mais aptas a regular emoções... uma crença que especialistas já revelaram não ser verdadeira.

O primeiro passo para reduzir esse tipo de desgaste emocional do cérebro é aprendermos a notar quando estamos nos dedicando a trabalho emocional desnecessário. Pare de remoer um simples feedback, passar trinta minutos depois do trabalho criando histórias que possam explicar o que Mark quis dizer com "Não me surpreende que você precise de mais tempo" e se sentir culpado por não ter se oferecido para ajudar no planejamento da festa da firma. Adquirir o hábito de separar os fatos de uma situação dos sentimentos e da história lhe poupará uma quantidade absurda de tempo.

Você também pode aplicar essa ferramenta a desafios pessoais. Pode ser que alguém o tenha convidado para um evento no fim de semana e você já tenha tido que recusar os últimos convites porque está de mudança para outro apartamento.

Os fatos: Você foi convidado para um evento no fim de semana, mas não quer ir e prefereria priorizar a mudança e o descanso pós-mudança.
Seus sentimentos a respeito da situação: Culpa e ansiedade em dizer não.

As histórias que está contando a si mesmo: *E se ele levar para o pessoal? E se achar que não me importo porque não posso ir? E se falar mal de mim para os outros na minha ausência? Se eu não for, ele vai achar que sou um amigo ruim.*
Solução (resposta direta aos fatos): Dada a fase da vida em que você se encontra, é necessário priorizar a mudança e o descanso no fim de semana. As pessoas que de fato pensam no seu bem-estar, em vez de se preocupar apenas com os próprios interesses, vão compreender. Estabelecer esse limite é apenas uma forma de proteger seus recursos limitados. E, como aprendemos, limites só incomodam aqueles que se beneficiam da ausência de barreiras.

A próxima ferramenta para combater o estresse de curto prazo é a **Lista de Tangíveis e Intangíveis**. A lista de tangíveis contém tarefas explícitas — itens concretos e solucionáveis. A lista de intangíveis engloba pensamentos, sentimentos, histórias e estressores interpessoais — tudo em que esteja pensando e não envolva uma tarefa explícita para resolver.

Pense no seguinte exemplo: é quinta-feira à noite e você tem um monte de trabalho para concluir até o dia seguinte, está irritado com um colega, sua casa está uma zona e você está preocupado com um cliente insatisfeito com quem terá uma reunião na semana seguinte. Uma lista de coisas tangíveis *versus* intangíveis permite separar questões logísticas de questões interpessoais e emocionais. Quando estiver estressado e precisar de um caminho simples, saiba sobre o que realmente é um estressor objetivo em contraste com um estressor social ou emocional que não requer ação imediata.

Na parte tangível da lista (que pode ser resolvida), inclua o trabalho restante que precisa fazer até o fim do dia seguinte e as tarefas domésticas que deseja concluir. Na parte intangível (interpessoal, emocional), anote que está incomodado com seu colega e que tem uma reunião estressante na semana seguinte (sem nenhuma ação necessária por enquanto). Nenhum desses itens intangíveis requer ação. São elementos dignos de serem analisados por meio da ferramenta de Fato, Sentimento e História, de modo que você possa aliviar a ansiedade em relação a eles, mas não há nada a ser feito no momento.

Essa ferramenta também nos ajuda a reconhecer se realmente planejamos agir em relação a um estressor. Digamos que seu colega Charley o irrite todos os dias. Você vai estabelecer um limite com ele? Ótimo, então anote isso na sua lista de tangíveis. Se está apenas irritado e não vai dizer nada (porque às vezes não vale a pena), acrescente à lista de intangíveis. Assim que terminar de expressar sua irritação, não deixe que pensamentos envolvendo Charley estraguem seu tempo fora do trabalho. Que pena seria se deixássemos que as pessoas que menos gostamos determinassem nossa qualidade de vida.

Quando as pessoas dizem "proteja sua paz", não se referem apenas a outras pessoas; também querem dizer que devemos proteger nossa paz de nós mesmos, ou de nossa tendência a remoer um estressor até que ele fique ainda mais complicado do que antes. *Você tem que jogar no seu próprio time.* Não comprometa sua paz. Muitas pessoas são viciadas em estresse. Só sabem viver assim e, como resultado, podem desenvolver um vício real: pesquisas mostram que estressores de baixo nível e de curto prazo liberam dopamina, um componente químico de bem-estar que também atua em vícios clínicos.[*] "Todos temos

---

[*] Com o tempo, o estresse crônico acaba resultando na diminuição e na desregulação de dopamina durante períodos de estresse e ansiedade.

a tendência de desejar experiências que nos façam nos sentir 'vivos', mas podemos confundir uma leve ansiedade ou outros cenários que envolvam aumento de adrenalina com 'sentir-se vivo'", explica Hilary Tindle. Se você sempre alimentou o próprio estresse, precisará de esforço e intenção para parar e escolher uma reação diferente. **Proteja sua paz, especialmente de você mesmo que nunca viveu sem estresse e quer sabotá-la.**

Geralmente, somos capazes de perceber quando estamos prestes a entrar na espiral do estresse. É muito provável que você tenha padrões de pensamento ou hábitos repetidos que começam a arrastá-lo para esse vórtice. Pode ser que toda vez que pense no seu chefe, na sua mãe ou no comentário rude que alguém fez em 2003, acabe arrancando toda a pele de seus lábios descascados ou passe o resto do dia de mau humor. Talvez a maioria de seus pensamentos estressantes comece com "Eu deveria ter...", "Quem me dera eu..." ou "E se...", e quando invadem sua mente, sabe que se sentirá muito mal. Você se conhece. É a única pessoa que tem acesso à sua mente. Que coisas o levam a essa espiral e como fazer para detectá-las e corrigi-las?

Reestruturação cognitiva é o nome de uma ferramenta utilizada na terapia cognitivo-comportamental que nos permite detectar e corrigir esses pensamentos improdutivos. A ideia é notar o devaneio prejudicial, parar e substituí-lo por outro tipo de pensamento que pareça melhor. Por exemplo, talvez você pense com frequência "Eu deveria ter respondido ____ durante aquela briga", e esse padrão de pensamento resulte em aperto no peito e pressão arterial elevada. Em vez disso, conduza sua mente para um lugar mais calmo: "Sei que queria isso, mas remoer não vai mudar nada. Não vou submeter meu corpo a uma resposta de estresse por algo que não posso mudar." Talvez você tenha uma relação conturbada com sua mãe e, depois de falar com ela, acabe imaginando os dramas em interações futuras entre vocês duas. Nesse caso, note que está fazendo isso e pense: "Sabe de uma coisa? Já sobrevivi a ela até agora, então posso dar um jeito de lidar com o que quer que aconteça no futuro. Não preciso ensaiar situações de estresse. Sei quais limites definir e sempre é possível me afastar."

Sei que pode parecer que se preocupar com algo é seu dever — ou talvez seja a sua maneira de se redimir ou aprender com um erro —, então, não se preocupar pode lhe dar a impressão de que está sendo negligente. Só que isso não é verdade. Você só está acostumado a cutucar a ferida, o que é muito mais satisfatório do que a cobrir com um Band-Aid.

Acho que todos nós temos lembranças de coisas constrangedoras que já fizemos ou dissemos (eu até poderia compartilhar uma das minhas, mas aí eu teria que matar você). Só de pensar nessas lembranças, você já sente vontade de levar a mão ao rosto e grunhir: "Mas que p**** eu tinha na cabeça?!" Remoer o que já aconteceu não muda a situação e não o ajuda em nada. Você ofendeu um colega de trabalho sem querer, mandou um print do que uma pessoa disse para a própria pessoa, mostrou as partes íntimas na boate — seja lá o que for, a menos que esteja planejando tomar alguma atitude, deixe pra lá. Está fora de seu controle e já ficou no passado. Pare de arrastar essa lembrança para o futuro.

Isso nos leva à próxima ferramenta para aliviar o estresse de curto prazo: **compartimentar**. Concentrar-se em uma coisa de cada vez pode parecer contraintuitivo para alguém que tem milhões de coisas para fazer, mas lhe permite voltar toda a atenção para a tarefa à sua frente, sem se distrair com outros acontecimentos. Depois, quando passar para a tarefa seguinte, você se desprende do que acabou de fazer para começar a atividade seguinte renovado e concentrado. A compartimentação é a ferramenta mais eficaz contra o estresse constante, porque contém o estresse. Eu *sei* que é mais fácil falar do que fazer, mas, se conseguir dominá-la, a vida parecerá muito mais administrável.

Por exemplo, se precisa trabalhar em um projeto com um colega que o estressa (vamos chamá-lo de Keith), esse estresse deveria se restringir ao tempo que precisa passar com Keith. O estresse do trabalho começa a se infiltrar na vida pessoal quando, em vez de compartimentar, você sai da reunião e vai desabafar sobre ele com outro colega, depois vai para casa e repete seus problemas para seu parceiro ou colega de quarto. Por fim, vai se deitar e a droga do Keith é a última coisa em que pensa antes de cair em um sono irritado. Tudo isso só agrava o estresse.

Dar atenção desnecessária a um problema muitas vezes o amplia em nossa mente. Imagine que cada estressor é uma chama e seus pensamentos são gravetos. Quanto mais pensa nesse estressor, mais gravetos joga na chama e mais o fogo cresce. Para limitar o estresse, contenha-o no compartimento designado, dê a ele toda a sua atenção no tempo que dedicou para lidar com o assunto e, em seguida, faça de tudo para deixá-lo ali e concentrar-se no que está à sua frente. O estressor ainda vai estar ali quando você voltar a ele (mas, na verdade, o impacto emocional pode ter diminuído, porque não alimentou o fogo), e se não for algo que possa mudar, é algo que terá que suportar. Não se torture carregando o assunto nas costas ou piorando-o.

Compartimentar também ajuda a controlar a "projeção do estresse" — o estresse de uma coisa que atribuímos erroneamente a alguém ou outra coisa. Quando um estressor é persistente, podemos ignorar a origem sem querer e projetar sentimentos em outra coisa — um parceiro, um amigo, nós mesmos, a bagunça em casa. Já aconteceu de estar estressado e, de repente, limpar a casa ser uma urgência? Gostamos de apontar o dedo quando o estresse aumenta porque, teoricamente, se pudermos resolver a fonte do estresse, nos sentiremos melhor. Não é por causa da casa bagunçada que você está estressado; foi só a primeira coisa tangível à vista para lidar.

Uma ferramenta que você pode utilizar para pôr a ansiedade relacionada ao estresse iminente em perspectiva é relembrar as cinco áreas da vida analisadas no capítulo sobre cuidados pessoais: trabalho, social, pessoal, saúde e estilo de vida. Reflita se existe algo em qualquer uma dessas categorias que precise ser resolvido *imediatamente* ou se as coisas poderiam apenas ser diferentes ou melhores. Claro, a louça poderia estar lavada. Sim, aquela conversa estressante com sua irmã poderia ter sido melhor. Entretanto, não são emergências do tipo alerta vermelho. Não deixe a ansiedade induzi-lo a se fixar nelas como se fossem problemas dignos de chamar uma ambulância. Seja sincero consigo mesmo sobre a diferença entre algo que de fato requer atenção imediata e algo a que você está atribuindo estresse, mas que na verdade poderia apenas ser diferente ou melhor.

Quando eu estava sofrendo de burnout, todo domingo eu me via a uma adversidade de distância de fazer birra, distribuindo gritos e chutes, como se fosse uma criancinha. A minha resposta a altos níveis de ansiedade era limpar a casa freneticamente, preparar refeições com raiva e completar tarefas domésticas que poderiam ter ficado para depois. Eu me concentrava em um monte de atividades não urgentes para tentar me livrar dos meus sentimentos, mesmo quando nada na minha lista de afazeres era uma questão de vida ou morte. Quando reconheci que estava projetando minha ansiedade nas tarefas, pude tirar o pé do acelerador e, em vez disso, me preocupar em aliviar o estresse que percorria meu corpo (saindo para correr, tomando o banho mais quente ou mais frio possível, fazendo um lanche reconfortante ou caminhando no parque). Uma combinação cuidadosa de gerenciamento de estresse proativo, imediato e de curto prazo tornará tudo muito mais saudável. O estresse é uma parte inevitável da vida, e o objetivo não é não experimentá-lo (isso é o mesmo que estar morto); é uma questão de ter confiança de que você saberá gerenciá-lo quando ele aparecer.

ESTRESSE DE LONGO PRAZO: A VIDA DEVERIA SER TÃO DIFÍCIL ASSIM?

Às vezes, nossos estressores são de longo prazo — sem um fim à vista ou uma rota de fuga clara. Cuidar de um parente doente, lidar com uma doença crônica, trabalhar em uma área que funciona 24 horas por dia, enfrentar insegurança financeira — pode ser que haja uma ou duas situações que não mencionei. Para os estressores de longo prazo, não há uma ação clara a ser tomada ou um cronograma a ser seguido. Pode parecer um estresse eterno que você simplesmente suporta. Ao se ver diante desse tipo de estresse, é fácil adotar uma variação do mindset de autovitimização que discutimos no capítulo sobre mindset — sentir-se impotente e desencorajado a tomar medidas para mudar de experiência. Verdade seja dita, estressores de longo prazo são *péssimos*, então não é como se você não estivesse aturando algo desagradável ou cruel. Você pode muito bem estar passando por isso, sim. Mas estudos mostram que uma perspectiva positiva pode beneficiá-lo mesmo nas circunstâncias mais sombrias.

Se seu estressor de longo prazo pode ser aliviado em parte por algumas das soluções de estresse de curto prazo, maravilha.

Entretanto, estressores de longo prazo muitas vezes exigem que aceitemos certo estilo de vida, em vez de tentarmos resolver um problema específico. Se você trabalha em uma área exigente, talvez precise aceitar que, enquanto quiser permanecer nessa área, será estressante. Se escolheu ter filho, aceitar que vai dormir pouco por algum tempo tornará sua realidade cotidiana um pouco mais suportável. Se está enfrentando uma nova dor crônica, criar novos hábitos que se adaptem à nova realidade provavelmente será mais vantajoso do que tentar forçar os antigos. Se um parente seu sofre de alguma doença, aceitar que não tem controle sobre a saúde dele, mas sim sobre o tempo que passam juntos será um jeito mais ameno de lidar com a situação.

Dar um jeito de aceitar uma realidade pela qual não morremos de amores é difícil. No entanto, **se estamos em guerra com nossa realidade, isso só a deixará mais difícil.** Em vez disso, precisamos reconhecer a situação e analisar criativamente as circunstâncias para sabermos o que ainda pode ser alterado de modo a amenizar uma parte do estresse inevitável.

Quando se trata de reduzir o estresse de longo prazo, a opção mais fácil é observar a carga que está carregando. Sei que já faz alguns capítulos que estamos discutindo a importância de avaliar sua capacidade, mas, sério, se você ainda não fez isso, faça. Seja sincero sobre seus compromissos e se pode facilitar sua própria vida de alguma maneira. Se alguém que ama está doente ou se você é cuidador, existe alguma possibilidade de reduzir a carga de cuidados, profissional ou pessoal? Caso trabalhe em tempo integral e estude à noite, é possível reduzir as obrigações pessoais e automatizar o máximo possível da vida? Já fiz essas perguntas antes, mas, se ainda não tomou uma atitude, a hora é agora.

Você não precisa "aguentar firme". Pode ser gentil consigo mesmo. Não transforme resiliência em punição. Sim, você é uma pessoa forte e determinada, mas isso não significa ter que escolher o caminho mais difícil. Procure ser gentil consigo mesmo em momentos de estresse de longo prazo.

Isso me leva à próxima sugestão: procure apoio sempre que possível. Você tem alguém a quem poderia pedir ajuda, ou existem serviços que poderia contratar que o impeçam de perder a sanidade? Detesto sugerir ajuda paga, porque já vivemos em tempos *ridiculamente* caros. Contudo, se existe um momento que justifique pedir ou pagar por ajuda, é quando passamos por um período de estresse de longo prazo. Não precisa ser para sempre — só algumas semanas ou meses de ajuda podem fazer diferença. Deixe outra pessoa liderar o projeto, planejar a despedida de solteira, marcar os compromissos, fazer compras, cuidar das crianças, limpar a casa.

A certa altura, também pode ser útil conversar com um profissional que entenda os detalhes de sua situação, como um terapeuta ou um conselheiro de saúde mental. A terapia já evoluiu bastante e há serviços disponíveis por meio de plano de saúde ou on-line e através de aplicativos. Nunca é conveniente reservar um tempo para arrumar um terapeuta, revisitar as partes mais estressantes da própria vida e ter que assumir a responsabilidade de fazer mudanças, mas você não está fazendo isso por conveniência — e sim por compaixão e preocupação por si mesmo. Permita-se ser visto, ouvido e apoiado.

Se você trabalha em um mercado muito específico que contribui para o seu burnout, tente encontrar um mentor que já passou pelo que você está passando. Quando buscamos soluções para situações específicas que só alguém da área é capaz de entender, pode ser frustrante conversar com alguém que não saiba o que você vem enfrentando. Em vez disso, procure suporte específico dentro de seu setor ou um conselheiro especializado nas suas áreas de preocupação, ou então busque mentoria de alguém que já passou por isso.

Além dos recursos de saúde mental mencionados, algumas empresas oferecem afastamento por estresse, licença médica e familiar, licença sabática ou opções de meio período. Se o burnout pôs sua saúde física e mental em risco, talvez seja necessário considerar uma pausa mais longa. A princípio, pode parecer assustador pensar nisso — nossa cultura da agitação não incentiva pausas (e os boletos também não), mas, de todas as pessoas que eu conheço que precisaram parar por um período prolongado, nenhuma delas se arrependeu. Na verdade, todas consideram a experiência "transformadora" e "a melhor decisão que já tomei pelo meu bem-estar". Conheço gente que foi morar com a família para não se preocupar com questões financeiras durante a pausa; já vi pessoas saírem de um emprego bem remunerado, mas estressante, para trabalhar numa cafeteria; já ouvi falar de gente que foi passar a licença na Costa Rica e nunca mais voltou. Querer é poder.

QUE TAL UMA PARTIDINHA DE JENGA DO BURNOUT?

Quando me vejo diante de um estressor de longo prazo, sempre visualizo os pilares do gerenciamento de burnout como um jogo: penso neles como uma espécie de Jenga do Burnout. Assim como no jogo tradicional, precisamos sempre procurar as peças móveis. A qualquer momento, ao menos um dos pilares do burnout pode ser ajustado para melhorar sua experiência.

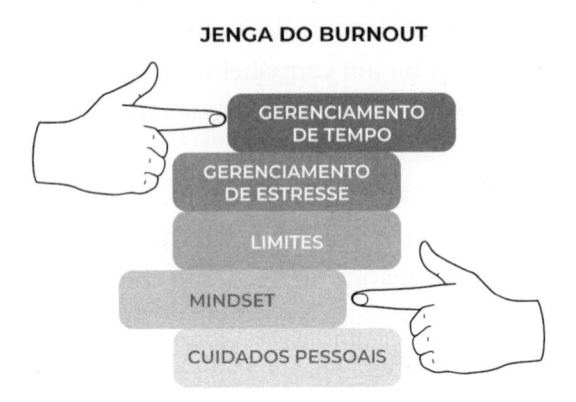

JENGA DO BURNOUT

- GERENCIAMENTO DE TEMPO
- GERENCIAMENTO DE ESTRESSE
- LIMITES
- MINDSET
- CUIDADOS PESSOAIS

Vejamos juntos o passo a passo do Jenga do Burnout voltando ao caso de Bill, cuja saúde e vida pessoal foram comprometidas por um negócio agitado. Para que ele pudesse lidar com o estresse, precisou fazer mudanças em diversas frentes, em grandes e pequenas dimensões. A primeira peça que ele ajustou foi o gerenciamento de estresse. Para esvaziar a jarra de estresse com mais regularidade, ele começou a encerrar os dias com uma lista de tangíveis *versus* intangíveis, para ter mais clareza sobre o que precisava ser feito e não perder muito tempo remoendo o que era intangível. A próxima peça que ele ajustou foi o mindset: Bill precisava parar de levar o estresse do trabalho para a vida pessoal e de ter uma reação emocional tão forte a qualquer coisinha que dava errado. Ele também ajustou seus limites, confiando que os funcionários conseguiriam trabalhar sem seu microgerenciamento. Por fim, para melhorar o gerenciamento de tempo, ele teve que aceitar que o dia só tinha 24 horas, então, para liberar seus fins de semana, passar mais tempo com o marido e ter tempo para cuidar de si mesmo, Bill teve que recusar novas oportunidades que, embora pudessem ser lucrativas, o sobrecarregariam.

Como resultado dessas mudanças, ele conseguiu controlar muitos dos maus hábitos que antes faziam parte de uma rotina padrão. Assim que passou a dormir o suficiente, Bill não precisou mais beber energéticos todos os dias e passar por picos e quedas de energia repetidos. Quando parou de microgerenciar os funcionários, não precisou mais ficar acordado até tarde para revisar o trabalho deles. Quando priorizou jogar golfe com o marido aos sábados ou domingos, passou a ter tempo suficiente para se recuperar e relaxar, baixar o cortisol e a pressão arterial e lembrar que a vida valia a pena. Não há um método único para aliviar o estresse, é preciso explorar as opções disponíveis com base nas peças do Jenga do Burnout que você tem à disposição.

O gerenciamento de estresse não é uma ferramenta que a gente configura uma vez e pronto — é algo determinado momento a momento. Podemos dominá-lo durante uma fase da vida e depois perder o controle dos hábitos que construímos assim que a vida volta a ficar agitada. A meta é praticarmos essas ferramentas até conseguirmos naturalizá-las em momentos sufocantes de estresse.

Se conseguir antever o estresse, poderá gerenciá-lo proativamente. Se encontrá-lo de repente, utilize os Band-Aids do estresse para dar a si mesmo um momento de recuperação antes de responder. Se estiver enfrentando um estressor de curto prazo, crie espaço para reconhecer os fatos, sentimentos e histórias relacionados à situação, corrija pensamentos que poderiam exacerbar o estresse, tente compartimentar para contê-lo e diferencie verdadeiras emergências de coisas que poderiam apenas ser diferentes ou melhores. Se estiver passando por um estresse de longo prazo, reflita se é possível aliviar a carga, buscar ajuda externa, obter apoio de um profissional ou fazer uma pausa, e pense em quais peças do Jenga do Burnout podem ser ajustáveis.

Não confie só na sua memória — faça anotações das ferramentas e deixe-as na mesa do trabalho ou no celular, compartilhe tudo com pessoas próximas, para que elas possam sugeri-las quando seu estresse aumentar, e destaque e dobre estas páginas para que você possa consultá-las novamente.

Se existe um momento em que você deve priorizar sua recuperação e levar o gerenciamento de estresse a sério, é quando está com burnout ou prestes a sofrer dele. Quando sabe que o que está o afetando não é um estressor passageiro e que tem potencial de comprometer sua saúde ou qualidade de vida, é fundamental enfrentá-lo de frente. Você merece existir sem o peso constante do estresse.

Agora que você tem um conhecimento mais aprofundado sobre gerenciamento de estresse, vamos ver o que fazer quando a situação não melhora. Você fez tudo o que podia para melhorar seu mindset, cuidados pessoais, gerenciamento de tempo, limites e gerenciamento de estresse, mas ainda está esgotado e infeliz. Chegou a hora de decidir se deve insistir ou desistir.

PARTE III

VOLTAR A APROVEITAR A VIDA

CAPÍTULO 8

Quando se afastar

Quando é a hora de deixar um emprego? Quando a ansiedade é constante e não há alívio à vista? Quando pensa tanto no trabalho que não consegue ter uma boa noite de sono? Quando conseguir juntar algum dinheiro? Quando o comportamento abusivo de seu chefe passa dos limites? Quando tiver outra oportunidade engatilhada?

A pergunta que faço às pessoas para avaliar se o melhor é se afastar é: há alguma mudança que pudesse ser feita para tornar o trabalho mais suportável? Pense só em mudanças possíveis — não em coisas como um novo gestor chegar do nada, ganhar muito mais dinheiro ou reduzir a carga de trabalho pela metade. Existem mudanças realistas que poderiam melhorar a experiência? Se existirem, ótimo. Faremos de tudo para aplicá-las. Caso contrário, talvez você apenas esteja adiando o inevitável. Caso decida aguentar um pouco mais porque ainda não se sente pronto para sair, estabeleça um prazo para si mesmo. Daqui a seis meses, se ainda estiver mergulhado no burnout, comece a procurar alternativas. Se fez todas as mudanças possíveis e o seu trabalho ainda o esgota, há grandes chances de o culpado ser o emprego.

Não seja o pirata perfeito em um navio naufragando. Não há nenhuma recompensa em ser o funcionário perfeito numa empresa que drena as pessoas da mesma forma que um espremedor extrai o suco de uma laranja e descarta a casca. Não adianta dominar o gerenciamento de tempo e a prática de cuidados pessoais se você sofre abuso verbal do chefe e tem que trabalhar por três pessoas. **É impossível compensar um sistema quebrado,** e nenhum esforço de sua parte será capaz de corrigir as práticas de uma empresa.

Se você se identifica e começa a sentir aquele frio na barriga, eu te entendo. Talvez já esteja inventando motivos para permanecer no cargo por mais um tempo: *Eu gosto da minha equipe, não quero mudar de emprego enquanto outras áreas da minha vida estão instáveis, não tenho tempo para me candidatar a outras vagas, estou esperando uma promoção ou um aumento, uma nova chefia pode oferecer uma oportunidade de crescimento.*

Vamos explorar o que pode fazer um cargo "valer a pena". É uma pergunta difícil de responder se sua área de atuação for naturalmente estressante. É provável que a medicina de emergência sempre deixe você no modo luta ou fuga, as crises de gestão de desastres quase nunca ocorrerão em um momento conveniente, e trabalhar no turno da noite pode ser difícil para o corpo e a mente, porque não somos seres noturnos. Para diferenciar o estresse padrão do trabalho e o nível de estresse que *você* pode suportar, faça a si mesmo estas duas perguntas:

1. **O custo deste mercado ou deste cargo vale a pena para mim?**

    Seja na saúde, na educação, no entretenimento, na advocacia ou em qualquer área, os sacrifícios de trabalhar neste mercado valem o que você recebe em troca?

Se os benefícios superam o custo, lembre-se desses benefícios sempre que a vida ficar estressante. Caso se dê conta de que o custo já não vale mais as recompensas, é hora de mudar.

2. **Estou fazendo o que posso para me desligar dos estressores?**

    Pense no capítulo sobre gerenciamento de estresse e em nossa discussão sobre não alimentar a chama do estresse. Você passa o tempo livre inteiro remoendo ou desabafando sobre o trabalho? Cria histórias e se envolve emocionalmente com estressores que poderia só ignorar ou gerenciar à distância? Pratica gerenciamento de estresse e cuidados pessoais, monitora o mindset e estabelece limites para combater os desafios do cargo? Às vezes fazemos um trabalho ser mais estressante do que ele é, se não nos gerenciarmos com atenção. Faça o que puder para se desligar do estresse do trabalho sempre que possível.

Se a qualidade de vida piorou, apesar de seus esforços — e se a chefia não apoia seus pedidos —, então está na hora de determinar um prazo para uma saída ou uma mudança significativa. Às vezes, é possível melhorar a situação sem ir embora da organização, como mudar de equipe, departamento, gerente ou função, ou então passar para um cargo de meio período. Entretanto, se não dá mais para justificar o sofrimento nesse cargo e você não consegue visualizar uma mudança realista, chegou a hora de estabelecer um cronograma de saída.

O CRONOGRAMA DE SAÍDA: PREPARE-SE PARA A PARTIDA

Como é chegar ao fim da linha? Você pode se identificar com Jenny, que precisava muito deixar o cargo de editora quando eu a conheci.

> Dois meses depois de começar, eu já sabia: aquele emprego seria a minha ruína. Eu trabalhava doze horas por dia (às vezes catorze!) e várias horas aos fins de semana. E, mesmo assim, estava sempre atrasada. Quando aceitei o emprego, não imaginei que a realidade seria chorar na minha mesa entre uma reunião e outra via Zoom. Na teoria, era o emprego dos sonhos: eu teria a chance de usar o que sabia sobre revista física para o digital, trabalharia com profissionais respeitadíssimos do mercado, com os quais poderia aprender muito, tinha direito a férias, o trabalho era remoto e eu receberia um salário regular a cada duas semanas — algo que a vida de freelancer me impossibilitava de ter havia muito tempo. Mas era insustentável. Havia trabalho demais para uma equipe de três editores dar conta.
>
> Eu dizia a mim mesma que a situação melhoraria depois que eu dominasse os novos sistemas de gestão de conteúdo e softwares. Que tudo ia melhorar depois que contratássemos mais um membro para a equipe (que eu precisava treinar no meu tempo "livre"). Que as coisas ficariam mais simples depois que eu compartilhasse essas preocupações com minha gestora, que demonstrava muita empatia, mas estava tão esgotada quanto eu e também não era ouvida pelo próprio superior. Ela

prometeu aliviar um pouco da minha carga depois que certos projetos terminassem. Mas isso nunca aconteceu, porque não havia ninguém para quem transferir as tarefas. O CEO se recusava a contratar mais funcionários até que algumas parcerias entrassem em vigor, e as negociações se arrastavam havia meses. Enquanto isso, o trabalho só se acumulava.

Depois de várias chamadas com amigos próximos e meus pais — que estavam cada vez mais preocupados com minha saúde física e mental e que não me viam havia meses, apesar de eu ter me mudado para o outro lado do país para ficar mais perto deles —, me dei conta de que não conseguia mais viver daquela maneira. Eu não ia mais viver daquela maneira. A incerteza da vida de freelancer era muito melhor do que a certeza daquela existência infeliz. Eu estava perdendo meu senso de identidade. Não conseguia me exercitar, socializar com os amigos, nem ver meus pais e meus sobrinhos. Quem eu era, afinal? Eu tinha tirado um dia de férias em cinco meses (de que adiantava ter férias remuneradas?). Também tinha engordado, em parte graças ao hábito nada saudável de comer um pacote de chips de parmesão todas as noites, para me ajudar nas tarefas noturnas — um pequeno mimo para me ajudar a suportar o trabalho incessante de edição e gestão de projetos. À meia-noite, eu fechava o laptop, me arrastava para a cama, rolava o feed do Instagram por quinze minutos e entrava em coma. As oito da manhã chegavam rápido demais, e tudo começava de novo. Isso não era vida.

A gota d'água era que, apesar de dedicar mais de 65 horas semanais ao trabalho, eu sentia que estava deixando a desejar. Não era muito comum ouvir elogios, e quando acontecia, vinham dos clientes que atendíamos, quase nunca dos gestores. Eu não era caça-elogios, de forma alguma, mas precisava sentir que dar a vida pela empresa era um gesto valorizado. Aparentemente, no entanto, era apenas mais um dia como outro qualquer na firma. Em vez de apoio real, eu recebia uma enxurrada de mensagens para manter o ritmo, lembretes sobre prazos e um milhão de convites para reuniões sobre mais trabalho.

Não houve um momento exato em que decidi sair. Em vez disso, foram vários pequenos momentos de "Não consigo", "Isso é desumano", "Odeio esse emprego", "Como vim parar aqui?", "Estou no inferno", e assim por diante. O fluxo constante de pensamentos negativos culminou em uma profunda compreensão de que estava na hora de pedir demissão e me salvar. Vinte anos de carreira me deram experiência o suficiente para saber quando um emprego era tóxico, e esse definitivamente era o caso.

Além disso, eu tinha uma espécie de rede de segurança: sabia que poderia me sustentar trabalhando como *freelancer*, pois já havia feito isso antes. Haveria uma transição financeiramente assustadora enquanto eu me preparava para voltar a ser minha própria chefe? Sim. Eu teria que adiar a decisão de comprar uma casa? Sim. E de ter um animal de estimação? Também. Mesmo assim, não titubeei. Eu sentia que estava me salvando de um afogamento, que não era uma questão de não estar me esforçando tanto quanto deveria ou de esperar que uma fase difícil passasse.

A conversa com minha gestora — que eu admirava e confiava como uma amiga, e que era o único motivo pelo qual eu tinha passado mais de um mês naquela empresa — foi dolorosa. Eu chorei e ela chorou. Mas ela entendeu (acho que ela pensava o mesmo que eu) e lhe dei um mês de aviso prévio para ajudar na adaptação de outra pessoa, sabendo como o ritmo era insano. Daria para aguentar mais um mês, sabendo que seria o último.

Não me arrependi da decisão por nem um segundo sequer. Foi um voto a favor da prosperidade e contra uma existência que sugava minha alma. Mas também não considerei um erro ter aceitado o emprego. Eu estava disposta a correr o risco e ver como as coisas se desenrolariam. Foi um experimento de dez meses que me deixou exausta e sem forças, mas que me ensinou que a grama do vizinho não é mais verde e que eu tinha opções melhores. Além do mais, pude acrescentar um monte de habilidades novas ao meu currículo.

Levei três meses para me recuperar. Nas primeiras semanas, parecia uma criança de férias — a liberdade veio em vários aspectos, como dormir até tarde, me reconectar com amigos e familiares, ficar acordada até altas horas assistindo a reality shows e voltar à minha rotina de exercícios físicos e happy hours com os vizinhos. Mas tive dificuldade em relação a energia, perda de peso e finanças e não sabia quais seriam os próximos passos. Passar de dias cheios de tarefas ininterruptas para dias sem rotinas e compromissos definidos era desorientador.

Descobri como lidar com isso. Entrei em contato com meus clientes de redação (meio envergonhada, mas com total transparência) e restabeleci relações com editores. Pouco a pouco, minha agenda se encheu de projetos. Em um primeiro momento, peguei trabalhos pequenos, aqueles disponíveis o mais rápido possível e que não pagavam tão bem, mas eu precisava me manter ocupada e recuperar o equilíbrio. Então, as coisas foram pegando ritmo, como eu tinha previsto, e estou me dando bem. A vida é perfeita? Claro que não! O trabalho é estressante? Alguns dias sim, outros dias, não. Mas sei que posso lidar com o que der e vier. Também tenho orgulho de mim mesma por ter confiado no meu instinto e por ter percebido que meu espírito estava sofrendo e implorando para que eu fosse embora.

Às vezes, a parte mais difícil de fazer um cronograma de saída é tomar a decisão de fazê-lo. Pedir demissão pode ser assustador, mesmo quando fantasiamos sobre isso e sabemos que é a coisa certa — a única coisa — a fazer. Requer seguir rumo ao desconhecido e ter um pouco de fé. É verdade que não há garantia de que o próximo emprego vai dar certo. Mas pense da seguinte maneira: o garantido é que continuar no emprego atual significa mais sofrimento. Disso você pode ter certeza. Não há um "bom momento" para pedir demissão. A princípio, essa ideia pode parecer desanimadora, mas, na verdade, deveria trazer alívio — porque se não há um "bom momento" para se demitir, então você se livra do fardo de tentar decidir o momento exato. Suspeito que você já saiba que extrapolou os seus limites há um bom tempo, e o que lhe resta é confiar em sua bússola interna e se encaminhar para a saída.

Caso você esteja pronto para criar um plano de saída, continue comigo e receba uma boa dose de orientação e o incentivo de que precisa.

1. **Aceitação**

    O primeiro passo é aceitar que deseja pedir demissão. Assim que reconhecer que já está com um pé fora da porta, todo o seu comportamento mudará: você tolerará menos abusos, porque não tem medo de sair, sentirá consolo nos dias difíceis só de pensar que falta pouco para não trabalhar mais ali e, de maneira geral, se sentirá fortalecido por não estar "empacado". Saber que não tem medo de se afastar lhe dá uma perspectiva nova. Abrace a certeza de saber o que quer.

2. **Planejamento**

    Você precisa de um bom e longo planejamento? Caso já esteja infeliz há algum tempo, por quanto tempo ainda aguenta? Imagine-se no mesmo emprego daqui a um ano. Se isso lhe dá vontade de gritar, então você não aguenta mais um ano. Diga a si mesmo que tem X meses para criar um plano de saída. Não deixe que o processo o assuste. Você vai enfrentá-lo um passo de cada vez.

3. **Reconhecimento**

    Comece pesquisando cargos que parecem interessantes e entrando em contato com sua rede profissional. *Não* se deixe levar pela pressão de que o próximo emprego precisa ser sua carreira pelo resto da vida. O único requisito é que seja um trampolim produtivo para sair de onde você está atualmente. **A vida não é tão séria assim; alguns desvios no caminho não vão levá-lo ao fracasso.**

4. **Ação**

Uma vez que tenha uma ideia dos tipos de empregos aos quais deseja se candidatar e das vagas disponíveis, atualize seu currículo com o objetivo de destacar as habilidades que fazem de você um candidato atraente. Depois, para entrar no ritmo, comece a se candidatar. Não desanime se só começar a ter respostas depois de ter se candidatado a dezenas de vagas — o mercado de trabalho é assim hoje em dia. Lembre-se de que *basta apenas um sim*. Haverá dias em que você sentirá vontade de bater a cabeça na mesa? Sim. Mas é uma simples questão matemática: quanto mais networking você fizer, quanto mais pessoas procurar e mais vagas tentar, maiores serão as chances. *Não* negligencie o networking nessa fase: conhecer a pessoa certa é o equivalente a conseguir um FastPass da Disneylândia para um novo cargo.

PERGUNTAS FREQUENTES

Como saber se um emprego causará burnout antes de aceitá-lo?

Vejo com muita, muita frequência pessoas pulando de um emprego que leva ao burnout para outro. Em meio ao desespero de escapar, elas não se certificam de que o próximo cargo oferecerá melhores condições. Então, como se proteger contra burnouts futuros? Determinando se uma empresa tem ou não uma cultura do burnout.

Existem alguns indicadores universais de que uma empresa é adepta da cultura do burnout: alta rotatividade, chefia despreparada e funcionários insatisfeitos. É possível encontrar muitas dessas informações na internet, em sites como LinkedIn ou Glassdoor. É possível também ir além e entrar em contato com funcionários da organização para se informar bem rápido ou avançar no processo seletivo formal para obter mais informações sobre a cultura da empresa. Pergunte às pessoas com quem você trabalharia coisas do tipo: "Por que a vaga para a qual estou me candidatando está aberta?", "Como descreveria o equilíbrio entre trabalho e vida pessoal?" e "Você poderia falar um pouco se os seus líderes servem de exemplo de gerenciamento de tempo e demarcação de limites para os funcionários?". Ao falar com pessoas em posições de liderança em particular — as pessoas que definem o tom e a cultura de uma equipe —, você terá uma noção melhor de que tipo de ambiente elas promovem.

Como identificar empresas com um ótimo equilíbrio entre trabalho e vida pessoal?

Converse com as pessoas! O networking é a maneira mais certeira de abrir portas *e* descobrir como realmente é trabalhar em determinado lugar. Passe um tempo com pessoas que amam o próprio emprego ou o local de trabalho e concentre-se em organizações onde os funcionários parecem ter um equilíbrio entre trabalho e vida pessoal que lhe agrade. Nem todos os benefícios da empresa são iguais. Talvez você queira priorizar uma chefia bem treinada, flexibilidade para trabalhar de casa, oportunidades de desenvolvimento, um bom plano de saúde ou certo número de dias de folga — procure o que for mais importante para a próxima etapa de sua vida.

Como arrumar um tempo para fazer networking e me candidatar a outras vagas quando estou tão esgotado e ocupado que mal consigo lidar com as responsabilidades atuais?

Muitas vezes, o maior obstáculo para se candidatar a novos empregos é a carga de trabalho esmagadora do emprego atual. O ideal seria que você pudesse dar um passo atrás em seu trabalho (mesmo que seja por um curto período) e realocar um pouco de tempo e energia para se candidatar a novas vagas. Se não for possível, talvez precise usar a criatividade para pensar em outras opções a seu alcance. Você poderia tentar reciclar a ferramenta "quem, quando, onde, como" que discutimos no capítulo sobre gerenciamento de tempo. Se não der para mudar o "o quê" (candidatar-se a novas vagas), tente mudar o "quem", o "quando" ou o "como":

> (*Quem*) Seria possível pagar a alguém (um parente, um amigo ou alguém contratado via sites de prestação de serviços diversos) para encontrar vagas de emprego que atendam a certos critérios e enviá-las a você para que, a partir daí, possa avaliar e se candidatar?
> (*Quando*) Em vez de se candidatar a novas vagas logo após o trabalho, quando você já está exausto, seria possível dedicar duas horas das manhãs de sábado para ir a uma cafeteria local e se concentrar nas candidaturas? Ou trinta minutos antes do trabalho duas vezes na semana?
> (*Como*) Em vez de se candidatar a empregos às cegas, fale com amigos, familiares e ex-colegas de faculdade sobre o que está procurando e pergunte se sabem de alguma vaga. Informe à sua rede que você está em busca de um novo cargo.

Ao decidir o que quer fazer a seguir, lembre-se de levar em conta sua personalidade e suas preferências. Caso seja uma pessoa extrovertida que ama trabalhar com os outros, pode ser que um cargo de gestão de projetos predominantemente independente não seja o ideal. Se for introvertido e detesta correspondências, então trabalhar com recrutamento não combina com seu perfil. Se sabe que precisa da energia e da responsabilização de trabalhar presencialmente, não se candidate a vagas 100% remotas. Um emprego não se resume apenas ao trabalho em si; a experiência diária e o estilo de vida que o cargo oferece também são importantes.

Sei que se candidatar a um emprego é intimidador e pode abalar seu ânimo caso você já tenha tentado centenas de vagas sem sucesso. É um processo difícil mesmo. Tenha em mente que você merece um emprego que não sugue sua alma. Aperfeiçoe seu currículo, *fale com as pessoas*, mantenha a mente aberta e lembre-se: basta apenas um sim.

CAPÍTULO 9

Plano de ação para criar uma vida equilibrada (*imediatamente!*)

A esta altura, talvez você esteja confuso e se perguntando: "Por onde eu começo?"

Agora que já conhece os cinco pilares do gerenciamento de burnout, é hora de iniciar o processo de cura e se preparar para sair da situação atual rumo a uma vida melhor. Aqui estão os seus **Quatro passos para a liberdade.** (Bom, não estou falando de liberdade total, só que "Quatro passos para se sentir menos esgotado" não causa o mesmo impacto.) Você vai começar fazendo um retrato preciso de suas circunstâncias atuais e, em seguida, aplicará os conceitos de gerenciamento de burnout um a um. Com esses passos, você pode aliviar o peso do burnout e melhorar muito a sua experiência diária.

Passo 1: Observe como passa seu tempo por pelo menos três dias úteis. Faço isso carregando um caderninho chamativo e uma caneta para onde quer que eu vá ao longo do dia, mas também é possível usar celular. Você não precisa anotar *tudo*, se certas tarefas fazem mais sentido como um grupo (em outras palavras, "me arrumar" é um bom substituto para fazer a rotina de cuidados com a pele, maquiagem, cabelo e se vestir). Observe quando você acorda, como passa seu tempo no trabalho, quando se distrai, quando faz pausas e o que faz depois do trabalho.

Após esses três dias, reflita sobre o que você registrou. Muitas vezes estamos tão absortos em nossos cronogramas que não percebemos padrões, ou então estamos tão acostumados a acreditar que passamos nosso tempo de determinada forma que perdemos a noção do que realmente fazemos. Quando vemos tudo por escrito, é possível observarmos nossos comportamentos como dados. **É preciso rastrear para otimizar.** É muito mais fácil fazer melhorias quando temos um bom entendimento do atual estado da nossa agenda diária.

7h: Rotina matinal (café, sofá, podcast)
7h30: Preparar-me para o trabalho (cabelo, maquiagem, roupas)
7h45: Reunião matinal para organizar o dia
7h50: Responder a e-mails urgentes
8h30: Pausa para o café da manhã
9h: Trabalhar no projeto A
11h: Pausa para o almoço

Passo 2: Reveja as anotações como se fosse um desconhecido. Se seu melhor amigo lhe entregasse essa lista, que padrões você notaria? Talvez, após uma análise mais detalhada, descubra que adia o almoço até as 14h todos os dias, fica acordado até depois de meia-noite e passa mais tempo redigindo e relendo e-mails do que pensava, ou perde horas do dia em redes sociais entre uma tarefa e outra. Seja objetivo na avaliação.

Passo 3: Anote o que você já faz bem e qualquer coisa que gostaria de tentar fazer de forma diferente. Esta é a sua chance de se perguntar: "Como seria a melhor versão da minha situação atual?" Não se trata de usar uma varinha mágica para fazer todos os seus problemas desaparecerem — é uma questão de ser realista quanto ao que é possível *agora*, com a intenção genuína de se comprometer com a mudança.

Nós nos desdobramos para atender a pedidos alheios; essa mudança é um pedido de você para *si mesmo* e que precisa ser atendido com a mesma determinação. A mudança pode ser tão simples quanto ter um intervalo de quinze minutos de almoço em vez de nenhum, mas esses quinze minutos podem fazer a diferença entre ter um colapso mental à tarde ou evitá-lo. Quais mudanças melhorariam a situação? Identifique os itens que pode mudar, pausar/adiar, simplificar, delegar/terceirizar ou abandonar. Vejamos alguns exemplos:

> **MUDAR:** Talvez você queira alterar a forma como passa suas manhãs porque, atualmente, a rotina é acordar, ver os e-mails no celular e ir direto da cama para a escrivaninha. Acordar e mergulhar de cabeça em possíveis estressores não é vida. Antes de ser um profissional, você é uma pessoa; dê a si mesmo um momento após acordar para se orientar antes de entrar no modo trabalho. Talvez, em vez de ler e-mails trinta segundos depois de abrir os olhos, seja melhor começar o dia com mais calma: passar quinze minutos sentado no quintal com uma xícara de café, arrumar-se e depois abrir o laptop, para se sentir um ser humano quando começar a trabalhar. Desacelere o ritmo para ajudar a atenuar suas manhãs estressantes.

> **PAUSAR/ADIAR:** Você ama certo projeto pessoal, só que não tem mais tempo para ele. Pode até *forçá-lo* na sua agenda, mas forçar qualquer coisa acaba eliminando o amor que sente. Você já foi apaixonado por este projeto (como ser voluntário em um abrigo de cães, escrever em um blog pessoal, gerenciar um clube de investimentos com amigos), mas, desde que o burnout começou, passou a ser uma atividade que lhe traz mais estresse que

alegria; parece ser mais uma obrigação, pois você preferiria descansar em seu tempo livre. Considere a possibilidade de pausar ou adiar este projeto até ter condições de lhe dedicar atenção novamente. Deixar algo de lado não significa que fracassou; saiba que a atividade ainda existirá quando você estiver pronto para retomá-la com paixão, em vez de culpa.

SIMPLIFICAR: Ao analisar os registros, você percebe que já faz três meses que não vai à aula de pilates. Você diz a si mesmo que vai algumas vezes por semana, mas os dados não mentem. O que *realmente* faz todos os dias é se sentir culpado por não ir. Depois de levar em conta o que quer priorizar nesse momento, você reconhece que seu verdadeiro objetivo é apenas se movimentar um pouco todos os dias, e que as chances de caminhar na esteira enquanto assiste à TV toda noite são maiores do que ir à aula de pilates. Cancele sua inscrição e comprometa-se a caminhar por meia hora diariamente — é muito mais simples e fácil de conseguir cumprir.

DELEGAR/TERCEIRIZAR: Se você analisa os registros e repara que passear com o cachorro consome uma hora diária que gostaria muito de recuperar, procure um passeador de cães. Não é para sempre; apenas até que tenha condições de passar por essa fase atribulada.

ABANDONAR: Você passa duas horas por semana em um comitê do qual detesta fazer parte. A Associação de Pais e Professores, um comitê no trabalho, um grupo da igreja — independentemente do que seja, no fundo você sabe que não quer mais participar. Está na hora de estabelecer um limite, informando que, no momento, você não tem condições de continuar a ocupar tal posição. Se lhe parece muito difícil abandonar de vez, avise aos membros do grupo que você precisa se afastar por seis meses enquanto enfrenta uma fase atribulada e, depois dos seis meses, poderá reconsiderar a decisão. Sempre é possível voltar para o grupo após superar o burnout. No momento, seja sincero consigo mesmo em relação a compromissos de tempo que poderiam ser feitos de forma diferente ou nem mesmo feitos.

Passo 4: Anote as mudanças que gostaria de fazer e *como* poderia fazê-las. Use esta **Fórmula de Mudança** para manter as melhorias:

1. **Mudança:** Que mudança de comportamento você deseja ver em si mesmo?
2. **Ação necessária:** O que precisa fazer para pôr essa mudança em prática?
3. **Reforço:** Como pode reforçar essa ação de modo que exija menos esforço?

Por exemplo, se disse que gostaria de beber mais água, a fórmula poderia ser assim:

1. *Mudança:* A mudança que você deseja fazer é beber mais água.
2. *Ação necessária:* Para isso, precisa se lembrar de encher sua garrafa e de beber a água ao longo do dia.
3. *Reforço:* A fim de reforçar ações desejadas, poderia comprar uma garrafa de 1 litro e configurar lembretes no seu computador para beber água e reabastecer a garrafa no meio do dia.

HORA DA PARTIDA DE JENGA

Depois de completar os quatro passos para a liberdade, comece a implementar outras ferramentas e conceitos com os quais se identificou mais — as páginas que dobrou, as frases que destacou. Talvez já tenha aplicado soluções mais críticas por pura necessidade de sobrevivência (o que é incrível! A transição da informação para a ação é intimidadora, e estou orgulhosa por ter dado esse passo!). Agora é hora de editar, evoluir e seguir se afastando da zona de burnout.

Voltemos ao Jenga do Burnout. Quais peças do gerenciamento de burnout são móveis? O que poderia ser feito de outra forma ou melhor para mudar sua experiência? Quais práticas gostaria de experimentar em termos de mindset, cuidados pessoais, gerenciamento de tempo, limites ou gerenciamento de estresse? Caso esteja precisando refrescar a memória, vamos revisar o que você poderia incorporar dos cinco pilares:

Mindset: Talvez você saiba que seria vantajoso manter lembretes ao lado da cafeteira ou na tela inicial de seu laptop. Alguns exemplos:

- Um emprego é apenas uma troca de serviços por dinheiro.
- Não preciso levar minha vida ou a mim mesmo tão a sério a ponto de me privar de viver.
- Minha saúde é mais importante do que meu trabalho.
- As pessoas respeitam meus limites porque eu os respeito.
- Tenho autoridade para pedir melhorias na minha própria vida.
- Eu priorizo o que é importante para mim.

Se essa abordagem faz sentido para você, anote esses mantras agora. Eu recomendo deixá-los em lugares que frequenta (perto da pia do banheiro, da geladeira ou da tela de bloqueio do celular); é mais fácil adicionar uma mudança a um hábito já existente do que criar um (isso se chama "empilhamento de hábitos").

Cuidados pessoais: Observe sua pirâmide de cuidados pessoais. De quais elementos inegociáveis você precisa todos os dias? Que tipos de manutenção, descanso e recarga melhorariam sua qualidade de vida? Que tipo de descanso previsível seria capaz de proporcionar o alívio necessário todos os dias? Após examinar a agenda atual, onde seria possível incorporar descanso previsível, elementos inegociáveis, descanso e recarga? Use a fórmula de mudança para definir quais cuidados pessoais seriam mais impactantes para você.

Gerenciamento de tempo: Talvez, depois de refletir sobre como passa seu tempo no trabalho, você perceba certos momentos em que os "vampiros de energia" o atrasam. Você se distrai com cada e-mail e notificação do Slack, tarefas que imaginava levar vinte minutos acabam levando uma hora e diz a si mesmo que trabalha de 9 às 17h, mas, na maioria das vezes, é bem mais próximo das 8h20 às 17h40. Comprometa-se a usar ferramentas como agrupamento, delegação e responsabilização para controlar as rédeas de seu gerenciamento de tempo. Você poderia, por exemplo, decidir ver as mensagens do Slack no início de cada hora, em vez de assim que elas chegarem, começar a criar blocos de tempo para que todas as tarefas ocupem um espaço realista no seu dia e resolver conter o tempo de trabalho das 9 às 17h na próxima semana para ver o que acontece.

Limites: Quais limites poderiam ajudá-lo a reforçar as mudanças que você gostaria de implementar? Precisa comunicar sua disponibilidade ao colega que vive lhe mandando mensagens? Se deseja começar a sair do escritório às 17h, talvez precise avisar a equipe e pôr seu horário de trabalho na assinatura do e-mail, para que as pessoas saibam quando esperar uma resposta sua. Para ter um momento de paz à noite, anuncie à família que terá uma "hora de silêncio" das 20 às 21h, durante a qual não estará disponível para ninguém.

Gerenciamento de estresse: Muitas dessas mudanças o ajudarão a reduzir o nível de estresse, mas você também pode analisar seus esquemas diários e ver se há momentos previsíveis de alto estresse. Se sabe que toda segunda estará sobrecarregado demais para pensar em preparar o jantar, faça das segundas-feiras a "noite da pizza" e ponha no forno ou peça sua pizza favorita. Não pense duas vezes; facilite o próprio dia. Se parentes costumam ligar em dia de semana e isso monopoliza seu tempo, estabeleça um limite para reduzir esse estresse dizendo a eles que prefere conversar nos fins de semana. Se percebe que, após as reuniões com Mike, não consegue fazer nada por uma hora por ficar muito estressado, tente ir a uma cafeteria próxima logo depois, para se afastar da cena do crime, respirar um pouco de ar fresco e se lembrar de não deixar que Mike determine se seu dia será bom ou não.

É provável que você tenha que testar alguns detalhes mais de uma vez até firmá-los — e não tem problema! Pode até recrutar alguém que admira ou que acredita que tenha um bom equilíbrio entre trabalho e vida pessoal, mostrar à pessoa como é seu dia a dia e pedir que ela dê opiniões sobre como implementar melhorias.

Você está redesenhando seu relacionamento com o trabalho e com a vida. Está restabelecendo prioridades e o que as pessoas podem esperar de você, e isso é difícil. Quando fiz essas mudanças em minha própria vida, passei muito tempo me sentindo mal por decepcionar as pessoas ou por abrir mão de oportunidades. Só se vive uma vez, e não é absurdo querer que a vida seja agradável.

O equilíbrio sempre será como uma dança. Para a frente e para trás, de um lado para o outro, você se movimentará conforme a situação for mudando. Não se trata de ter uma coreografia perfeita. Em vez disso, procure se concentrar em aprender alguns passos diferentes e se familiarizar com eles a ponto de se adaptar caso a música mude.

ONDE A TEORIA ENCONTRA A PRÁTICA

Mesmo quando nos tornamos especialistas em mindset, cuidados pessoais, gerenciamento de tempo e de estresse e limites, o burnout ainda pode nos surpreender. Recentemente, assumi quatro projetos grandes, além de já estar planejando meu casamento. Até poucos anos atrás, esse nível de comprometimento e de pressão me faria ficar sentada no chuveiro, balançando para a frente e para trás. Minha agenda estava tão cheia que cheguei a considerar a possibilidade de largar os preparativos da festa e da cerimônia e me casar às escondidas em outro lugar. Felizmente, consegui me lembrar o tempo todo de que era apenas uma fase temporariamente agitada e que eu já havia sobrevivido a todas as outras fases agitadas do passado. Incorporei os cuidados pessoais que me mantinham sã — minha rotina matinal lenta, sair de casa pelo menos uma vez por dia, ler um livro antes de dormir, usar pratos descartáveis (porque, às vezes, a visão de uma pia cheia de louça no final de um dia exaustivo pode despertar instintos assassinos). Gerenciei o tempo habilmente, cumprindo as tarefas mais importantes e me sentindo à vontade em não priorizar itens de trabalho que não fossem essenciais para essa temporada. Retomei limites para épocas agitadas e reforcei a prática dos fins de semana antissociais, rejeitei ligações pessoais durante o expediente e fiz uso de scripts para recusar oportunidades que surgiram. Gerenciei todo estresse iminente com paciência e plena noção dos meus sinais de estresse, então eu sabia quando recuar e me recompor. Ao usar esses cinco pilares, descobri em primeira mão que podemos encontrar liberdade e equilíbrio mesmo quando nos sentimos encurralados. **O burnout não é uma sentença de morte; é um tapinha no ombro (tudo bem, está mais para um empurrão) para que prestemos atenção à nossa vida, porque algo precisa mudar.**

Não deixe essas informações morrerem no papel. Mantenha sempre as ferramentas deste livro à mão; cole post-its por estas páginas; compartilhe o que aprendeu com os colegas e amigos para que eles possam ajudar a responsabilizá-lo — existem inúmeras maneiras de manter esses conceitos vivos e ajudá-los a evoluírem com você.

O gerenciamento de burnout não é feito apenas em escritórios lotados; é feito também em casa e em nossos pensamentos. Ninguém pode entrar em sua vida e mudá-la para você — depende apenas de você mesmo. Você está a poucas mudanças de uma experiência muito diferente. Esta é a *única* vida que terá a chance de viver; vale a pena fazer mudanças difíceis para sentir que de fato consegue *vivê-la*. Você é capaz; eu sei que é. Onde quer que esteja, estou torcendo por você.

AGRADECIMENTOS

Este livro não existiria sem uma boa dose de ajuda do destino e de muita gente talentosa.

A Noa Shapiro, minha editora. Você não é apenas uma editora, é uma **editora**. Cada frase deste texto ficou melhor por sua causa. Obrigada pela fé inabalável no livro durante todo o processo. Ele não seria o que é sem você.

A Katherine Hardigan, minha agente, confidente e mentora. Obrigada por ser a pessoa com quem posso sempre contar ao viver milhões de "primeiras vezes" durante este processo. Quando nos conhecemos, soube de cara que faríamos coisas incríveis juntas, e isso segue sendo verdade até hoje.

A Tula Karras, por me ceder sua ajuda e seu talento no desenrolar destes capítulos. Obrigada pela boa vontade nas tantas idas e voltas para se certificar de que o livro fosse o melhor possível. Foi uma alegria imensa trabalhar com você.

Este livro não ganharia vida sem os esforços da equipe da Dial Press: Andy Ward, Avideh Bashirrad, Raaga Rajogopala, Whitney Frick, Debbie Aroff, Michelle Jasmine, Vanessa Dejesus, Corina Diez, Benjamin Dreyer, Rebecca Berlant, Ted Allen e

David Goehring. Vocês fizeram de tudo para que o livro alcançasse a linha de chegada, e sou grata a todos vocês.

A Erin Thomas, Lisa Huebner e Hilary Tindle. Obrigada pelo tempo e pela *expertise*. O livro ganhou força com tudo o que deram a ele, e agradeço a bondade e a contribuição de vocês.

A Elana Seplow-Jolley, preciso agradecer por descobrir o meu potencial. Antes mesmo de eu ter muitos seguidores nas redes sociais, você viu potencial em meu trabalho e insistiu para que eu preparasse uma proposta de publicação. Obrigada por dar partida a esses planos.

A meus pais, não há agradecimento grande o suficiente para dar conta de tudo o que fizeram por mim. Sou o que sou e estou onde estou por causa do apoio e do amor que me deram desde que nasci. É a vocês que agradeço pelo que tenho de melhor.

A minha irmã mais nova, minha carreira de "influencer" não começou nas redes sociais, e sim no dia em que você nasceu. Você é a pessoa mais importante que já influenciei, e você não tem ideia do quanto me influencia também.

A Navarre, meu marido, meu maior apoiador e dono do abraço mais caloroso, que nunca, nem mesmo quando o meu dinheiro estava quase acabando, me fez acreditar que deveria desistir do meu negócio e buscar "um emprego de verdade". Ter certeza de que eu teria você para me segurar se um dia eu caísse me deu confiança para correr os riscos que hoje me trouxeram até aqui. Sou melhor com você ao meu lado. Obrigada por me amar tão bem.

Por fim, a meus clientes e a cada pessoa que me acompanha e que tirou um tempo para se conectar comigo, isso não seria possível sem vocês. Seu apoio e suas histórias fizeram valer a pena este livro ser escrito, e por isso agradeço. Obrigada, obrigada, obrigada. Minha gratidão é maior do que vocês podem imaginar.

NOTAS

INTRODUÇÃO: O COLAPSO ANTES DO AVANÇO

16 **Um dos vários efeitos adversos** "State of the Global Workplace: 2021 Report", Gallup, 2021. Disponível em: https://bendchamber.org/wp-content/uploads/2021/12/state-of-the-global-workplace-2021--download.pdf.

16 **Em 2021 e 2022, a situação piorou ainda mais** "State of the Global Workplace: 2021 Report"; "State of the Global Workplace: 2023 Report", Gallup, 2023. Disponível em: https://www.gallup.com/workplace/349484/state-of-the-global-workplace.aspx.

16 **Com 44% dos trabalhadores reportando** "State of the Global Workplace: 2021 Report"; "State of the Global Workplace: 2023 Report".

17 **A Organização Mundial da Saúde (OMS) relatou** "Covid-19 Pandemic Triggers 25% Increase in Prevalence of Anxiety and Depression Worldwide", Organização Mundial da Saúde, 2 de março de 2022. Disponível em: https://www.who.int/news/item/02-03-2022-covid-19--pandemic-triggers-25-increase-in-prevalence-of-anxiety-and-depression--worldwide.

17 **quase dois terços dos profissionais relataram** Kristy Threlkeld, "Employee Burnout Report: COVID-19's Impact and 3 Strategies to Curb It", Indeed.com, 11 de março de 2021. Disponível em: https://uk.indeed.com/lead/preventing-employee-burnout-report.

18 **as definições de burnout** 11th Revision of the International Classification of Diseases (ICD-11), Organização Mundial da Saúde.

Disponível em: https://www.who.int/news/item/11-02-2022-icd-11-2022-release#:~:text=The%20International%20Classification%20of%20Diseases,and%20is%20now%20entirely%20digital.

19 **O burnout tem sido associado a muitas condições de saúde** Denise Albieri et al. "Physical, Psychological and Occupational Consequences of Job Burnout: A Systematic Review of Prospective Studies", *PLoS One* 12, nº 10 (4 de outubro de 2017): e0185781. Disponível em: https://www.ncbi.nlm.nih.gov/pmc/articles/PMC5627926/.

19 **alterações prejudiciais no cérebro** Armita Golkar et al. "The Influence of Work-Related Chronic Stress on the Regulation of Emotion and on Functional Connectivity in the Brain", *PloS One* 9, nº 9 (3 de setembro de 2014): e104550. Disponível em: https://journals.plos.org/plosone/article?id=10.1371/journal.pone.0104550.

19 **submete o corpo e a mente ao estresse constante** Tarani Chandola et al., "Work Stress and Coronary Heart Disease: What Are the Mechanisms?", *European Heart Journal* 29, nº 5 (janeiro de 2008): 640–648. Disponível em: https://academic.oup.com/eurheartj/article/29/5/640/438125.

19 **como o cortisol** "Cortisol", Cleveland Clinic, dezembro de 2021. Disponível em: https://my.clevelandclinic.org/health/articles/22187-cortisol.

19 **manter o equilíbrio entre trabalho e vida pessoal resulta em maior produtividade** Michiel Kompier e Cary Cooper (eds.). *Preventing Stress, Improving Productivity: European Case Studies in the Workplace*. Londres: Routledge, 1999.

19 **satisfação do trabalhador** N. Thevanes e T. Mangaleswaran. "Relationship Between Work-Life Balance and Job Performance of Employees", *IOSR Journal of Business and Management* 20, nº 5 (maio de 2018): 11–16. Disponível em: https://www.iosrjournals.org/iosr-jbm/papers/Vol20-issue5/Version-1/C2005011116.pdf.

19 **relacionamentos saudáveis causam um impacto positivo** David G. Myers, "Close Relationships and Quality of Life", em Daniel Kahneman, Ed Diener e Norbert Schwarz (eds.). *Well-Being: Foundations of Hedonic Psychology*. Nova York: Russell Sage Foundation, 2003, 374–391.

20 **alivia os sintomas do burnout e aumenta** Andrea N. Leep Hunderfund et al., "Social Support, Social Isolation, and Burnout: Cross-Sectional Study of U.S. Residents Exploring Associations with Individual, Interpersonal, Program, and Work-Related Factors", *Academic Medicine* 97, nº 8 (julho de 2022): 1184–1194. Disponível em: https://pubmed.ncbi.nlm.nih.gov/35442910/.

20 **aqueles que sofrem de exaustão** Emma Seppälä e Marissa King, "Burnout at Work Isn't Just About Exhaustion. It's Also About Loneliness", *Harvard Business Review*, 29 de junho de 2017. Disponível em: https://hbr.org/2017/06/burnout-at-work-isnt-just-about-exhaustion-its-also-about-loneliness.

CAPÍTULO 1: IDENTIFICANDO O BURNOUT EM UM MUNDO EM CHAMAS

27 **um pouco de estresse faz bem** Wendy Suzuki. *Good Anxiety*. Nova York: Atria, 2021, 14.

28 **Suportá-lo por muito tempo** Marie-France Marin et al., "Chronic Stress, Cognitive Functioning and Mental Health", *Neurobiology of Learning and Memory* 96, nº 4 (novembro de 2011): 583–595. Disponível em: https://pubmed.ncbi.nlm.nih.gov/21376129/.

28 **o número de pessoas que relatam altas quantidades** "State of the Global Workplace: 2021 Report", Gallup, 2022. Disponível em: https://bendchamber.org/wp-content/uploads/2021/12/state-of-the-global-workplace-2021-download.pdf; Ashley Abramson, "Burnout and Stress Are Everywhere", *Monitor on Psychology* 53, nº 1 (1º de janeiro de 2022): 72. Disponível em: https://www.apa.org/monitor/2022/01/special-burnout-stress; Kristy Threlkeld, "Employee Burnout Report: COVID-19's Impact and 3 Strategies to Curb It", Indeed.com, 11 de março de 2021. Disponível em: https://uk.indeed.com/lead/preventing-employee-burnout-report.

28 **O aumento do estresse prolongado leva a mais relatos de burnout** "Anatomy of Work, Global Index 2022", Asana, 2022. Disponível em: https://www.gend.co/hubfs/Anatomy%20of%20Work%20Global%20Report.pdf.

29 **a Grande Demissão** Juliana Kaplan, "The Psychologist Who Coined the Phrase 'Great Resignation' Reveals How He Saw It Coming and Where He Sees It Going", *Insider*, 2 de outubro de 2021. Disponível em: https://www.businessinsider.com/why-everyone-is-quitting-great-resignation-psychologist-pandemic-rethink-life-2021-10.

29 **a Grande Reorganização** Paul Krugman, "What Ever Happened to the Great Resignation?", *The New York Times*, 5 de abril de 2022. Disponível em: https://www.nytimes.com/2022/04/05/opinion/great-resignation-employment.html.

29 **alcançando o pico dos últimos vinte anos** "Number of Quits at All-Time High in November 2021", U.S. Bureau of Labor Statistics, The Economics Daily, 6 de janeiro de 2022. Disponível em: https://www.bls.gov/opub/ted/2022/number-of-quits-at-all-time-high-in-november-2021.htm#:~:text=The%20number%20of%20quits%20increased,first%20produced%20in%20December%202000.

29 **As principais razões para as demissões** Kim Parker e Juliana Menasce Horowitz, "Majority of Workers Who Quit a Job in 2021 Cite Low Pay, No Opportunities for Advancement, Feeling Disrespected", Pew Research Center, 9 de março de 2022. Disponível em: https://www.pewresearch.org/short-reads/2022/03/09/majority-of-workers-who-quit-a-job-in-2021-cite-low-pay-no-opportunities-for-advancement-feeling-disrespected/#:~:text=Majorities%20of%20workers%20who%20quit,major%20reasons%20why%20they%20left.

30 **A tendência do quiet quitting** Matt Pearce, "Gen Z Didn't Coin 'Quiet Quitting'— Gen X Did", *Los Angeles Times*, 27 de agosto de 2022. Disponível em: https://www.latimes.com/entertainment-arts/story/2022-08-27/la-ent-quiet-quitting-origins.

31 **Algumas pessoas se confundem e pensam estar com ansiedade** "Anxiety Disorders", National Institute of Mental Health, abril de 2023. Disponível em: https://www.nimh.nih.gov/health/topics/anxiety-disorders.

31 **ou depressão** "Depression", National Institute of Mental Health, abril de 2023. Disponível em: https://www.nimh.nih.gov/health/topics/depression.

32 **o burnout é, em grande parte, circunstancial** Arnold Bakker et al., "Using Equity Theory to Examine the Difference Between Burnout and Depression", *Anxiety, Stress & Coping* 13, nº 3 (abril de 2008): 247–268. Disponível em: https://www.tandfonline.com/doi/abs/10.1080/10615800008549265.

32 **Possíveis experiências resultantes do burnout** Christina Maslach e Michael P. Leiter, "Understanding the Burnout Experience: Recent Research and Its Implications for Psychiatry", *World Psychiatry* 15, nº 2 (junho de 2016): 103–111. Disponível em: https://www.ncbi.nlm.nih.gov/pmc/articles/PMC4911781/; Christina Maslach e Susan E. Jackson, "The Measurement of Experienced Burnout", *Journal of Organizational*

Behavior 2, nº 2 (abril de 1982): 99-113. Disponível em: https://onlinelibrary.wiley.com/doi/10.1002/job.4030020205.

32 **Desmotivação** Mataroria P. Lyndon et al., "Burnout, Quality of Life, Motivation, and Academic Achievement Among Medical Students", *Perspectives on Medical Education* 6, nº 2 (abril de 2017): 108-114. Disponível em: https://www.ncbi.nlm.nih.gov/pmc/articles/PMC5383573/.

32 **Concentração e atenção prejudicadas** Hanna M. Gavelin et al., "Cognitive Function in Clinical Burnout: A Systematic Review and Analysis", *Work and Stress* 36, nº 1 (dezembro de 2021): 86-104. Disponível em: https://www.tandfonline.com/doi/full/10.1080/02678373.2021.2002972.

32 **Sentir-se ineficaz** Taru Feldt et al., "The 9-Item Bergen Burnout Inventory: Factorial Validity Across Organizations and Measurements of Longitudinal Data", *Industrial Health* 52, nº 2 (março de 2014): 102-112. Disponível em: https://www.ncbi.nlm.nih.gov/pmc/articles/PMC4202758/.

32 **Exaustão física** Serge Brand et al., "Associations Between Satisfaction with Life, Burnout-Related Emotional and Physical Exhaustion, and Sleep Complaints", *The World Journal of Biological Psychiatry* 11, nº 5 (março de 2010): 744-754. Disponível em: https://www.researchgate.net/publication/42439860_Associations_between_satisfaction_with_life_burnout-related_emotional_and_physical_exhaustion_and_sleep_complaints.

32 **Insônia** Brand, "Associations Between Satisfaction with Life".

33 **Esquecimento** Gavelin, "Cognitive Function in Clinical Burnout".

33 **Escapismo** Michael P. Leiter, "Coping Patterns as Predictors of Burnout: The Function of Control and Escapist Coping Patterns", *Journal of Organizational Behavior* 12, nº 2 (março de 1991): 123-144. Disponível em: https://onlinelibrary.wiley.com/doi/abs/10.1002/job.4030120205.

33 **Procrastinação** Murat Balkis, "The Relationship Between Academic Procrastination and Students' Burnout", *Hacettepe University Journal of Education* 28, nº 1 (agosto de 2013): 68-78. Disponível em: https://www.researchgate.net/publication/256627310_THE_RELATIONSHIP_BETWEEN_ACADEMIC_PROCRASTINATION_AND_STUDENTS'_BURNOUT.

33 **Mudança no consumo de alimentos/drogas/álcool** Michael R. Oreskovich et al., "Prevalence of Alcohol Use Disorders Among Ame-

rican Surgeons", *JAMA Surgery* 147, nº 2 (fevereiro de 2012): 168-174. Disponível em: https://pubmed.ncbi.nlm.nih.gov/22351913/.

33 **Dor física persistente** Galit Armon et al., "Elevated Burnout Predicts the Onset of Musculoskeletal Pain Among Apparently Healthy Employees", *Journal of Occupational Health Psychology* 15, nº 4 (outubro de 2010): 399-408. Disponível em: https://pubmed.ncbi.nlm.nih.gov/21058854/.

35 **compras compulsivas** Thomas J. Moore, Joseph Glenmullen e Donald R. Mattison, "Reports of Pathological Gambling, Hypersexuality, and Compusilve Shopping Associated with Dopamine Receptor Agonist Drugs", *JAMA Internal Medicine* 174, nº 12 (outubro de 2013): 1930-1933. Disponível em: https://jamanetwork.com/journals/jamainternalmedicine/fullarticle/1916909.

CAPÍTULO 2: OS TRÊS TIPOS DE BURNOUT

47 **Em 1930, o economista John Maynard Keynes** John Maynard Keynes, "Economic Possibilities for Our Grandchildren", em *Essays in Persuasion*. Nova York: W.W. Norton, 1963.

47 **Uma pesquisa do Pew Research Center em 2018** Patrick van Kessel, "How Americans Feel About the Satisfactions and Stresses of Modern Life", Pew Research Center, fevereiro de 2020. Disponível em: https://www.pewresearch.org/short-reads/2020/02/05/how-americans-feel-about-the-satisfactions-and-stresses-of-modern-life/.

52 **a fadiga mental pode se estabelecer** Sointu Leikas, "Sociable Behavior Is Related to Later Fatigue: Moment-to-Moment Patterns of Behavior and Tiredness", *Heliyon* 6, nº 5 (maio de 2020): e04033. Disponível em: https://pubmed.ncbi.nlm.nih.gov/32490243/.

57 **Um estudo recente feito na Finlândia** Markus A. Penttinen et al., "The Associations Between Healthy Diet and Burnout Symptoms Among Finnish Municipal Employees", *Nutrients* 13, nº 7 (julho de 2021): 2393. Disponível em: https://www.ncbi.nlm.nih.gov/pmc/articles/PMC8308766/.

57 **quem apresenta sinais de burnout** Jennifer R. Brubaker e Elizabeth A. Beverly, "Burnout, Perceived Stress, Sleep Quality, and Smartphone Use: A Survey of Osteopathic Medical Students", *The Journal of the American Osteopathic Association* 120, nº 1 (janeiro de 2020): 6-17. Disponível em: https://pubmed.ncbi.nlm.nih.gov/31904778/.

57 **A hierarquia de necessidades de Maslow** Douglas T. Kenrick et al., "Renovating the Pyramid of Needs: Contemporary Extensions Built upon Ancient Foundations", *Perspectives on Psychological Science* 5, nº 3 (agosto de 2011): 292–314. Disponível em: https://www.ncbi.nlm.nih.gov/pmc/articles/PMC3161123/.

58 **cientistas estudaram o FOMO** Mayank Gupta e Aditya Sharma, "Fear of Missing Out: A Brief Overview of Origin, Theoretical Underpinnings and Relationship with Mental Health", *World Journal of Clinical Cases* 9, nº 19 (julho de 2021): 4881– 4889. Disponível em: https://www.ncbi.nlm.nih.gov/pmc/articles/PMC8283615/.

58 **que também pode se sentir deixado de lado** Kipling D. Williams, "Ostracism", *Annual Review of Psychology* 58 (janeiro de 2007): 425–452. Disponível em: https://www.annualreviews.org/doi/abs/10.1146/annurev.psych.58.110405.085641.

59 **sentimentos de rejeição surgem** Williams, "Ostracism".

62 **A palestrante motivacional Iyanla Vanzant** Iyanla Vanzant (@iyanlavanzant), "When the time comes for you to make a change or to grow, the universe will make you so uncomfortable you will eventually have no choice", Twitter, 21 de agosto de 2013, 7:00 a.m. Disponível em: https://twitter.com/IyanlaVanzant/status/370153411678715905.

62 **O nosso cérebro precisa de novidade** Leyla Bagheri e Marina Milyavskaya, "Novelty-Variety as a Candidate Basic Psychological Need: New Evidence Across Three Studies", *Motivation and Emotion* 44 (outubro de 2018): 32–53. Disponível em: https://link.springer.com/article/10.1007/s11031-019-09807-4.

62 **Um estudo de 2015 feito pela Johns Hopkins** Aimee E. Stahl e Lisa Feigenson, "Observing the Unexpected Enhances Infants' Learning and Exploration", *Science* 348, nº 6230 (abril de 2015): 91–94. Disponível em: https://www.science.org/doi/10.1126/science.aaa3799?url_ver=Z39.88-2003&rfr_id=ori:rid:crossref.org&rfr_dat=cr_pub%20%200pubmed.

62 **uma parte do cérebro chamada hipocampo** Daniela Fenker e Hartmut Schütze, "Learning by Surprise", *Scientific American*, 17 de dezembro de 2008. Disponível em: https://www.scientificamerican.com/article/learning-by-surprise/.

63 **a repetição resulta em níveis mais baixos de envolvimento** Natália Lelis-Torres et al., "Task Engagement and Mental Workload Involved in Variation and Repetition of a Motor Skill", *Scientific Reports* 7 (11 de

maio de 2021): 14764. Disponível em: https://www.nature.com/articles/s41598-017-15343-3.

63 **Essa é uma das razões pelas quais o burnout** Sylvie Droit-Volet et al., "Time and Covid-19 Stress in the Lockdown Situation. Time-Free, Dying of Boredom and Sadness", *PLoS One* 15, nº 8 (agosto de 2020): 0236465. Disponível em: https://journals.plos.org/plosone/article?id=10.1371/journal.pone.0236465.

65 **O tédio em pequenas doses** James Danckert et al., "Boredom: What Is It Good For?", em Heather C. Lench (ed.), *The Function of Emotions*. Cham, Suíça: Springer, 2018, 93-119. Disponível em: https://link.springer.com/chapter/10.1007/978-3-319-77619-4_6.

65 **pessoas ocupadas se sentem mais motivadas** Keith Wilcox et al., "How Being Busy Can Increase Motivation and Reduce Task Completion Time", *Journal of Personality and Social Psychology* 110, nº 3 (março de 2016): 371-384. Disponível em: https://pubmed.ncbi.nlm.nih.gov/26963764/.

66 **Desafio positivo é uma combinação equilibrada** Betsy Ng, "The Neuroscience of Growth Mindset and Intrinsic Motivation", *Brain Sciences* 8, nº 2 (janeiro de 2018): 20. Disponível em: https://www.ncbi.nlm.nih.gov/pmc/articles/PMC5836039/.

66 **No livro *Quebre todas as regras*** Marcus Buckingham e Curt Coffman, *First, Break All the Rules: What the World's Greatest Managers Do Differently*. Nova York: Simon and Schuster, 1999.

CAPÍTULO 3: MINDSET

75 **a neuroplasticidade — a capacidade do nosso cérebro** Richard J. Davidson e Bruce S. McEwen, "Social Influences on Neuroplasticity: Stress and Interventions to Promote Well-Being", *Nature Neuroscience* 15, nº 5 (abril de 2012): 689-695. Disponível em: https://www.ncbi.nlm.nih.gov/pmc/articles/PMC3491815/.

75 **programando o cérebro para a felicidade** Rick Hanson, *Hardwiring Happiness: The New Brain Science of Contentment, Calm, and Confidence*. Nova York: Harmony, 2013.

75 **Os otimistas não só têm taxas mais baixas de burnout** James B. Fowler et al., "The Correlation of Burnout and Optimism Among Medical Residents", *Cureus* 12, nº 2 (fevereiro de 2020). Disponível em: https://pubmed.ncbi.nlm.nih.gov/32181095/.

75 **níveis menores de hormônios do estresse** Joelle Jobin, Carsten Wrosch e Michael F. Scheier, "Associations Between Dispositional Optimism and Diurnal Cortisol in a Community Sample: When Stress Is Perceived as Higher Than Normal", *Health Psychology* 33, n º 4 (abril de 2014). Disponível em: https://www.ncbi.nlm.nih.gov/pmc/articles/PMC4151978/.

75 **melhor funcionamento imunológico** Suzanne C. Segerstrom e Sandra E. Sephton, "Optimistic Expectancies and Cell-Mediated Immunity: The Role of Positive Affect", *Psychological Science* 21, n º 3 (março de 2010): 448–455. Disponível em: https://pubmed.ncbi.nlm.nih.gov/20424083/.

75 **menos risco de diabetes** Sara Puig-Perez et al., "Optimism Moderates Psychophysiological Responses to Stress in Older People with Type 2 Diabetes", *Psychophysiology* 54, n º 4 (dezembro de 2016): 536–543. Disponível em: https://onlinelibrary.wiley.com/doi/10.1111/psyp.12806.

75 **e derrame** Hilary Tindle, *Up: How Positive Outlook Can Transform our Health and Aging*. Nova York: Avery, 2013, 6–10.

76 **de um quarto a metade de nossa perspectiva seja genética** Thomas J. Bouchard, Jr., "Genes, Environment and Personality", *Science* 264, n º 5166 (junho de 1994). Disponível em: 1700–1701, https://www.science.org/doi/10.1126/science.8209250.

77 **uma pesquisa feita pela cientista cognitiva Sian Leah Beilock** Gerardo Ramirez et al., "Math Anxiety, Working Memory, and Math Achievement in Early Elementary School", *Journal of Cognition and Development* 14, n º 2 (maio de 2013): 187–202. Disponível em: https://psycnet.apa.org/record/2013-16742-002; Andrew Mattarella-Micke et al., "Choke or Thrive? The Relation Between Salivary Cortisol and Math Performance Depends on Individual Differences in Working Memory and Math Anxiety", *Emotion* 11, n º 4 (agosto de 2011): 1000–1005. Disponível em: https://pubmed.ncbi.nlm.nih.gov/21707166/.

77 **diálogo interno mais gentil** Christina N. Armenta, Megan M. Fritz, e Sonja Lyubomirsky, "Functions of Positive Emotions: Gratitude as a Motivator of Self Improvement and Positive Change", *Emotion Review* 9, n º 3 (julho de 2016). Disponível em: https://journals.sagepub.com/doi/10.1177/1754073916669596.

79 **Pessoas ambiciosas costumam focar em sistemas e planejamento** "Characteristics of High and Low Achievers", Perspectives and Resources, Iris Center, Peabody College Vanderbilt University. Disponível em: https://iris.peabody.vanderbilt.edu/module/ss1/cresource/q1/p01/.

79 **podem enfrentar dificuldades em situações de aprendizado que exigem trabalho em equipe e colaboração** Hye-Jung Lee, Hyekyung Kim e Hyunjung Byun, "Are High Achievers Successful in Collaborative Learning? An Explorative Study of College Students' Learning Approaches in Team Project-Based Learning", *Innovations in Education and Teaching International* 54, nº 5 (novembro de 2015): 418-427. Disponível em: https://eric.ed.gov/?id=EJ1157285.

81 **Exibimos esse comportamento cooperativo** Daniel B. M. Haun, Yvonne Rekers e Michael Tomasello, "Children Conform to the Behavior of Peers; Other Great Apes Stick with What They Know", *Psychological Science* 25, nº 12 (outubro de 2014). Disponível em: https://journals.sagepub.com/doi/10.1177/0956797614553235.

82 **Glennon Doyle escreve** Glennon Doyle, *Untamed*. Nova York: Random House, 2020, 173.

85 **encarar fatores externos como barreiras** Scott Barry Kaufman, "Unraveling the Mindset of Victimhood, *Scientific American,* 29 de junho de 2020. Disponível em: https://www.scientificamerican.com/article/unraveling-the-mindset-of-victimhood/.

87 **pode fazer um indivíduo se sentir seguro** Kaufman, "Unraveling the Mindset of Victimhood".

92 **revelar o impacto poderoso nos resultados** Ralph H. Kilmann, Mary J. Saxton e Roy Serpa, "Issues in Understanding and Changing Culture", *California Management Review* 28, nº 2 (inverno de 1986): 87-94. Disponível em: https://kilmanndiagnostics.com/wp-content/uploads/2018/04/Kilmann_Issues-Culture.pdf.

92 **"cultura" muitas vezes significava** Áine Cain, "The Progression of Office Culture from the 50s to Today", Insider.com, outubro de 2018. Disponível em: https://www.businessinsider.com/office-culture-then-and-now-2018-5.

93 **Portugal aprovou uma lei** "Portugal: A New Law on Remote Work Prohibits Contact with Employees After Working Hours", *Industrial Relations and Labour Law Newsletter*, International Organisation of Employers, dezembro de 2021. Disponível em: https://industrialrelations-news.ioe-emp.org/industrial-relations-and-labour-law-december-2021/news/article/portugal-a-new-law-on-remote-work-prohibits-contact--with-employees-after-working-hours.

93 **Na Grã-Bretanha** "Statutory Maternity Pay and Leave: Employer Guide". Disponível em: www.gov.uk/employers-maternity-pay-leave.

93 **Os australianos têm direito** "Annual Leave", governo da Austrália, Fair Work Ombudsman. Disponível em: https://www.fairwork.gov.au/leave/annual-leave.

93 **não há licença-maternidade** "Family and Medical Leave (FMLA)", U.S. Department of Labor. Disponível em: https://www.dol.gov/general/topic/benefits-leave/fmla.

93 **férias remuneradas garantidas** "Vacation Leave", U.S. Department of Labor. Disponível em: https:// www.dol.gov/general/topic/workhours/vacation_leave.

93 **não protegem os funcionários** "Employee Overtime: Hours, Pay and Who Is Covered", OSHA Education Center. Disponível em: https://www.oshaeducationcenter.com/articles/employee-overtime/.

95 **nós nos adaptamos a um conjunto inicial de condições** J. Bruce Overmier e Martin E. Seligman, "Effects of Inescapable Shock upon Subsequent Escape and Avoidance Responding", *Journal of Comparative and Physiological Psychology* 63, nº 1 (1967): 28–33. Disponível em: https://psycnet.apa.org/record/1967-04314-001.

96 **sentimentos e lembranças adversas permanecem** K. N. Ochsner, "Are Affective Events Richly Recollected or Simply Familiar? The Experience and Process of Recognizing Feelings Past", *Journal of Experimental Psychology: General* 129, nº 2 (junho de 2000): 242–261. Disponível em: https://pubmed.ncbi.nlm.nih.gov/10868336/; L. Cahill e J. L. McGaugh, "A Novel Demonstration of Enhanced Memory Associated with Emotional Arousal", *Consciousness and Cognition* 4, nº 4 (dezembro de 1995): 410–421. Disponível em: https:// pubmed.ncbi.nlm.nih.gov/8750416/.

106 **viver ocupado é uma forma de** Silvia Bellezza, Neeru Paharia e Anat Keinan, "Conspicuous Consumption of Time: When Busyness and Lack of Leisure Time Become a Status Symbol", *Journal of Consumer Research* 44, nº 1 (junho de 2017): 118–138. Disponível em: https://academic.oup.com/jcr/article-abstract/44/1/118/2736404?redirectedFrom=fulltext.

106 **mais ambiciosos e competentes os outros nos acham** Bellezza, "Conspicuous Consumption of Time".

109 **principal contribuinte para a felicidade e a saúde** McKinsey & Company Author Talks, entrevista com Robert Waldinger, autor de *The Good Life: Lessons from the World's Longest Scientific Study of Happiness*. Nova York: Simon and Schuster, 2023. Disponível em: https://www.mckinsey.

com/featured-insights/mckinsey-on-books/author-talks-the-worlds--longest-study-of-adult-development-finds-the-key-to-happy-living. Veja também "Welcome to the Harvard Study of Adult Development", Massachusetts General Hospital e Harvard Medical School. Disponível em: https://www.adultdevelopmentstudy.org/.
109 **aumentam seu quociente de felicidade** Sarah D. Pressman et al., "Association of Enjoyable Leisure Activities with Psychological and Physical Well-Being", *Psychosomatic Medicine* 71, nº 7 (setembro de 2009): 725-732. Disponível em: https://pubmed.ncbi.nlm.nih.gov/19592515/.
111 **a emoção da diversão** David R. Herring et al., "Coherent with Laughter: Subjective Experience, Behavior, and Physiological Responses During Amusement and Joy", *International Journal of Psychophysiology* 79, nº 2 (outubro de 2010): 211-218. Disponível em: https://www.researchgate.net/publication/47633505_Coherent_with_laughter_Subjective_experience_behavior_and_physiological_responses_during_amusement_and_joy.
111 **reduz sentimentos negativos** Nicole R. Giuliani, Kateri McRae e James J. Gross, "The Up- and Down-Regulation of Amusement: Experiential, Behavioral, and Autonomic Consequences", *Emotion* 8, nº 5 (outubro de 2008): 714-719. Disponível em: https://pubmed.ncbi.nlm.nih.gov/18837622/.
111 **o mecanismo natural de autoconforto do corpo humano** Yan Wu et al., "How Do Amusement, Anger and Fear Influence Heart Rate and Heart Rate Variability?", *Frontiers in Neuroscience* 13 (outubro de 2019). Disponível em: https://www.frontiersin.org/articles/10.3389/fnins.2019.01131/full.

CAPÍTULO 4: CUIDADOS PESSOAIS

114 **vergonha — a dor** June Price Tangney, Jeff Stuewig e Debra J. Mashek, "Moral Emotions and Moral Behavior", *Annual Review of Psychology* 58 (abril de 2011): 345-372. Disponível em: https://www.ncbi.nlm.nih.gov/pmc/articles/PMC3083636/.
114 **efeito Zeigarnik** Colin M. MacLeod, "Zeigarnik and von Restorff: The Memory Effects and the Stories Behind Them", *Memory and Cognition* 48 (abril de 2020): 1073-1088. Disponível em: https://link.springer.com/article/10.3758/s13421-020-01033-5.
114 **a culpa seja benéfica** June P. Tangney, Jeffrey Stuewig e Andres J. Martinez, "Two Faces of Shame: Understanding Shame and Guilt in

the Prediction of Jail Inmates' Recidivism", *Psychological Science* 25, nº 3 (março de 2014): 799–805. Disponível em: https:// www.ncbi.nlm. nih.gov/pmc/articles/PMC4105017/.

119 **americanos que trabalham em tempo integral viram o** "American Time Use Survey—2021 Results", U.S. Bureau of Labor Statistics, junho de 2022. Disponível em: https://www.bls.gov/news.release/pdf/atus.pdf; "American Time Use Survey—2012 Results", U.S. Bureau of Labor Statistics, junho de 2013. Disponível em: https://www.bls.gov/news.release/archives/atus_06202013.pdf.

119 **uma soneca de quinze minutos** Charlotte Fritz et al., "Embracing Work Breaks: Recovering from Work Stress", *Organizational Dynamics* 42, nº 4 (outubro de 2013): 274–280. Disponível em: https://www.researchgate.net/publication/259095808_Embracing_work_breaksz_Recovering_from_work_stress.

119 **facilidade em lembrar coisas novas** Sara C. Mednick et al., "Comparing the Benefits of Caffeine, Naps and Placebo on Verbal, Motor and Perceptual Memory", *Behavioral Brain Research* 193, nº 1 (novembro de 2008): 70–86. Disponível em: https://pubmed.ncbi.nlm.nih.gov/18554731/.

119 **permitindo que novas experiências sejam processadas** Victoria Jaggard, "Naps Clear Brain's Inbox, Improve Learning", *National Geographic*, 23 de fevereiro de 2010. Disponível em: https://www.nationalgeographic.com/science/article/100222-sleep-naps-brain-memories.

119 **pode aumentar o desempenho da memória em quase 43%** Sara C. Mednick et al., "Sleep and Rest Facilitate Implicit Memory in a Visual Search Task", *Vision Research* 49, nº 21 (outubro de 2009): 2557–2565. Disponível em: https://www.ncbi.nlm.nih.gov/pmc/articles/PMC2764830/; Graelyn B. Humiston e Erin J. Wamsley, "A Brief Period of Eyes-Closed Rest Enhances Motor Skill Consolidation". *Neurobiology of Learning and Memory* 155 (novembro de 2018): 1–6. Disponível em: https://pubmed.ncbi.nlm.nih.gov/29883710/.

120 **Um estudo publicado no periódico *Psychosomatic Medicine*** Sarah D. Pressman et al., "Association of Enjoyable Leisure Activities with Psychological and Physical Well-Being", *Psychosomatic Medicine* 71, nº 7 (setembro de 2009): 725–732. Disponível em: https://pubmed.ncbi.nlm.nih.gov/19592515/.

120 **ajudava a prevenir a fadiga prolongada** Gerhard W. Blasche, Anna Arlinghaus e Thomas Ernst Dorner, "Leisure Opportunities and Fatigue

in Employees: A Large Cross-Sectional Study", *Leisure Sciences* 36, nº 3 (maio de 2014): 235–250. Disponível em: https://www.researchgate.net/publication/262582748_Leisure_Opportunities_and_Fatigue_in_Employees_A_Large_Cross-Sectional_Study.

120 **os benefícios dessas miniférias persistem por horas** Matthew J. Zawadzki, Joshua M. Smyth e Heather J. Costigan, "Real-Time Associations Between Engaging in Leisure and Daily Health and Well-Being", *Annals of Behavioral Medicine* 49, nº 4 (fevereiro de 2015): 605–615. Disponível em: https://academic.oup.com/abm/article/49/4/605/4562699.

121 **até a *Forbes* classificou essa cultura como tóxica** Julia Ball, "Hustle Culture Can Be Toxic—Here's How to Navigate it Successfully", *Forbes*, 21 de março de 2022. Disponível em: https://www.forbes.com/sites/forbesbusinesscouncil/2022/03/31/hustle-culture-can-be-toxic-heres-how-to-navigate-it-successfully/?sh=3407c65444e1.

122 **Charles Darwin relatou trabalhar apenas** William Waring Johnston, *The Ill Health of Charles Darwin: Its Nature and Its Relation to His Work*. Nova York: Wiley, 1901, 153.

122 **o trabalho era feito sazonalmente, com base na demanda** James E. Thorold Rogers, *Six Centuries of Work and Wages: The History of English Labor*. Kitchener, Ontário: Batoche Books, 2001.

122 **de acordo com a Organização Internacional do Trabalho** "Statistics on Working Time", International Labour Organization, ILOSTAT. Disponível em: https://ilostat.ilo.org/topics/working-time/.

123 **estima-se que 768 *milhões* de dias de férias não foram utilizados** "Study: A Record 768 Million U.S. Vacation Days Went Unused in '18, Opportunity Cost in the Billions", Ipsos/Oxford Economics/U.S. Travel Association study, 2019. Disponível em: https://www.ustravel.org/press/study-record-768-million-us-vacation-days-went-unused-18-opportunity-cost-billions.

123 **mulheres hispânicas ganhavam apenas 57 centavos** "Census Data Show Historic Investments in Social Safety Net Alleviated Poverty in 2020", Center for American Progress, setembro de 2021. Disponível em: https://www.americanprogress.org/article/census-data-show-historic-investments-social-safety-net-alleviated-poverty-2020/.

124 **A necessidade de nos pouparmos** "Hardwired for Laziness? Tests Show the Human Brain Must Work Hard to Avoid Sloth", *ScienceDaily*, setembro de 2018. Disponível em: https://www.sciencedaily.com/releases/2018/09/180918090849.htm.

128 **"Estar preparado não é metade da batalha"** Autumn Calabrese (@autumncalabrese), "Being prepared isn't half the battle, it is the battle", Instagram, 10 de março de 2019. Disponível em: https://www.instagram.com/p/Bu1WTlIAwUK/?hl=en.

130 **"rede de modo padrão"** Michael D. Greicius et al., "Functional Connectivity in the Resting Brain: A Network Analysis of the Default Mode Hypothesis", *Proceedings of the National Academy of Sciences of the United States of America* 100, nº 1 (janeiro de 2003): 253-258. Disponível em: https://www.pnas.org/doi/10.1073/pnas.0135058100.

131 **tem a capacidade de nos acalmar** Jennifer E. Stellar et al. "Positive Affect and Markers of Inflammation: Discrete Positive Emotions Predict Lower Levels of Inflammatory Cytokines", *Emotion* 15, nº 2 (abril de 2015): 129-133. Disponível em: https://pubmed.ncbi.nlm.nih.gov/25603133/.

139 **se não alcançamos um objetivo específico** Jessica Höpfner and Nina Keith, "Goal Missed, Self Hit: Goal-Setting, Goal-Failure, and Their Affective, Motivational and Behavioral Consequences", *Frontiers in Psychology* 12 (setembro de 2021). Disponível em: https://www.frontiersin.org/articles/10.3389/fpsyg.2021.704790/full.

140 **ter bem definidas as etapas de ação** Sarah Gardner e Dave Albee, "Study Focuses on Strategies for Achieving Goals, Resolutions", *Dominican Scholar,* Dominican University of California, relatório de imprensa, 2015. Disponível em: https://scholar.dominican.edu/news-releases/266/.

141 **quanto mais tempo planejamos** Peter M. Gollwitzer, Kentaro Fujita e Gabriele Oettingen, "Planning and the Implementation of Goals", em R. F. Baumeister e K. D. Vohs (eds.), *Handbook of Self Regulation: Research, Theory, and Applications*. Nova York: Guilford Press, 2004, 211-228.

141 **James Clear** James Clear, *Atomic* Habits. Nova York: Avery, 2018.

145 **pode aumentar a resiliência** Kristin Neff, "The Five Myths of Self-Compassion", *Greater Good Magazine*, 30 de setembro de 2015. Disponível em: https://greatergood.berkeley.edu/article/item/the_five_myths_of_self_compassion.

145 **ativa o nosso senso de proteção** Shelley E. Taylor et al., "Biobehavioral Responses to Stress in Females: Tend and Befriend, Not Fight-or-Flight", *Psychological Review* 107, nº 3 (julho de 2000): 411-429. Disponível em: https://pubmed.ncbi.nlm.nih.gov/10941275/.

147 **É um método cientificamente comprovado para ajudar a motivar** Karl M. Kapp, *The Gamification of Learning and Instruction*. San Francisco: Pfeiffer, 2012.

148 **estudo sobre a eficácia dos lembretes realizado na Holanda** Corine Horsch et al., "Reminders Make People Adhere Better to a Self-Help Sleep Intervention", *Health and Technology* 7, nº 2 (dezembro de 2016): 173-188. Disponível em: https://www.ncbi.nlm.nih.gov/pmc/articles/PMC5686282/.

CAPÍTULO 5: GERENCIAMENTO DE TEMPO

163 **A matriz de Eisenhower** Stephen Covey, *Os 7 hábitos das pessoas altamente eficazes*. Rio de Janeiro: BestSeller, 2017.

165 **Benjamin Franklin** Chris Good, "Picture of the Day: Benjamin Franklin's Daily Schedule", *The Atlantic*, 20 de abril de 2011. Disponível em: https://www.theatlantic.com/politics/archive/2011/04/picture-of-the-day-benjamin-franklins-daily-schedule/237615/.

168 **a neurociência chegou a mapear** Dimitri van der Linden, Mattie Tops e Arnold B. Bakker, "The Neuroscience of the Flow State: Involvement of the Locus Coeruleus Norepinephrine System", *Frontiers in Psychology* 12 (abril de 2021). Disponível em: https://www.frontiersin.org/articles/10.3389/fpsyg.2021.645498/full.

168 **Um estudo a respeito do custo das interrupções** Gloria Mark, Daniela Gudith e Ulrich Klocke, "The Cost of Interrupted Work: More Speed and Stress", *Proceedings of the 2008 Conference on Human Factors in Computing Systems* (abril de 2008): 107-110. Disponível em: https://www.researchgate.net/publication/221518077_The_cost_of_interrupted_work_More_speed_and_stress.

169 **diminuem a nossa eficiência e afetam a memória de trabalho** Wesley C. Clapp, Michael T. Rubins e Adam Gazzaley, "Mechanisms of Working Memory Disruption by External Interference", *Cerebral Cortex* 20, nº 4 (julho de 2009): 859-872. Disponível em: https://pubmed.ncbi.nlm.nih.gov/19648173/.

169 **A troca de tarefas e a multitarefa** "Multitasking: Switching Costs", American Psychological Association, março de 2006. Disponível em: https://www.apa.org/topics/research/multitasking.

175 **afinamento no córtex pré-frontal** Armita Golkar et al., "The Influence of Work-Related Chronic Stress on the Regulation of Emotion and on Functional Connectivity in the Brain", *PloS One* 9, nº 9 (setembro de 2014): e104550. Disponível em: https://journals.plos.org/plosone/

article?id=10.1371/journal.pone.0104550; Alexandra Michel, "Burnout and the Brain", *Observer*, 29 da janeiro de 2016. Disponível em: https://www.psychological science.org/observer/burnout-and-the-brain.

177 **minipausas melhoram a concentração** Atsunori Ariga e Alejandro Lleras, "Brief and Rare Mental 'Breaks' Keep You Focused: Deactivation and Reactivation of Task Goals Preempt Vigilance Decrements", *Cognition* 118, nº 3 (março de 2011): 439–443. Disponível em: https://pubmed.ncbi.nlm.nih.gov/21211793/.

177 **fazer pausas ainda maiores trará benefícios ao seu desempenho depois** Patricia Albulescu et al., "'Give Me a Break!' A Systematic Review and Meta-Analysis on the Efficacy of Micro-Breaks for Increasing Well-Being and Performance", *PLoS One* (agosto de 2022), 0272460. Disponível em: https://journals.plos.org/plosone/article?id=10.1371/journal.pone.0272460.

178 **muitos perfeccionistas são naturalmente motivados** Joachim Stoeber, Charlotte R. Davis e Jessica Townley, "Perfectionism and Workaholism in Employers: The Role of Work", *Personality and Individual Differences* 55, nº 7 (outubro de 2013): 733–738. Disponível em: https://www.sciencedirect.com/science/article/abs/pii/S0191886913002432.

178 **pessoas com "perfeccionismo mal adaptativo"** Randall M. Moate et al., "Stress and Burnout Among Counselor Educators: Differences Between Adaptive Perfectionists, Maladaptive Perfectionists, and Nonperfectionists", *Journal of Counseling & Development* 94, nº 2 (março de 2016): 161–171. Disponível em: https://www.researchgate.net/publication/297650229_Stress_and_Burnout_Among_Counselor_Educators_Differences_Between_Adaptive_Perfectionists_Maladaptive_Perfectionists_and_Nonperfectionists; Andrew P. Hill e Thomas Curran, "Multidimensional Perfectionism and Burnout: A Meta-Analysis", *Personality and Social Psychology Review* 20, nº 3 (julho de 2015): 269–288. Disponível em: https://pubmed.ncbi.nlm.nih.gov/26231736/.

178 **a procrastinação não é um traço incomum dos perfeccionistas** Fatemeh Jadid, Shahram Mohammadkhani e Komeil Zahedi Tajrishi, "Perfectionism and Academic Procrastination", *Procedia—Social and Behavioral Sciences* 30 (2011): 534–537. Disponível em: https:// www.sciencedirect.com/science/article/pii/S187704281101929X.

CAPÍTULO 6: LIMITES

194 **Pesquisadores associaram esses tipos de interrupção** Vânia Sofia Carvalho et al., "Please, Do Not Interrupt Me: Work-Family Balance and Segmentation Behavior as Mediators of Boundary Violations and Teleworkers' Burnout and Flourishing", *Sustainability* 13, nº 13 (junho de 2021): 7339. Disponível em: https://www.mdpi.com/2071-1050/13/13/7339.

205 **desenvolvendo uma culpa infundada** June Price Tangney, Jeff Stuewig e Debra J. Mashek, "Moral Emotions and Moral Behavior", *Annual Review of Psychology* 58 (abril de 2011): 345-372. Disponível em: https://www.ncbi.nlm.nih.gov/pmc/articles/PMC3083636/.

206 **emoções desencadeadas pela rejeição e pela crítica** Mark R. Leary, "Emotional Responses to Interpersonal Rejection", *Dialogues in Clinical Neuroscience* 17, nº 4 (dezembro de 2015): 435-441. Disponível em: https://www.ncbi.nlm.nih.gov/pmc/articles/PMC 4734881/.

207 **pode desencadear uma forte resposta emocional** Leary, "Emotional Responses to Interpersonal Rejection".

207 **ativam as mesmas regiões do cérebro** Kirsten Weir, "The Pain of Social Rejection", *Monitor on Psychology* 43, nº 4 (abril de 2012): 50. Disponível em: https://www.apa.org/monitor/2012/04/rejection.

207 **mas é possível** Ben Knight, "Understanding and Reframing the Fear of Rejection", NeuroscienceNews.com, 22 de junho de 2022. Disponível em: https://neurosciencenews.com/rejection-fear-20892/.

209 **"egoísmo saudável"** Scott Barry Kaufman e Emanuel Jauk, "Healthy Selfishness and Pathological Altruism: Measuring Two Paradoxical Forms of Selfishness", *Frontiers in Psychology* 11 (maio de 2020). Disponível em: https://www.frontiersin.org/articles/10.3389/fpsyg.2020.01006/full.

214 **custosas para as organizações** Lorri Freifeld (ed.), "2021 Training Industry Report", *Training* magazine, 19 de novembro de 2021. Disponível em: https://trainingmag.com/2021-training-industry-report/.

222 **é considerado menos hostil** Shane L. Rogers, Jill Howieson e Casey Neame, "I Understand You Feel That Way, But I Feel This Way: The Benefits of I-Language and Communicating Perspective During Conflict", *PeerJ* 6 (maio de 2018): e4831. Disponível em: https:// peerj.com/articles/4831/.

222 **e mais propenso a solucionar problemas** Rachel A. Simmons et al., "Pronouns in Marital Interaction: What Do 'You' and 'I' Say About

Marital Health?", *Psychological Science* 16, nº 12 (dezembro de 2005): 932–936. Disponível em: https://journals.sagepub.com/doi/10.1111/j.1467-9280.2005.01639.x.

227 **passar por pequenas agressões** "Women in the Workplace Study 2021", McKinsey & Company e LeanIn.Org, setembro de 2021. Disponível em: https://www.mckinsey.com/~/media/mckinsey/featured%20insights/diversity%20and%20inclusion/women%20in%20 the%20workplace%20 2021/women-in-the-workplace-2021.pdf.

228 **16% das mulheres** "Women @ Work 2022: A Global Outlook", Deloitte, 2022. Disponível em: https://www2.deloitte.com/content/dam/insights/articles/glob-175228_global-women-%40-work/DI_Global--Women-%40-Work.pdf.

228 **medo de serem tachadas de *encrenqueiras*** Kami Rieck, "Women and People of Color Can't Afford to 'Quiet Quit'", *The Washington Post*, 6 de setembro de 2022. Disponível em: https://www.washingtonpost.com/business/women-and-people-of-color-cant-afford-to-quiet--quit/2022/09/05/1707431e-2d28-11ed-bcc6-0874b26ae296_story.html.

228 **mulheres não brancas também são mais propensas a sofrer de burnout em comparação às que não pertencem a nenhuma minoria** Rieck, "Women and People of Color".

228 **Qualquer discriminação com base em gênero é um fator de risco** Linda J. Wang et al., "Gender-Based Discrimination Is Prevalent in the Integrated Vascular Trainee Experience and Serves as a Predictor of Burnout", *Journal of Vascular Surgery* 71, nº 1 (janeiro de 2020): 220–227. Disponível em: https://www.jvascsurg.org/article/S0741-5214(19)31029-8/fulltext.

235 **fadiga por compaixão** Jeremy Adam Smith, "What Happens When Compassion Hurts?", *Greater Good Magazine,* 8 de maio de 2009. Disponível em: https://greatergood.berkeley.edu/article/item/what_happens_when_compassion_hurts.

235 **como enfermagem, ensino e serviço social** Fiona Cocker e Nerida Joss, "Compassion Fatigue Among Healthcare, Emergency and Community Service Workers: A Systematic Review", *International Journal of Environmental Research and Public Health* 13, nº 6 (junho de 2016): 618. Disponível em: https://www.ncbi.nlm.nih.gov/pmc/articles/PMC4924075/; Françoise Mathieu, "Running on Empty: Compassion Fatigue in Health Professionals", *Rehab and Community Care Medicine*

(primavera de 2007). Disponível em: https:// www.semanticscholar. org/paper/Running-on-Empty%3A-Compassion-Fatigue-in-Health--Mathieu-Cameron/dbf9e4f776b1a9544e9eeda93fd8f219b072df01.

235 **mais comum em quem está enfrentando um burnout** Cocker e Joss, "Compassion Fatigue Among Healthcare, Emergency and Community Service Workers".

241 **A cultura norte-americana é bastante individualista** Abigail Marsh, "Everyone Thinks Americans Are Selfish. They're Wrong", *The New York Times*, 26 de maio de 2021. Disponível em: https://www.nytimes.com/2021/05/26/opinion/individualism-united-states-altruism.html.

241 **suas necessidades não estão acima do grupo** Yuriy Gorodnichenko and Gérard Roland, "Understanding the Individualism-Collectivism Cleavage and Its Effects: Lessons from Cultural Psychology", em M. Aoki, G. Roland e Timur Kuran (eds.), *Institutions and Comparative Economic Development*. Londres: Palgrave Macmillan, 2012, 213–236.

243 **a qualidade vocal e o tom** Sue Shellenbarger, "Is This How You Really Talk?", *The Wall Street Journal*, 23 de abril de 2013. Disponível em: https://www.wsj.com/articles/SB10001424127887323735604578440851083674898.

243 **mulheres que terminam frases como se fossem perguntas** John Baldoni, "Will 'Upspeak' Hurt Your Career?", *Forbes*, 30 de julho de 2015. Disponível em: https://www.forbes.com/sites/johnbaldoni/2015/07/30/will-upspeak-hurt-your-career/?sh=67a2de134edc.

243 **quanto mais grave a voz de um homem** William J. Mayew, Christopher A. Parsons e Mohan Venkatachalam, "Voice Pitch and the Labor Market Success of Male Chief Executive Officers", *Evolution and Human Behavior* 34, nº 4 (julho de 2013): 243–248. Disponível em: https:// www.sciencedirect.com/science/article/abs/pii/S1090513813000238.

CAPÍTULO 7: GERENCIAMENTO DE ESTRESSE

248 **epinefrina** "Epinephrine (Adrenaline)", Cleveland Clinic, março de 2022. Disponível em: https:// my.clevelandclinic.org/health/articles/22611--epinephrine-adrenaline.

248 **glicogênio** "Understanding the Stress Response", Harvard Medical School, Harvard Health Publishing, julho de 2020. Disponível em: https://www.health.harvard.edu/staying-healthy/understanding-the--stress-response.

248 **em estado de alerta até que a ameaça desapareça** James C. Root, Oliver Tuescher e Amy Cunningham-Bussel, "Frontolimbic Function and Cortisol Reactivity in Response to Emotional Stimuli", *NeuroReport* 20, nº 4 (março de 2009): 429-434. Disponível em: https://www.researchgate.net/publication/24023395_Frontolimbic_function_and_cortisol_reactivity_in_response_to_emotional_stimuli.

249 **esgota o corpo** Agnese Mariotti, "The Effects of Chronic Stress on Health: New Insights into the Molecular Mechanisms of Brain-Body Communication", *Future Science OA* 1, nº 3 (novembro de 2015): FSO23. Disponível em: https://www.ncbi.nlm.nih.gov/pmc/articles/PMC5137920/.

250 **As ações físicas ajudam o corpo a processar** Emily Nagoski e Amelia Nagoski, *Burnout: The Secret to Unlocking the Stress Cycle*. Nova York: Ballantine, 2019.

259 **interocepção — a maneira como sentimos** Kim Armstrong, "Interoception: How We Understand Our Body's Inner Sensations", *Observer*, setembro de 2019. Disponível em: https://www.psychologicalscience.org/observer/interoception-how-we-understand-our-bodys-inner-sensations; Melissa Barker, Rebecca Brewer e Jennifer Murphy, "What Is Interoception and Why Is It Important?", *Frontiers for Young Minds*, 30 de junho de 2021. Disponível em: https://kids.frontiersin.org/articles/10.3389/frym.2021.558246.

259 **ignoramos esses sinais** Lisa Feldman Barrett, *How Emotions Are Made: The Secret Life of the Brain*. Nova York: Mariner, 2018, 67.

260 **Uma pesquisa recente da Gallup** Julie Ray, "World Unhappier, More Stressed Out Than Ever", Gallup News, 2022 Global Emotions Report, 28 de junho de 2022. Disponível em: https://news.gallup.com/poll/394025/world-unhappier-stressed-ever.aspx.

262 **funciona melhor com um horário regular de sono** Tianyi Huange, Sara Mariani e Susan Redline, "Sleep Irregularity and Risk of Cardiovascular Events: The Multi-Ethnic Study of Atherosclerosis", *Journal of the American College of Cardiology* 75, nº 9 (março de 2020): 991-999. Disponível em: https://pubmed.ncbi.nlm.nih.gov/32138974/.

262 **e alimentação** Emily N. C. Manoogian, Amandine Chaix e Satchidananda Panda, "When to Eat: The Importance of Eating Patterns in Health and Disease", *Journal of Biological Rhythms* 34, nº 6 (dezembro de 2019): 579-581. Disponível em: https://journals.sagepub.com/doi/10.1177/0748730419892105.

262 **a natureza acalma o nosso centro do medo** Sonja Sudimac, Vera Sale e Simone Kühn, "How Nature Nurtures: Amygdala Activity Decreases as the Result of a One-Hour Walk in Nature", *Molecular Psychiatry* 27 (setembro de 2022): 4446-4452. Disponível em: https://www.nature.com/articles/s41380-022-01720-6.

266 **altera a química cerebral** Shuai-Ting Lin et al., "Mental Health Implications of Music: Insight from Neuroscientific and Clinical Studies", *Harvard Review of Psychiatry* 19, nº 1 (janeiro-fevereiro de 2011): 34-46. Disponível em: https://pubmed.ncbi.nlm.nih.gov/21250895/.

266 **relaxa** Darcy DeLoach Walworth, "The Effect of Preferred Music Genre Selection Versus Preferred Song Selection on Experimentally Induced Anxiety Levels", *Journal of Music Therapy* 40, nº 1 (primavera de 2003): 2-14. Disponível em: https://pubmed.ncbi.nlm.nih.gov/17590964/.

266 **o simples ato de escrever sobre sentimentos** Joshua M. Smyth et al., "Online Positive Affect Journaling in the Improvement of Mental Distress and Well-Being in General Medical Patients with Elevated Anxiety Symptoms: A Preliminary Randomized Controlled Trial", *JMIR Mental Health* 5, nº 4 (outubro-dezembro de 2018): e11290. Disponível em: https://www.ncbi.nlm.nih.gov/pmc/articles/PMC6305886/.

268 **o cérebro se concentra em fazer previsões** Lisa Feldman Barrett, "What Do You Consider the Most Interesting Recent [Scientific] News? What Makes It Important?", Edge.Org, 2016. Disponível em: https://www.edge.org/response-detail/26707.

268 **a evolução nos programou para isso** Amrisha Vaish, Tobias Grossmann e Amanda Woodward, "Not All Emotions Are Created Equal: The Negativity Bias in Social-Emotional Development", *Psychological Bulletin* 134, nº 3 (maio de 2008): 383-403. Disponível em: https://www.ncbi.nlm.nih.gov/pmc/articles/PMC3652533/.

270 **Ensaiar o estresse dessa maneira** Da-Yee Jeung, Changsoo Kim e Sei-Jin Chang, "Emotional Labor and Burnout: A Review of the Literature", *Yonsei Medical Journal* 59, nº 2 (março de 2018): 187-193. Disponível em: https://www.ncbi.nlm.nih.gov/pmc/articles/PMC5823819/.

270 **O relatório "Mulheres no ambiente de trabalho" da McKinsey** "Women in the Workplace 2022", McKinsey & Company e LeanIn.Org, outubro de 2022. Disponível em: https://www.mckinsey.com/~/media/mckinsey/featured%20insights/diversity%20and%20inclusion/women%20in%20the%20workplace%202022/women-in-the-workplace-2022.pdf.

270 **"Desde a Revolução Industrial"** Huebner Ruchti, Lisa C. Entrevista conduzida por Emily Ballesteros e Tula Karras, 18 de maio de 2023.

273 **estressores de baixo nível e de curto prazo liberam dopamina** "Chronic Stress Dampens Dopamine Production", MRC London Institute of Medical Sciences, News, 12 de novembro de 2019. Disponível em: https://lms.mrc.ac.uk/chronic-stress-dampens-dopamine-production/; Michael A. P. Bloomfield et al., "The Effects of Psychosocial Stress on Dopaminergic Function and the Acute Stress Response", *eLife* 8 (novembro de 2019): e46797. Disponível em: https://elifesciences.org/articles/46797.

273 **também atua em vícios clínicos** "The Neurobiology of Substance Use, Misuse, and Addiction", Surgeon General's Report, 2016. Disponível em: https://addiction.surgeongeneral.gov/executive-summary/report/neurobiology-substance-use-misuse-and-addiction; Mark A. Ungless, Emanuela Argilli e Antonello Bonci, "Effects of Stress and Aversion on Dopamine Neurons: Implications for Addiction", *Neuroscience & Biobehavioral Reviews* 35, nº 2 (novembro de 2010): 151-156. Disponível em: https://pubmed.ncbi.nlm.nih.gov/20438754/.

273 **Com o tempo, o estresse crônico** Bloomfield, "The Effects of Psychosocial Stress".

274 **Reestruturação cognitiva** James Crum, "Understanding Mental Health and Cognitive Restructuring with Ecological Neuroscience", *Frontiers in Psychiatry* 12 (junho de 2018). Disponível em: https://www.frontiersin.org/articles/10.3389/fpsyt.2021.697095/full; "Positive Reframing and Examining the Evidence", Harvard University Stress e Development Lab. Disponível em: https://sdlab.fas.harvard.edu/cognitive-reappraisal/positive-reframing-and-examining-evidence.

278 **estudos mostram que uma perspectiva positiva** Hilary Tindle, *Up: How Positive Outlook Can Transform Our Health and Aging*. Nova York: Avery, 2013, 197-199, 209–211.

Impressão e Acabamento:
GRÁFICA GRAFILAR